AI 시대 논술의 방법과 연습

- 논리적 · 창의적 · 비판적 사고와 글쓰기 방법 -

박 상 준

교육과학사

chatGPT, Gemini, deepseek 같은 생성형 인공지능(AI)이 글을 써 주는 시대가 되었다. 이런 AI 시대에 굳이 사람이 힘들게 글을 직접 쓸 필요가 있을까?

그러나 생성형 AI가 글을 쓰는 방식을 이해하면, 왜 AI가 쓴 글과 자료를 비판적으로 검토하고, 인간이 다시 써야 하는지 알 수 있다. 현재 AI는 사람이 어떤 내용의 글을 쓰라고 요구하면, 그에 맞게 인터넷에 있는 자료들을 검색하여 관련 내용을 정리해 재구성하는 방식으로 글을 쓴다.

그런데 인터넷에 게시된 글과 자료에는 허위 사실(정보)이나 가짜 뉴스도 많고, 개인이 검증 없이 올려서 내용상 오류가 있거나 한쪽으로 편향된 글도 많다. 황우석 교수 사태에서 드러났듯이, 전문적인 학술 논문이나 책에도 틀린 내용이 있고, 정보나 근거가 잘못 제시된 경우도 있다.

하지만 AI는 그런 인터넷 자료가 진실인지 아닌지 따져 본 후 타당한 사실만을 근거로 제시하지 못한다. 실제로 아마존(amazon)은 2015년 AI가 지원자 서류를 검토하여 채용하는 시스템을 개발하여 실험했다. 그 결과 AI가 여성 지원자를 차별하였고 자격이 부족한 사람을 추천하는 문제점을 드러냈다. 이런 오류는 AI가 머신 러닝을 통해 기존의 데이터를 학습하여 그대로 작동하기 때문에 발생한 것이다. 기존 데이터에 오류와 편향성이 있으면, AI도 그대로 오류를 범하게 되는 것이다.

그렇기 때문에 AI 시대에도 여전히 사람이 창의적으로 생각하고, 자료와 근거가 타당한지 비판적으로 평가해서 논리적으로 글

쓰는 것이 중요하다. AI를 참고로 활용할 수 있지만, 어떤 문제에 대해 기존과 다르게 접근해 창의적인 아이디어와 해결책을 제시하고 그것을 뒷받침할 자료를 찾는 능력이 요구된다. 또한 수집한 정보나 자료가 진실인지 그것이 내 주장을 입증할 수 있는지를 비판적으로 따져 본 후 활용하는 역량이 필요하다.

그래서 생성형 인공지능이 글을 써주는 시대에 오히려 인간이 더 창의적이고 비판적으로 생각하며, 논리적으로 글쓰는 능력이 요구된다. 그런 능력을 기를 수 있도록 이 책은 1부에서 논리적 글쓰기, 즉 논술의 방법을 여러 가지 사례를 통해 쉽게 설명하였으며, 연습 문제를 풀면서 논술에 필요한 비판적 사고와 창의적 사고를 기를 수 있도록 구성하였다.

2부는 행복, 돈, 자유, 평등과 정의, 인권, 민주주의 미래, 기후변화, 지속 가능 발전 등 주제별로 권위있는 학자들의 유명한 글을 읽기 자료로 제시했고, 그와 관련된 중요한 쟁점을 생각해 보고 글쓰기를 연습할 수 있도록 구성했다.

이 책은 대학의 논술 강의뿐만 아니라 고등학교 사회과의 '논술형 수행평가'에 활용할 수 있으며, 또한 2028학년도 새로운 대학 입시에서 강화될 '대학 논술 시험'에 대비할 수 있도록 구성하였다.

2025년 2월

박 상 준

목차

PART 01 AI 시대 논술의 방법과 사고 연습 / 7

01. AI 시대 논술의 의미와 구조 9
02. 논술과 논리적 사고 19
03. 논술과 논리적 오류 37
04. AI 시대 논술과 비판적 사고 65
05. AI 시대 논술과 창의적 사고 93
06. AI 시대 논리적 글쓰기 방법 127

PART 02 주제별 논술 자료와 글쓰기 연습 / 145

07. 인생과 행복 147
- 아리스토텔레스, 「니코마코스 윤리학」(BC 350) 154
- 러셀, 「행복의 정복」(1930) 158

08. 현대 자본주의와 돈 165
- 게오르그 짐멜, 「돈의 철학」(1900) 171
- 제프리 잉햄, 「돈의 본성」(2004) 175

09. 불평등의 심화와 사회 정의 181
- 존 롤스, 「정의론」(1971) 189
- 마이클 샌델, 「공정하다는 착각」(2020) 193

10. 자유의 발전과 세 가지 유형 201
- 이사야 벌린, '자유의 두 가지 개념'(1958) 207
- 필립 페팃, 「신공화주의」(1997) 210

11. 민주주의의 위기와 미래 217
- 마이클 샌델, 「당신이 모르는 민주주의」(2023) 232
- 박상준, 「역사와 함께 읽는 민주주의」(2020) 237

12. 디지털 사회와 인권의 발달 243
- 미국 독립선언문(1776) 255
- 미셸린 이샤이, 「세계 인권 사상사」(2004) 259

13. 기후 변화와 기후 정의 265
- 마크 매슬린, 「기후변화」(2021) 276

14. 지구 생태계와 지속 가능 발전 285
- 유엔, 「지속 가능 발전 목표 보고서 2024」(2024.6.28.) 291
- 엘리스 존스 외, 「더 나은 세상을 위한 꼼꼼한 안내서」(2007) 295

참고문헌 300

PART

01

AI 시대 논술의 방법과 사고 연습

CHAPTER

01

AI 시대 논술의 의미와 구조

1. 논술이란 무엇일까?

최근 인공지능(AI) 시대가 시작되었다. 또한 스마트폰과 소셜 미디어가 일상화되면서, 많은 사람들이 자신의 일상을 소셜 미디어에 쓰고 있다. 그래서 많은 사람들이 관심을 가지고 자기 글을 읽고 '좋아요'를 눌러 주기를 원한다. 여러 사람들의 공감을 얻기 위해서는 글을 짧고 분명하게 써야 한다.

그러면 인공지능 시대에 글을 잘 쓰려면 어떻게 해야 할까? 유튜브에서 논술 잘하는 법 강의 영상을 들을 수 있고, 논술 관련 책을 읽으며 공부할 수도 있다. 하지만 강의 영상을 보거나 책을 읽는다고 곧바로 글을 잘 쓰게 되는 것은 아니다. 글을 잘 쓰려면 많이 써 보아야 한다.

글을 잘 쓰려면, 먼저 누구를 대상으로 어떤 종류의 글을 쓰고 싶은지 생각해 보아야 한다. 요즘 많은 사람들이 틱톡, 인스타그램, 페이스북 등 소셜 미디어에 사진이나 영상과 함께 글을 쓰고 있다. 소셜 미디어에는 일상적인 삶의 모습을 기록하거나 자신의 감정이나 생각을 자유롭게 쓰는 글이 많다. 이런 글의 특징은 글을 쓰는 형식이나 조건이 정해져 있지 않고, 자신의 생각이나 의견, 감정 등을 자유롭게 쓰면 된다는 것이다. 정해진 틀이나 형식에 맞추어 쓸 필요가 없으며, 객관적인 근거를 제시할 필요가 없기 때문에, 자신의 생각이나 감정을 자유롭게 쓰면 된다.

이렇게 소셜 미디어에 사진이나 영상과 함께 자신의 일상을 자유롭게 써서 기록하는 것을 '라이프로깅'(lifeloging)—삶의 기록—이라고 한다. 누구나 일상적인 삶의 모습이나 자기 생각을 소셜 미디어에 자유롭게 쓰고 여러 사람들과 실시간 쌍방향으로 소통하고 공유할 수 있다. 한국언론진흥재단이 2021년 10월 전국의 성인 3,000명을 대상으로 소셜 미디어의 이용 실태를 설문 조사한 결과에 의하면(한국언론진흥재단, 2021: 22-24), 소셜 미디어 이용자는 밴드 1,965만 명, 인스타그램 1,885만 명, 페이스북 1,371만 명, 카카오 스토리 919만 명, 트위터 517만 명, 틱톡 301만 명에 달했다. 월 평균 이용 시간은 트위터 606분, 인스타그램 534분, 틱톡 445분, 페이스북 431분으로 나타났다. 소셜 미디어의 이용률은 카카오톡이 97.2%로 가장 높았고, 유튜브 86.5%, 네이버 카페 70.0%, 인스타그램 58.5%, 페이스북 52.9%, 네이버 블로그 52.7%, 다음 카페 41.1%, 카카오 스토리 38.1% 등으로 나타났다(박상준, 2022: 99-102).

소셜 미디어의 라이프로깅이나 일기, 수필 등은 정해진 형식이나 조건이 없다. 그래서 이런 글을 잘 쓰려고 유튜브 강의를 듣거나 책을 읽으며 글쓰기 연습을 할 필요는 없다. 자기 생각이나 감정을 솔직하게 쓰면, 그와 비슷한 경험을 가진 사람들이 읽고 공감하며 서로 공유한다. 그렇게 자신의 일상생활에서 느낀 생각이나 감정을 솔직하게 쓰는 것이 좋은 글이다.

반면에 신문의 칼럼, 토론글, 보고서, 논문 등은 소셜 미디어의 글이나 수필과 다르다. 이런 글은 자기 생각이나 감정을 자유롭게 쓰는 것이 아니라, 자신이 주장하는 것을 제시하고, 타당한 근거나 이유를 제시하면서 자기 주장이 맞다는 것을 정당화하면서 다른 사람을 설득하는 것이다. 이처럼 자기 주장을 제시하고 그것이 타당하다는 근거나 이유를 제시하여 정당화하는 글을 '논술'이라고 한다.

논술은 객관적 근거를 들어 자기 주장을 뒷받침하는 글을 논리적으로 쓰는 것이다. 한마디로 논술이란 '논리적 글쓰기'이다. 그래서 논리적 글쓰기는 자기 주장을 뒷받침할 수 있는 객관적 근거를 제시하면서 논리에 맞추어 써야 한다. 논술에는 논리적으로 글쓰는 방법과 구조가 정해져 있다.

2. 논술은 어떤 구조와 형식을 갖추어야 할까?

그러면 논술은 어떤 구조와 형식을 갖추어 써야 할까? 특정한 형식이나 조건 없이 자유롭게 쓰는 라이프로깅이나 수필과 달리, 논술은 정해진 논리의 구조와 형식에 맞추어 글을 써야 한다. 논리에 맞추어 쓴다는 것은 단순하게 자기 생각이나 의견을 제시하는 것이 아니라 자기 주장을 명확하게 제시하고, 그 주장을 논리적으로 뒷받침할 수 있는 근거를 제시하여 정당화 하도록 쓰는 것이다. 다른 사람들이 나의 주장을 타당하다고 인정하기 위해서는 내 주장의 근거가 누구나 인정할 수 있는 객관적인 사실이나 자료이어야 하고, 내 주장과 근거가 논리적으로 연결되고 정합되어야 한다. 즉, 내 주장과 근거가 논리적으로 일관성과 정합성을 갖추어야 한다.

그래서 라이프로깅이나 수필과 달리, 논술에는 논리에 맞추어 글을 쓰는 형식이나 방법이 있다. 논술은 주장-근거-결론이라는 '논리적 구조'를 갖추어야 하고, 또한 연역, 귀납, 유추 같은 '논증의 형식'에 맞추어 주장-근거-결론의 관계가 논리적으로 성립하도록 글을 써야 한다.

이러한 논술의 구조를 그림으로 표현하면 다음과 같다.

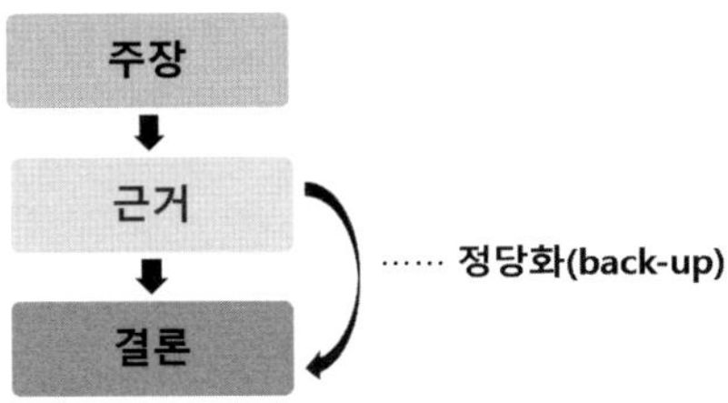

▌논술의 구조▐

우선 논술에서는 자신의 생각이나 감정을 자유롭게 표현하는 것이 아니라 객관적으로 증명할 수 있는 사실적인 주장을 제시해야 한다. 라이프로깅이나 수필처럼 자유롭게 자기 생각이나 감정을 표현하는 글은 객관적으로 타당한지 아닌지를 검증할 수 없다. 개인의 신념이나 감정 등은 가치의 선호와 관련된 것이기 때문에, 객관적 근거에 기초해 옳은지 그른지 타당한지 아닌지 논리적으로 따져서 평가할 수 없다. 그러므로 논술에서 제기하는 주장은 단순한 생각이나 감정이 아니라 객관적 근거에 의거해 타당한지 아닌지 검증할 수 있는 '사실적 주장'의 형태로 제시해야 한다.

그다음 내 주장을 객관적 근거를 들어 정당화할 수 있어야 한다. 나의 주장을 뒷받침하기 위해서는 누구나 인정할 수 있는 객관적 근거를 제시해야 한다. 객관적 근거는 일반적으로 인정된 이론이나 지식 또는 통계자료, 실제 사례 등 모두가 인정할 수 있는 타당한 진실이어야 한다. 근거가 타당할지라도, 그 근거와 주장/결론이 논리적으로 연결되지 않거나 내 주장을 뒷받침하기에 적합하지 않다면, 그 글은 논리적으로 문제가 있다. 즉, 논리적 구조와 형식은 갖추었지만, 근거가 주장/결론을 뒷받침하는데 적합하지 않기 때문에, 그 주장과 결론이 타당하지 않다. 그런 논술은 논리적으로 잘 쓴 글이라 할 수 없다.

3. 논술에는 왜 논리와 논증이 필요할까?

앞에서 설명한 것처럼, 논술은 논리적 글쓰기이고, 그래서 논술은 "주장-근거-결론"이라는 논리적 구조와 형식을 갖추어 글을 써야 한다. 논술을 잘 하려면, 논리에 대해 충분히 이해하고 논리적으로 생각하는 능력을 길러야 한다.

그러면 논리란 무엇일까? 논리(logic)는 그리스어 로고스(λόγο ς, logos)에서 유래했다. 로고스는 본래 말, 이야기, 문장이란 뜻이고, 이성, 추론, 근거라는 뜻도 갖고 있다. 로고스는 단순하게 자신의 생각이나 감정을 표현하는 것이 아니라 이성을 통해 합리적 근거를 제시하면서 추론하는 말이나 문장을 의미하기 때문이다. 합리적 근거에 의거해 말을 할 때, 말의 '논리'가 성립되는 것이고, 그런 말을 '합리적인' 말이라고 한다.

아리스토텔레스(Aristotle)는 로고스에 의한 논리적 사고의 관계를 잘 드러냈다. 그는 인간의 정신 작용을 로고스, 에토스, 파토스 3가지로 분류했다. 로고스는 이성을 통해 합리적 근거에 의거하여 논리적으로 추론하는 것과 관련된다. 로고스는 이성에 의해 논리적으로 생각하고, 합리적 근거에 의거해 추론하는 것이다. 에토스(ethos)는 사회적으로 공유된 인식을 통해 사람들이 공동체 생활에서 서로 지켜야 할 합리적인 행위 기준으로 인정된 것이다. 이렇게 사회적으로 인정된 행위 기준은 관습, 도덕, 법 등으로 만들어진다. 에토스에서 윤리(ethics)가 유래했다. 파토스(pathos)는 이성이 아니라 감성에 의해 느끼는 정서, 열정 등과 관련된다. 파토스는 이성에 의해 논리적으로 생각하는 것이 아니라 감정을 통해 느끼는 것과 관련된다.

이처럼 논리는 말이나 글에서 주장/결론과 근거가 타당한 관계를 맺고 있는가를 가리킨다. 논리를 갖추어서 객관적 근거를 제시하여 자기 주장과 결론을 정당화하는 것을 '논증'(argument)이라고 한다. 어떤 것이 참 또는 진실이라는 주장을 객관적 근거를 제시하여 정당화하는 것이 논증이다. 논증의 구조를 건축물에 비유해 표현하면 다음과 같다.

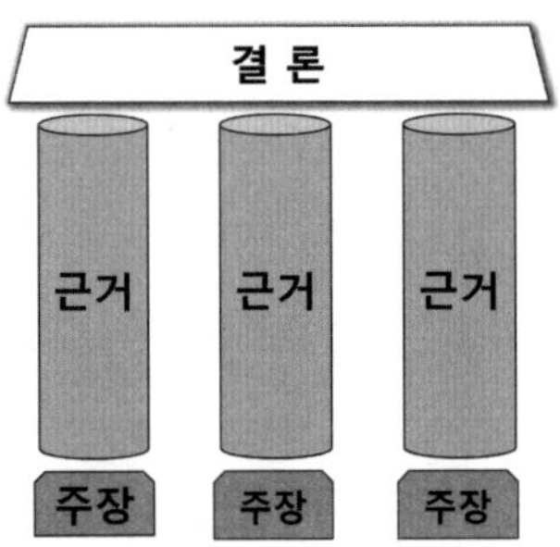

다음의 글이 논증인지 아닌지 평가해 보자.

> [가] 박 교수는 안경을 끼고 동안이다. 그래서 박 교수는 귀엽다.
> [나] 모든 사람은 행복한 삶을 목적으로 한다. 사람이 행복하기 위해서는 많은 소득(돈)을 벌어야 한다.
> [다] 통계청 자료에 따르면, 우리나라 합계 출산율은 2000년 1.48명, 2010년 1.23명, 2020년 0.84명, 2023년 0.72명으로 계속 떨어졌다. 이런 추세로 가면 2050년에 출산율은 0.4명 이하로 떨어져 인구 절벽에 직면할 것이다.

[가]는 "안경 끼고 동안이다"는 사실을 근거로 해서 "귀엽다"라고 결론을 도출했지만, 안경과 동안은 귀엽다와 논리적으로 직접 연결되는 것이 아니고, 귀엽다는 것은 개인적인 취향이나 느낌을 표현한 것에 불과하다. 그래서 [가]는 논증이 아니다.

[나]는 "모든 사람은 행복을 목적으로 한다."는 전제에서 "행복하기 위해서 많은 소득(돈)을 벌어야 한다"는 결론을 도출했다. 그런데 전제가 타당한지 따져 보면, 정말 '모든' 사람이 행복을 삶의 목적으로 추구하지 않는다. 또한 행복과 소득(돈)이 상호 관계가 있는지에 대한 객관적 근거를 제시하지 않았다. 그래서 이 글은 잘못된 전제에 의거하여 결론을 도출했고, 결론을 뒷받침할 근거를 제시하지 않고 단순히 주장을 제시했을 뿐이다. 그래서 [나]는 논증이 아니다.

[다]는 국가기관인 통계청의 조사자료에 의거해 합계 출산율이 2000년부터 2023년까지 계속 하락하는 추세임을 제시했다. 그다음 통계청의 조사자료에 근거하여 출산율의 하락 추세가 지속되

면, 2050년에는 합계 출산율이 0.4이하로 떨어지고 인구 절벽에 직면할 것이라고 결론을 도출했다. 이처럼 (3)번 글은 객관적 자료를 근거로 제시하여 미래의 상황에 대한 결론을 도출하였기 때문에, 논증이라고 할 수 있다.

다음 글에 적용된 논증의 구조를 살펴보자.

[가] 「AI 시대 논술의 방법과 연습」 책을 읽으면, 논술을 잘 하게 될 것이다.

[나] 여러 연구결과에 의하면, 논리학과 글쓰기 관련 책을 학습함으로써 논증의 구조에 맞게 논리적으로여 글을 쓰는 법을 배울 수 있다. 또한 비판적이고 창의적으로 생각하며 글쓰는 법을 배우기 때문이다.

[다] 그러므로 논술을 잘 하려면, 「AI 시대 논술의 방법과 연습」 책을 열심히 읽고 학습해야 한다.

위 글에서 논증의 구조를 분석해 보면, [가]는 주장이고, [나]는 근거이고, [다]는 결론이다. 이 글은 짧지만 주장-근거-결론이란 논증의 형식과 구조를 갖추었다. 그리고 근거 [나]는 여러 연구 결과에 기초하여 「AI 시대 논술의 방법과 연습」 책의 학습과 논증의 구조를 이해하고 논리적·비판적·창의적 사고가 발달하는 것이 상호 관계가 있음을 제시했기 때문에, 근거 [나]는 타당하다. 타당한 근거 [나]에 의거하여 결론 [다]를 도출하기 때문에, 이 논증은 타당하다고 할 수 있다.

연습문제

( )학과 이름:

❑ 다음 질문에 대한 대답을 타당한 근거를 제시하여 작성하시오.

1. 미래 사회에 요구되는 역량을 측정하기 위해서 논술이 중요한 이유는 무엇인가?

2. 논술에서 주장-근거-결론의 구조를 갖추어 글을 써야 하는 이유는 무엇인가?

❑ 다음 글이 논증인지 아닌지 판정하고, 그 이유를 제시하시오.

3. A 교수는 여름에 반바지 입고 강의한다. 그러므로 A 교수는 이상한 사람이다.

4. 철수는 과거에도 약속을 여러 번 어겼다. 이번에 또 철수는 약속을 안 지켰다. 그래서 B는 철수와 같이 일하지 않을 것이다.

5. 예수를 믿으면 천국에 갈 수 있다. 왜냐하면 전 세계 베스트 셀러인 성경에 "예수께서 가라사대, 나는 부활이요 생명이니 나를 믿는 자는 죽어도 살겠고, 살아서 나를 믿는 자는 영원히 죽지 아니하리라 …" 라고 기록되어 있기 때문이다(요한복음 11장 25~26절).

CHAPTER

02

논술과 논리적 사고

1. 논술에는 왜 논리적 사고가 필요할까?

앞에서 설명한 것처럼, 논술은 논증의 구조에 맞추어 논리적으로 글을 쓰는 것이다. 논리적으로 글을 쓰려면, 논증의 구조를 이해하고 논리적으로 생각하는 능력이 필요하다.

논리적 사고(logical thinking)는 논증의 구조에 맞추어 근거에 의거해 적절한 결론을 이끌어 내는 사고이다. 근거에 기초해 결론을 도출하는 방법에는 연역 논증, 귀납 논증, 유추 등이 있다. 이런 논증은 논리적 오류를 범하지 않고 객관적 근거에 기초해 타당하게 결론을 이끌어 내는 방법이다. 이런 측면에서 논리적 사고는 '근거에 의거한 추론하기', '논증의 구조에 맞추어 결론 도출하기', '논리적 오류를 범하지 않게 논증하기'와 관련된다. 한마디로 논리적 사고는 '논증의 구조에 맞게 추론하는 사고'라고 할 수 있다.

이러한 논리적 사고는 논리에 맞게 생각하고, 그에 기초해 논리적인 말로 소통하는 능력이다. 또한 논리적 사고는 논증의 구조에 맞추어 객관적 근거에 의거해 자신의 주장과 결론을 정당화함으로써 논리적으로 글쓰는 능력과 관련된다. 논리에 맞게 합리적으로 생각하고 주장－근거－결론을 논리적으로 연결하여 글을 쓸 때 논리적 사고가 작동한다.

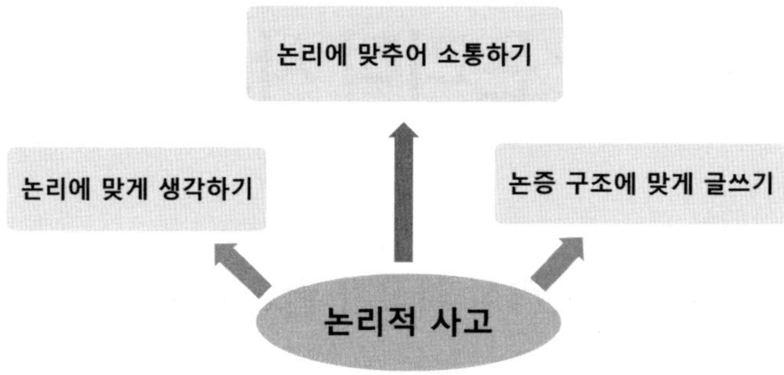

논리적 글쓰기를 할 때, 논증의 구조에 맞추어 객관적 근거에 의거해 타당하게 결론을 이끌어 내는 방법에는 연역 논증, 귀납 논증, 유추 등이 있다.

2. 연역 논증은 어떻게 할까?

연역 논증(deduction)은 일반적인 전제에서 구체적인 사실을 결론으로 도출하는 것이다. 타당한 전제에 근거해 거기에서 더 구체적인 사실을 이끌어 내는 것이다. 그래서 전제가 타당하면, 당연히 그 전제에서 도출된 결론이 타당하다. 반대로 전제가 타당하지 않으면, 거기에서 도출한 결론도 타당하지 않게 된다. 연역 논증이 타당한지 판정하기 위해서는 무엇보다도 전제가 참인지 거짓인지 따져 보아야 한다.

연역 논증에서 각 요소들은 서로 인과적 관계를 맺고 있다. 그래서 연역 논증의 형식은 보통 다음과 같이 삼단 논법으로 구성된다.

A=B (일반적인 이론, 법칙, 개념 등)

C=A

C=B

일반적으로 인정된 이론과 지식인 태양계와 지동설(Heliocentrism)에 기초하여 구성한 연역 논증의 구조와 방법을 알아보자.

• 모든 행성은 태양의 주위를 공전한다.	(대전제)
• 지구는 행성이다.	(소전제)
• 지구는 태양의 주위를 공전한다.	(결 론)

행성이 태양의 주위를 공전한다는 것은 일반적인 이론이다. 태양의 주위를 도는 천체를 행성이라고 부르고, 수성, 금성, 지구, 화성 등이 태양의 둘레를 돌기 때문에 행성에 포함된다. 행성의 개념 자체에 태양의 둘레를 공전한다는 의미가 포함되어 있으며, 그래서 지구, 태양, 행성은 서로 논리적으로 상호관계를 맺고 있다. 지구가 행성에 포함되기 때문에, 이미 대전제 속에 구체적인 결론의 내용이 포함되어 있다.

이런 측면에서 연역 논증은 '보존적 추론'(conservative reasoning)이라고 한다. 즉, 이미 대전제 속에 결론의 내용이 포함되어 있고, 일반적인 전제에서 구체적인 사실을 결론으로 이끌어내기 때문에, 결론은 대전제의 일부 사실을 그대로 보존하고 유지하는 특성을 갖는다.

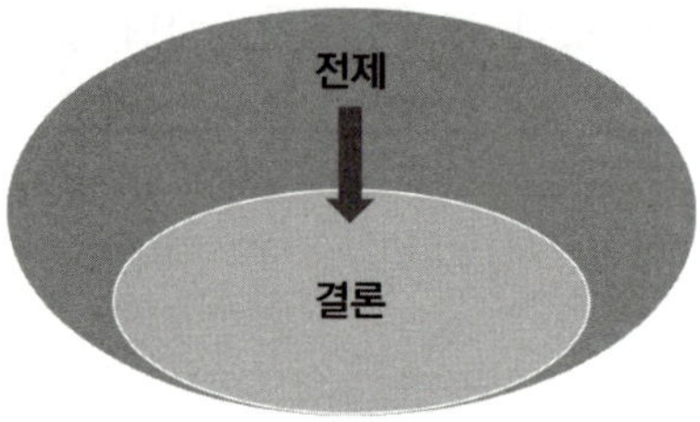

다음으로 개념의 정의에서 구체적인 사실을 도출하는 연역 논증의 구조와 방법을 알아보자.

- 철수는 비혼주의자다. (전제)
- 그래서 현재 철수는 결혼을 하지 않았다. (결론)

위 논증은 '비혼주의'라는 개념에 기초해 그 개념에 포함된 내용을 결론으로 이끌어 냈다. "결혼할 의사가 없고 혼자 사는 삶을 추구하는 신념"이라는 비혼주의의 개념 속에 내포된 의미나 사실을 결론으로 이끌어 내는 것도 연역 논증이다.

이러한 연역 논증이 참인지 거짓인지 검증할 때는 먼저 전제가 참인지 거짓인지를 확인하고, 전제-결론의 관계가 논리적으로 타당한지 분석하면 된다. 그러면 다음의 사례를 통해 연역 논증이 참인지 거짓인지 알아보자.

- 미인은 일찍 죽는다. (대전제)
- 영희가 30살에 일찍 죽었다. (소전제)
- 영희는 미인일 것이다. (결 론)

우리나라에는 미인박명(美人薄命)이라는 고사성어가 있다. 아름다운 여성은 삶이 불행하거나 일찍 죽는다는 뜻이다. 중국의 시인 소동파가 아름다운 비구니를 보고 지은 시 박명가인(薄命佳人) 중에 나오는 한 구절 "예로부터 가인(미인)은 운명이 기박하다"(自古佳人多薄命)"에서 유래한 말이다. 옛날에 여성의 정조를 강조하고 억압하던 사회에서 미인이 불행한 삶을 살거나 일찍 죽는 경우가 있었기 때문이다. 하지만 모든 미인이 불행한 삶을 살거나 일찍 죽는 것은 아니다. 미인과 불행한 삶이 원인과 결과로서 인과관계가 있는 것이 아니다.

그러므로 이 연역 논증에서는 대전제가 사실이 아니고 타당하지 않기 때문에, 타당하지 않은 대전제에서 이끌어 낸 결론도 타당하지 않다.

3. 귀납 논증은 어떻게 할까?

일반적 전제에서 구체적 결론을 도출하는 연역 논증과 달리, 귀납 논증(induction)은 여러 가지 구체적 사실, 사례, 통계 등에 기초해 일반적인 결론을 도출하는 것이다. 그래서 사실/사례에 근거한 논증이라고 부른다. 여러 가지 사례들 또는 사실들에서 일반화된 결론을 도출하기 때문에, 결론은 어떤 일이 일어날 개연성(probability) 또는 확률을 진술하는 것이다. 즉, 귀납 논증에서 결론은 모든 사례에 반드시 적용되는 보편적 진리가 아니라 어느 정도의 개연성 또는 확률의 범위 내에서 타당한 것이 된다. 귀납 논증에서 여러 사례와 사실은 인과관계가 아니라 어느 정도의 개연성을 가지고 서로 상관관계가 성립할 뿐이다.

귀납 논증의 형식은 보통 다음과 같이 구성된다.

A＝C (구체적 사실/사례)

B＝C

⋮

All＝C

구체적 사실/사례에서 일반적인 결론을 도출하기 때문에, 귀납 논증은 대부분 개연성을 가진 귀납적 일반화의 형태를 취한다. '귀납적 일반화'(inductive generalization)는 구체적인 사례들 또는 사실들에서 일반적인 결론을 도출하는 논증이다(박은진 · 김희정, 2011: 280-281). 귀납 논증 중 가장 일반적인 논증 형태이다. 귀납적 일반화 중에서 구체적 사례들 또는 사실들에서 그 사례 또는 사실의 '범주 전체'에 적용되는 것으로 보편화시켜서 결론을 도출하는 것을 '보편적인 귀납적 일반화'(univeral inductive generalization)라고 한다. 예컨대,

- 철수, 영희, 길동이 죽었다.
- 철수, 영희, 길동은 모두 사람이다.
- 그러므로 '모든 사람'은 죽는다.

이처럼 철수, 영희, 길동의 사례들에서 죽음을 사람 전체에 보편적으로 적용하여 "모든 사람이 죽는다"라고 일반화된 결론을

도출하는 논증 방식이 '보편적 귀납적 일반화'이다.

하지만 귀납적 일반화에서 결론이 참 또는 타당성을 가지는 것은 개연성에 의존한다. 즉, 그것은 항상 참 또는 타당한 것이 아니고 어느 정도의 개연성을 가지고 참이거나 타당한 것이 된다. 귀납적 일반화는 여러 사례들 또는 사실들에 의거해 어떤 것에 적용될 수 있는 개연성을 일반화된 결론으로 제시하는 것이다.

다이어트 약과 체중 감소 사례에 기초한 보편적인 귀납적 일반화를 살펴보자.

- 모델1이 A 다이어트 약을 6개월 간 먹었더니 10kg이 빠졌다. (사례1)
- 배우2가 A 다이어트 약을 6개월 간 먹었더니 10kg이 빠졌다. (사례2)

⋮ ⋮

- 모든 여성이 A 다이어트 약을 6개월 간 먹으면, 10kg이 빠질 것이다. (결론)

모델 1, 2부터 . . . n 사례는 모두 사실(참)이다. 그렇다고 해서 '모든' 여성이 A 다이어트 약을 먹는다고 6개월 동안에 10kg이 빠지는 것은 아니다. 개인의 체질, 운동량, 음식의 섭취량, 생활 습관 등이 체중 감소에 중요하게 영향을 미친다. A 다이어트 약이 체중 감소의 효과를 가져오는 것은 단지 어느 정도의 개연성/확률 내에서 타당할 뿐이다.

반면에 구체적 사례들 또는 사실들의 전체가 아니라 그것의 '일부분'에 대하여 적용되는 것으로 한정하여 일반적 결론을 도출하는 것을 '통계적인 귀납적 일반화'(statistical inductive generalization)라고 한다. 조사 집단의 표본 에서 나타난 통계 수치를 전체 집단으로 확장하여 전체 집단 중 조사 결과의 통계 수치만큼 같은 결과가 나타날 것이라고 일반화하는 것이다.

- 전국의 교사 1000명을 설문 조사한 결과에 의하면, 82%가 아동복지법을 개정해서 아동 학대죄는 교원에게 적용하지 않아야 한다는 것에 찬성했다.
- 이 조사 결과에 따르면, 전체 교사들의 10분의 8 정도는 아동복지법 개정을 찬성할 것이다.

이 논증은 교사 집단의 표본 1000명의 설문 조사에서 나타난 통계의 결과 82%를 그대로 전체 교사 집단으로 확장하여 전체 교사들의 10분의 8은 아동복지법 개정에 찬성할 것이라고 일반화하는 결론을 도출하였다. 이처럼 조사 집단의 표본에서 나타난 통계 수치를 전체 집단으로 확장하여 일반화된 결론을 도출하는 방식이 통계적인 귀납적 일반화이다.

커피와 심장질환의 관계에 대한 연구결과에 기초한 통계적인 귀납적 일반화를 살펴보자.

하루 2~3잔 커피, 심장병 위험 낮춘다는데…설탕 넣어 마시면?

중국 남방의과대학은 영국 바이오뱅크에서 제공받은 17만 1000여 명의 자료와 이들의 커피 소비 습관을 조사했다. 평균 연령 55.6세였고, 모두 연구 초기 암이나 심장질환은 없는 상태였다. 하루에 무설탕 커피 2.5~4.5잔을 마신 사람의 조기 사망률은 커피를 마시지 않은 사람

> 에 비해 최대 29% 낮았다. 설탕을 넣은 경우라도 하루 1.5~3.5잔을 마신 사람의 사망 위험률이 마시지 않은 사람보다 최대 31% 낮은 것으로 나타났다. 연구팀은 적정량의 커피가 설탕 첨가에 상관없이 암이나 심장질환으로 인한 사망률을 낮추는 등 건강에 도움을 준다는 결론을 발표했다.
>
> 출처: 조선일보, 2022. 6. 1.

중국 연구팀은 17만 명을 대상으로 커피와 심장질환의 관계를 조사한 사례에 의거하여 하루 2~3잔 정도의 커피가 설탕 첨가에 관계없이 심장질환으로 인한 사망률을 낮춘다고 결론을 내렸다. 그런데 이 결론은 하루 2~3잔 커피를 마신 사람들 모두가 심장질환의 위험이 낮아졌다는 것이 아니라 단지 29%~31% 정도의 범위에서 확률적으로 심장질환으로 인한 사망의 위험이 낮아졌다는 것을 나타낸다. 따라서 커피와 심장질환으로 인한 사망률의 관계는 31%의 개연성(확률) 내에서 타당한 결론이다. 이 개연성을 거꾸로 뒤집어 보면, 하루 2~3잔 커피를 마신 사람들의 0% 정도는 심장질환의 위험이 낮아지지 않았다는 사실이다.

이러한 귀납 논증은 구체적인 사실들이나 사례들을 전체 대상으로 확장하여 일반화된 결론을 이끌어 내기 때문에, '확장적 추론'(extensive reasoning)이라고 한다. 여러 가지 구체적 사례들을 전체 대상으로 확장하여 일반화된 결론을 도출하기 때문에, 결론이 참일 확률은 개연성(probability)에 의존한다.

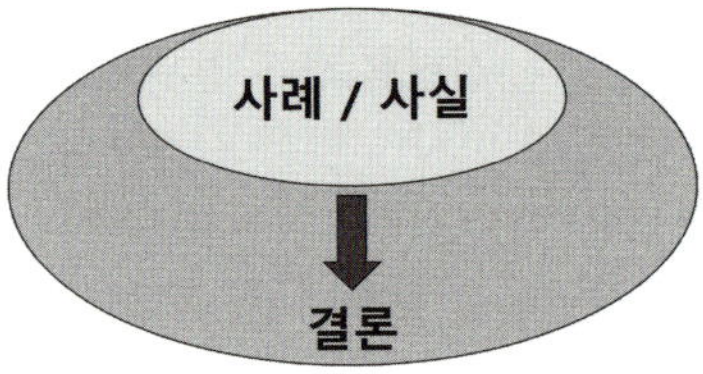

그래서 귀납 논증이 참인지 타당한지 검증할 때는 제시된 사례/사실과 결론이 어느 정도의 개연성을 가지고 타당한지를 분석하면 된다. 그러면 다음의 사례를 통해 귀납 논증이 타당한지 알아보자.

- 철수는 INTP인데, 사회성이 부족하다. (사례1)
- 영희는 INTP인데, 사회성이 부족하다. (사례2)

⋮ ⋮

- 그러므로 INTP인 사람은 모두 사회성이 부족하다. (결론)

철수, 영희 사례부터 . . . n 사례는 참(사실)일 수 있다. 그렇다고 해서 INTP 성향을 가진 사람이 모두 사회성이 부족한 것은 아니다. MBTI는 4가지 범주에 의거해 사람의 성격 유형을 16가지로 분류한 것이기 때문에, 모든 사람의 성격과 기질을 충분하게 반영하지 못 한다. 사회성 부족이란 성격에는 내향적(I), 직관적(N), 사고적(T), 인식적 요소(P)뿐만 아니라 개인의 성장 환경, 경험, 기질 등이 중요하게 영향을 미친다. 그래서 INTP인 사람이 사회성이 부족하다는 것은 어느 정도의 개연성/확률 내에서 타당할 뿐이다. INTP인 사람이 ESFJ인 사람보다 사회성이 부족할 확률이 더 높지만, 그렇다고 '모든' INTP인 사람이 사회성이 부족한 것은 아니다.

4. 유추는 어떻게 할까?

유추는 유사성을 가진 여러 사례들에 기초하여 그와 비슷한 사례에 적용하여 결론을 도출하는 추론이다. 유추(analogy)는 비슷한 사례들의 유사성에 의거하여 그와 비슷한 속성을 가진 결론을 이끌어 내는 논증이다. 서로 비교하는 대상이나 사례의 유사성이 높을수록 그리고 유사성을 공유한 대상이나 사례를 보다 많이 제시할수록, 결론이 타당할 개연성이 높아진다. 이런 점에서 유추를 귀납 논증의 한 유형으로 분류하기도 한다.

유추는 비슷한 사례들이 공유한 유사성에 의거하여 그런 유사성을 공유하고 있다고 추정되는 사례에 적용하여 결론을 이끌어 내는 것이다. 유추의 추론 방식은 보통 다음과 같이 구성된다.

A=D (D= "공유된 유사성")

B=D

마찬가지로 C=D

그러면 다음의 사례를 통해 유추가 타당한지 알아보자.

- 철수는 머리가 좋고 하루 6시간 이내로 자고 열심히 공부해서, 작년에 S대학교에 입학했다. (사례1)

• 영희도 머리가 좋고 하루 6시간 이내로 자고 열심히 공부해서, 작년에 S대학교에 입학했다. (사례2)

: :

• 나도 철수, 영희처럼 머리가 좋고 하루 6시간 이내로 자고 열심히 공부했으니까, 올해 S대학교에 입학하게 될 것이다. (결론)

철수와 영희가 S대학에 입학하는 데 성공한 유사한 특성은 '좋은 지능, 하루 6시간 이내 수면, 열심히 공부'이다. 나도 철수와 영희가 가진 3가지 특성을 유사하게 지녔다. 그래서 철수와 영희, 내가 공유한 3가지 유사성에 기초하여 나도 올해 S대학교에 입학할 것이라는 결론을 이끌어냈다. 이런 점에서 이 논증은 유추에 해당된다.

필자의 사례에서 유추의 문제점을 찾아보자. 필자가 사회과교육론 과목에서 기말고사를 실시하려고 했는데, 어떤 학생이 아래와 같이 여러 사례를 얘기하면서 기말시험에서 책을 보며 시험을 보게 해달라고 요구하였다. 학생의 이야기를 들어보니까, 그럴듯하고 타당한 것처럼 느껴져서 필자는 책을 보며 시험 볼 수 있게 해 주겠다고 말했다.

• 요리사도 요리할 때, 요리책이나 인터넷 레시피를 보며 요리한다.
• 의사는 수술할 때, 의학서적이나 환자 사진을 보며 수술한다.
• 검사, 변호사도 재판할 때, 법전이나 관련 자료를 보며 재판한다.
• 마찬가지로 우리 학생도 시험 볼 때, 책을 보면서 시험을 보도록 허용해야 한다.

그런데 강의 후 곰곰이 생각해 보니 학생의 주장과 논증에는 문제가 있음을 발견하였다. 이 유추는 요리사의 요리, 의사의 수술, 검사·변호사의 재판, 학생의 시험이 구조적으로 유사성을 가진 비슷한 사례라는 점에 기초하여, 학생이 시험 볼 때 책을 볼 수 있도록 허용해야 한다는 결론을 이끌어 내고 있다. 얼핏 보면 4가지 사례가 모두 구조적으로 유사성을 갖는 것처럼 보여서, 학생의 결론이 타당한 주장처럼 보인다.

그러나 네 가지 사례를 잘 분석해 보면, 요리사의 요리, 의사의 수술, 검사·변호사의 재판과 학생의 시험이 이루어지는 맥락과 목적이 서로 다르고, 그래서 구조적인 유사성을 갖지 않는다. 따라서 앞의 세 가지 사례에 기초하여 그와 비슷한 유사성을 갖고 있다는 전제하에서 도출한 결론은 타당하지 않다. 즉, 앞의 세 사례와 결론의 사례는 구조적 유사성을 갖지 않기 때문에, 유사성을 공유한 비슷한 사례로 묶어서 유추하면, 오류가 발생한다. 하지만 교수가 약속한 것을 지켜야 하므로, 시험 문제를 정답이 없는 논술형으로 다시 출제하여 집에서 책을 보며 시험을 보도록 하였다.

5. 논리적 사고는 훈련될 수 있을까?

논리적 사고는 객관적 근거에 의거해 타당하게 결론을 이끌어 내는 사고이다. 그러므로 논리적 사고 자체를 가르치기는 어렵지만, 근거에 의거해 결론을 도출하는 방법, 즉 연역 논증, 귀납 논증, 유추 등의 방법을 배우면 논증의 방법에 따라 논리적으로 사고하는 능력이 향상될 수 있다. 합리적인 논증의 방법에 따라 근거에 기초해 타당한 결론을 도출하는 능력이 발달하면, 그만큼 논리적으로 사고하는 능력이 향상될 것이다.

그러므로 교육을 통해 논리적 사고를 배우고 연습하는 것은 연역 논증, 귀납 논증, 유추 등 논증의 방법을 배우는 것이고, 또한 논증의 구조에 맞추어 근거에 의거해 타당한 결론을 이끌어 내는 방법을 훈련하는 것이다. 논리적 사고 자체가 아니라 논증의 방법과 논증의 구조에 맞추어 생각하고 글쓰는 방법을 배우고 연습하는 것이다. 이런 훈련과 연습을 통해 논증의 방법에 익숙해지고 논증의 구조에 맞추어 생각하는 능력이 발달하면, 그 만큼 논리적으로 말하고 글쓰는 능력도 향상될 것이다.

이런 점에서 논술에서 논리적 사고의 교육과 훈련이 매우 중요하다. 그래서 고대 그리스와 로마에서는 논리학을 기본 과목으로 가르쳤고[1], 중세 대학에서도 논리학을 교양 과목으로 가르쳤다.

그러면 인간이 이성적 동물이고 이성에 따라 생각하는 존재인데, 왜 특별히 논리적 사고를 별도로 가르치고 배워야 할까? 아주 옛날부터 논리를 가르친 이유는 무엇일까? 그 이유는 인간이 이성적으로 생각할 능력을 갖고 있지만, 다른 한편 인간은 잘못된 방향으로 생각하거나 판단하는 성향이 있기 때문이다(Kida, 2007: 4-9장).

첫째, 인간은 이야기를 좋아하는 동물로 진화했기 때문에, 객관적인 자료와 근거보다는 재미있는 이야기를 더 선호하는 경향

1) 고대 그리스와 로마부터 중세까지 대학에서는 문법, 논리학, 수사학, 수학, 천문학, 기하학, 음악 7개 교양 과목(7 liberal arts)을 가르쳤다.

을 지녔다. 재미없고 단조로운 통계자료나 근거보다는 재밌는 이야기에 더 끌리고 감동을 받으며, 그에 따라 생각하고 판단하는 경향이 있기 때문이다.

둘째, 우리가 어떤 것에 대해 균형 잡힌 판단을 하려면, 우리의 생각이나 주장을 지지해 주는 자료와 근거뿐만 아니라 우리와 반대되는 주장 및 자료도 검토하고, 양자를 종합해 판단해야 한다. 그런데 사람은 자신이 보고 싶은 것을 보고 믿고 싶은 것만 믿으며 자신의 생각이나 주장과 비슷한 자료와 근거를 찾으려는 성향이 있다. 또한 자기 생각이나 주장을 지지해 주는 방향으로 자료와 근거를 해석하려는 경향이 있기 때문이다.

셋째, 우리는 이성을 통해 세상을 객관적으로 파악하고 보편적인 법칙이나 지식을 인식할 수 있다고 믿는다. 그래서 일부 현상이나 사례를 가지고 전체로 확대해 성급하게 일반화하거나 특정한 조건이나 맥락의 제약을 고려하지 않고 지나치게 단순화하는 경향이 있기 때문이다. 이런 성급한 일반화 또는 지나친 단순화는 현상의 본질이나 진실을 정확하게 인식하지 못하게 만들고 일부 사례를 전체로 일반화하는 오류를 범하게 된다.

그러므로 이러한 비합리적이고 비논리적 성향과 생각으로 인해 범하는 오류 경향을 이해하고, 그런 성향을 극복하기 위해 논증의 방법과 논증의 구조에 맞게 생각하는 방법을 배우고 연습해야 한다. 즉, 논리적으로 생각하는 법을 배우고 연습해야 한다.

연습문제

( )학과 이름:

❑ 논리적 사고를 통해 다음 주장을 지지할 수 있는 적절한 근거를 2가지 이상 제시하시오.

1. 주장: 미래 사회에서 요구되는 인재를 양성하기 위해서 대학은 내신이나 수학능력시험 같은 성적 순이 아니라 잠재 능력을 평가하는 방식으로 시험 제도를 개혁해야 한다.

   # 근거:

2. 주장: 좋은 교사를 임용하기 위해서는 시험 성적이 아니라 인성이나 수업 역량을 충실하게 평가할 수 있도록 교원 임용시험 제도를 개선해야 한다.

   # 근거:

❑ 다음 글은 어떤 논증 유형에 속하는지 제시하고, 이 논증의 문제점이 무엇인지 설명하시오.

- 연구 결과에 의하면, M 코로나 백신은 코로나를 예방하는 효과가 6개월 동안 94%로 나타났다.
- 나는 이번 12월에 M 코로나 백신을 접종했다.
- 그러므로 나는 이번 겨울에 코로나에 걸리지 않을 것이다.

3-1. 이 논증은 연역, 귀납, 유추 중 어디에 해당되는가?

3-2. 이 논증의 문제점은 무엇인가?

❑ 다음 연역 논증을 읽고 아래 질문에 대하여 답하시오.

- 2010년 이후 합계 출산율은 계속 감소하는 추세이다.
- 2010년 이후 학령 인구가 해마다 감소하고 있다.
- 그러므로 교육부는 향후 초중등 교원의 정원을 대폭 감축하겠다고 발표했다.

4-1. 교육부가 제시한 근거(전제)는 참인가?

4-2. 이 근거에 의거해 도출한 결론이 타당한가?

❑ 다음 귀납 논증을 읽고 아래 질문에 대하여 답하시오.

- 철수는 임용시험 1차에서 150% 안에 들었는데, 최종 합격했다.
- 영희도 임용시험 1차에서 150% 안에 들었는데, 최종 합격했다.
- 그러므로 임용시험 1차에서 150% 안에 들면, 모두 최종 합격할 수 있다.

5-1. 위 철수와 영희 사례는 참인가?

5-2. 이 사례들에 의거해 도출한 결론이 타당한가?

□ 다음 유추를 읽고 아래 질문에 대하여 답하시오.

- 감옥에서 죄수는 하고 싶은 것을 맘대로 못하고, 놀고 싶을 때 놀지 못하는 등 자유를 누리지 못한다.
- 학교에서 학생은 하고 싶은 것을 맘대로 못하고, 놀고 싶을 때 놀지 못하는 등 자유를 누리지 못한다.
- 그러므로 학교는 감옥과 마찬가지로 자유를 누리지 못하는 곳이다.

6-1. 두 사례 간의 공유된 유사성은 무엇인가?

6-2. 두 사례의 유사성에 기초해 도출한 결론은 타당한가 아닌가? 그 이유는 무엇인가?

CHAPTER

03

논술과 논리적 오류

논술은 논리적 글쓰기이다. 즉, 논술은 논증의 구조에 맞추어 타당한 근거를 제시하며 자기 주장과 결론을 정당화하는 글쓰기이다. 좋은 논술은 논증의 구조에 맞추어 합리적 근거를 제시하며 자기 주장을 논리적으로 쓴 글이다. 따라서 좋은 논술인지 아닌지를 평가할 때는 논증이 타당한지 따져 보면 된다. 논증의 타당성을 평가할 때는 먼저 근거가 참인지 타당한지 평가하고 또한 근거가 결론을 적절하게 지지해 주는지를 비판적으로 따져 보면 된다. 이러한 두 기준을 충족하지 못하면, 불충분한 논증 또는 잘못된 논증이 된다.

거짓 근거에 의거해 추론하거나 근거-결론의 관계가 않는 경우에, 그 결론은 논리적 오류가 발생하여 타당하지 않다. 논증에서 거짓 근거에 의거해 추론하거나 근거-결론의 관계가 성립하지 않아서 논증에 잘못이 발생하는 것을 '논리적 오류'라고 한다.

그러므로 논술에서는 논리적 오류를 범하지 않도록 근거가 타당한지 그리고 근거-결론의 관계가 적합한지를 비판적으로 따져 보는 것이 필요하다. 논증에서 범하는 논리적 오류는 매우 많아서 모두 설명하기 어렵다. 여기서는 우리가 논술할 때 흔히 범하기 쉬운 논리적 오류를 중심으로 몇 가지 살펴보자.

1. 지나친 단순화의 오류

어떤 주장은 특정한 조건에서 참이거나 타당한 것인데, 그 조건을 제시하지 않고 전체 집단에 모두 적용하여 일반화된 결론을 도출하는 경우가 많다. 이 경우 '지나친 단순화의 오류'(fallacy of over-simplification)가 발생한다. 그래서 이런 오류를 '조건화하지 않은 일반화의 오류'라고 부르기도 한다.

우리가 일상적으로 하는 말에서 지나친 단순화의 오류를 살펴보자.

- 운동은 사람의 건강에 좋다.
- 사람은 건강하기를 원한다.
- 우리는 모두 건강을 위해서 운동해야 한다.

일반적으로 운동이 사람의 건강에 도움이 된다. 그러나 특정한 질병을 가진 사람은 운동을 하면 안 되는 경우도 있고, 또는 운동의 종류나 방법에 있어서 매우 주의해야 한다. 자신의 몸 상태와 질병 여부 등의 조건을 고려하지 않고 운동을 잘못하여 오히려 건강이 더 나빠진 사람들도 있다. 그래서 각 사람의 몸 상태, 질병 유무, 체질 등의 조건을 고려하지 않고, 무조건 운동하면 모두 건강이 좋아진다고 일반화하면, 그 결론은 타당하지 않다.

우리가 통계자료를 인용하여 해석할 때, 자주 범하는 지나친 단순화의 오류를 찾아보자.

> • 통계청 자료에 의하면, 가계의 처분가능소득의 5분위 배율은 2012년 8.01, 2014년 7.27, 2016년 6.87에서, 2018년 6.43, 2020년 5.75로 낮아졌다.
> • 그러므로 우리나라는 소득분배가 균등해지고 있다.

통계청 자료에 의하면, 우리나라의 소득 5분위 배율[1)]이 2012년 8.01에서 2020년 5.75로 낮아지는 추세를 나타냈다. 그러나 2020년 코로나 19 팬데믹으로 인해 소상공인에게 재난 지원금과 국민의 80%에 국민 지원금 등이 지급되었기 때문에, 정부 지원금으로 인해 하위 계층의 소득이 증가되었다. 그 결과 소득 5분위 배율이 낮아졌다. 그러나 코로나 19 팬데믹의 해제 이후에, 러시아-우크라이나 전쟁(2022.2.~), 미국의 금리 인상 3.75~4.0%(2022.11.~), 이스라엘-하마스 전쟁(2023.10.~), 미국과 중국의 무역 전쟁 등으로 인해 우리나라는 3高(유가, 금리, 물가 상승) 현상으로 노동자의 실질 소득이 감소하면서 계층 간 빈부 격차는 더욱 심해졌다.

그렇기 때문에 2012년~2020년이란 조건을 고려하지 않고, 계속해서 소득 5분위 배율이 낮아지고 소득분배가 균등해지고 있다고 지나치게 단순화시킨 결론은 사실이 아니고 타당하지 않다. 실제로 통계청 자료에 의하면, 소득 5분위 배율은 2020년에 비해 2021년 5.83, 2022년 5.76으로 높아졌고, 소득 불평등이 더 심해

1) 소득 5분위 배율은 상위 20% 계층의 평균소득을 하위 20% 계층의 평균소득으로 나눈 값이다. 이 배율이 낮을수록 계층 간 소득이 평등하게 분배되어 있다는 것을 의미한다.

진 것으로 나타났다.

2. 성급한 일반화의 오류

귀납적 일반화를 할 때, 매우 적은 사례를 가지고 성급하게 전체 대상으로 일반화시켜서 결론을 도출할 수 있다. 이런 경우 '성급한 일반화의 오류'(fallacy of hasty generalization)가 발생한다. 몇 가지 사례는 참이거나 타당하겠지만, 그렇다고 다른 사례 또는 대상에 모두 똑같이 적용되는 것은 아니기 때문이다.

이처럼 일부 사례가 그것의 전체 대상을 대표하지 못 하는데, 일부 사례를 가지고 전체 집단에 적용하여 성급하게 일반화된 결론을 도출하면, 일부 사례와 전체 대상의 사례가 불일치하여 논리적 오류가 발생한다.

다음의 논증에서 성급한 일반화의 오류를 살펴보자.

- 버락 오바마는 흑인이지만 미국의 대통령으로 당선되었다.
- 스테판 커리는 MBA에서 농구선수로서 성공하여 많은 돈과 명예를 얻었다.
- 오프라 윈프리는 방송 진행자로 성공해 많은 인기와 영향력을 얻었다.
- 그러므로 미국에서 흑인은 차별없이 성공할 수 있고, 사회 · 경제적 지위가 낮은 것이 아니다.

오바마, 커리, 윈프리 등 일부 흑인이 성공해서 높은 사회 · 경제적 지위를 얻은 것은 사실이다. 하지만 미국 사회에는 흑인에 대한 보이지 않는 차별과 억압이 여전히 존재하기 때문에, 많은 흑인들이 충분한 교육을 받지 못하고 대부분의 흑인은 사회·경제적 지위가 낮은 것이 현실이다. 그러므로 일부 성공한 흑인의 사례를 가지고 흑인 전체로 일반화시켜서 흑인에 대한 차별이 없고 사회·경제적 지위가 낮지 않다고 도출한 결론은 타당하지 않다.

실제 사실들에서 결론을 성급하게 도출할 때 발생하는 일반화의 오류를 찾아보자.

- 내 주변 사람들에게 물어보았는데, 대부분 A 후보자를 지지했다.
- 내 소셜 미디어에 연결된 수천 명의 사람들도 대부분 A 후보자를 지지했다.
- 그러므로 이번 대통령 선거에서는 틀림없이 A 후보자가 당선될 것이다.

내 주변 사람들과 소셜 미디어에 연결된 사람들 대부분은 A 후보자를 지지하는 것은 사실이다. 사람은 비슷한 성향을 가진 사람들과 어울리고 소셜 미디어는 성향이 유사한 사람끼리 친구 관계를 맺기 때문이다. 그러나 다른 성향을 가진 사람들, 다른 지역·연령·계층의 사람들은 다른 후보자를 지지할 수 있다. 그래서 대선 후보자의 지지도를 조사할 때는 전국에서 지역, 연령, 성별 등을 고르게 표집하여 대표성을 가진 사람들의 의견을 조사한다. 이처럼 다양한 집단의 의견을 고려하지 않고 단지 내 주변 사람들이 A 후보자를 지지한다고 해서, 대통령 선거에서 A 후보자가 당선될 것이라고 성급하게 일반화시킨 결론은 타당하지 않다.

3. 거짓 원인의 오류

어떤 일이 발생한 원인과 결과의 관계를 제시할 때, 참 또는 진실이 아닌 원인을 사실인 것처럼 전제하고 그에 기초하여 결론을 도출할 수 있다. 이 경우 '거짓 원인의 오류'(fallacy of false cause)가 발생한다. 오비이락(烏飛梨落)이라는 속담에서 알 수 있듯이, 배가 떨어지는 일이 발생했는데, 마침 그 때 까마귀 떼가 날아갔다. 그래서 배가 떨어진 원인을 까마귀에서 찾아서, "까마귀 날다"(잘못된 원인) → "배 떨어진다"(결론) 라는 결론을 이끌어 내면, 오류가 발생한다.

우리가 일상적으로 진실로 믿고 있는 잘못된 신념 속에서 거짓 원인의 오류를 찾아보자.

- 미역국을 먹으면 시험에서 미끄러져서 떨어진다.
- 어제 나는 엄마가 끓여 준 미역국을 먹었다.
- 그래서 내가 오늘 시험에서 떨어졌다.

우리나라에는 미역국을 먹으면 시험에 떨어진다는 미신이 있다. 이것은 시험의 실패 원인을 미역국으로 오해한 것에서 생긴 잘못된 신념이다. 시험에서 떨어진 가장 중요한 이유는 본인이 열심히 공부하지 않았거나 나쁜 건강 상태로 시험에 집중하지 못했기 때문이다. 그런데 시험과 직접 관련이 없는 요인에서 원인을 찾기 때문에, 거짓 원인의 오류가 발생한다. 그래서 이런 잘못된 신념을 '미신(迷信)이라고 부른다.

실제 학술 연구에서 발생한 거짓 원인의 오류를 찾아보자.

- 애리조나 주립대학교 교수들은 1957년 위스콘신 고등학교 졸업생 남녀 8386명의 졸업 사진에서 매력도를 측정하고, 그들의 외모와 수명의 상관관계를 추적 조사한 연구 결과를 2024년 8월 「사회과학과 의학」 학술지에 "외모와 수명: 예쁜 사람이 더 오래 살까?"라는 논문으로 발표했다.
- 연구 결과에 의하면, 매력도가 가장 낮은 6등급에 속한 사람은 1~4등급 사람에 비해 사망률이 16.8% 높은 것으로 나타났다. 특히 매력도 6등급에 속한 여성은 그 외 여성보다 평균 2년 정도 일찍 사망했다.

출처: 뉴시스, 2024. 8. 6. ""못생길수록 수명 짧아"… 고교 졸업사진 65년 추적했더니"

애리조나 대학 교수들이 고등학교 졸업생 남녀 8386명의 외모와 수명의 상관관계를 추적 조사한 결과, 매력도가 가장 낮은 6등급에 속한 사람은 1~4등급 사람에 비해 사망률이 16.8% 높게 나타났고, 매력도 6등급에 속한 여성은 그 외 여성보다 평균 2년 정도 일찍 사망한 것은 사실이다. 그러나 이 연구는 인간의 수명과 관련된 원인을 잘못 찾았다. 의학적으로 수명과 관련된 요인은 질병, 유전적 요인, 식습관, 술과 담배, 운동, 기타 생활환경 등이다. 매력도 같은 외모가 인간의 질병 및 그로 인한 수명에 직접 영향을 미치는 요인이라고 보기 어렵다.

실제로 이 연구 결과에서도 고교 졸업 사진에서 1등급의 사람과 중간 등급 사람들 간의 수명에는 유의미한 차이가 없는 것으로 나타났다. 그럼에도 불구하고 잘 생긴 사람이 더 오래 산다라고 해석하는 것은 수명에 영향을 미치는 원인을 외모에서 잘못 찾는 거짓 원인의 오류를 범하는 것이다.

4. 인과 전도의 오류

얼핏 보면 거짓 원인의 오류와 인과 전도의 오류가 비슷한 것처럼 보인다. 그러나 '인과 전도의 오류'(fallacy of reverse causation)는 어떤 논증에서 원인과 결과를 뒤바꾸어 제시할 경우에 발생한다. 즉, 원인과 결과의 관계를 뒤바꾸어서, 어떤 일의 결과를 원인이라고 주장하는 오류이다. 이런 점에서 '역인과관계의 오류'라고 부르기도 한다.

외모와 수명의 관계처럼, 거짓 원인의 오류는 근거-결론이 서로 논리적 연관성이 없는 경우에 발생하는 오류이다. 반면에 인과 전도의 오류는 "개구리가 우니까, 봄이 왔다"(경칩) 또는 "아프니까, 청춘이다"처럼 두 요소 간의 '연관성'은 존재하지만, 원인과 결과의 관계가 뒤바뀌어 제시된 경우에 발생하는 오류이다. 즉, 개구리가 울기 때문에 봄이 온 것이 아니라 거꾸로 봄이 되어서(원인) 개구리가 겨울잠에서 깨어나서 울기 시작한 것(결과)이다.

우리가 일상적으로 하는 말에서 인과 전도의 오류를 찾아보자.

- 오늘 종합 병원에 갔었는데, 병원에 아픈 사람들로 가득 찼어.
- 병원은 사람을 아프게 만드는 곳이야.
- 그러니까 병원에 가면 안 돼!

아픈 사람이 치료받기 위해 병원을 가기 때문에, 아픈 사람과 병원은 서로 논리적으로 연관성이 있다. 하지만 두 요소의 관계가 서로 뒤바뀌어 제시됨으로써 원인과 결과의 관계에서 잘못된 논증이 발생했다. 즉 병원이 사람을 아프게 만드는 원인이 아니라 원인은 질병이고, 그 질병을 치료하기 위해 병원에 가는 것이다. 그런데 병원을 질병의 원인이라고 착각하여 병에 걸리지 않기 위해 병원에 가면 안 된다는 결론을 도출하면, 원인과 결과를 뒤바꾸어 주장하는 오류를 범하게 된다. 물론 가끔 병원에서 치료받다가 전염병이나 바이러스 등에 감염되어 질병에 걸릴 수도 있다. 하지만 이 경우에 병원 자체가 질병을 유발한 것이 아니라 치료 과정에서 감염되어 질병이 발생한 것이기 때문에, 병원을 질병의 원인이라고 할 수 없다.

또한 두 가지 사회현상이 동시에 발생하는 경우에, 두 요소의 인과관계를 뒤바꾸어 제시하는 오류를 생각해 보자.

- 1990년 이후 우리나라 국민의 해외여행이 빠르게 증가하였다.
- 1990년 이후 1인당 국민총소득(GNI)도 빠르게 증가하였다.
- 그러니까 해외여행 증가가 1인당 국민소득을 증가시켰다고 할 수 있다.

1989년 정부가 해외여행 자유화 조치를 시행하면서 1990년 이후 내국인의 해외여행이 급증했다. 또한 경제가 성장하면서 1인당 국민총소득도 빠르게 증가했다. 해외여행 증가와 국민소득의 증가는 연관성이 매우 높다. 하지만 두 요소의 관계를 서로 뒤바꾸어 제시함으로써 원인과 결과의 관계를 잘못 제시하는 오류를 범하고 있다. 즉, 해외여행이 증가해서 1인당 국민소득이 증가한 것이 아니라 거꾸로 국민소득이 증가하였기 때문에, 그로 인해 사람들의 경제적 여유가 생기면서 해외여행이 증가한 것이다.

5. 잘못된 유추의 오류

유추는 비슷한 사례 또는 대상의 유사성에 기초하여 그와 비슷한 속성을 가진 결론을 도출하는 방식이다. 그런데 여러 사례 또는 대상이 동일한 유사성을 갖는지 비판적으로 따져 보지 않고, 표면적으로 비슷해 보이는 속성에 의거하여 유사한 결론을 이끌어 내는 경우에, '잘못된 유추의 오류'(fallacy of false analogy)가 발생한다. 일부가 비슷해 보이는 사례를 잘못 비유하여 나머지도 모두 유사한 속성을 지녔다고 결론을 도출하는 오류이다.

최근 소셜 미디어에 사진이나 동영상을 올릴 때 발생한 잘못된 유추의 오류를 살펴보자.

- 부모는 자녀의 사진을 자유롭게 찍어서 소셜 미디어에 올린다.
- 여행자도 멋진 풍경과 건축물을 자유롭게 찍어서 소셜 미디어에 올린다.
- 그러므로 우리도 거리의 미녀를 자유롭게 찍어서 소셜 미디어에 올려도 된다.

"사진을 촬영해서 소셜 미디어에 올린다"는 유사성에 근거에 비슷해 보이는 세 가지 사례를 잘못 비유하여 모두 같은 속성을 지녔다고 결론을 도출하는 오류를 범하고 있다. 부모가 자녀를 촬영하는 것, 여행자가 풍경을 촬영하는 것과 거리의 미녀를 촬영하는 것은 전혀 다른 현상이다. 즉, 부모가 자녀 사진을 찍어 소셜 미디어에 올리는 것과 여행자가 풍경을 찍어 소셜 미디어에 올리는 것에는 초상권이나 저작권의 문제가 발생하지 않는다.

그러나 어떤 사람이 당사자의 허락 없이 거리의 미녀를 촬영하여 소셜 미디어에 올리면 초상권 침해가 된다. 그렇기 때문에 이 논증은 사진을 촬영해 소셜 미디어에 올린다는 유사성에 의거해 본질적으로 다른 사례를 잘못 비유하여 결론을 잘못 도출하는 오류를 범하였다.

우리가 일상적으로 하는 말에서 잘못된 유추의 오류를 찾아보자.

- 음식이 오래되면 썩어서 버려야 하니까, 그 전에 처리해야 한다.
- 친구 관계도 오래되면 부패해서 버려야 하니까, 그 전에 끝내야 한다.

이 논증은 오래되면 썩어서 버려야 한다는 속성에 의거해 음식과 친구관계를 잘못 비유하여 같은 속성을 지녔다고 결론을 도출하는 오류를 범하고 있다. 음식이 오래되면 썩어서 버려야 하기 때문에, 그 전에 요리해서 먹어야 한다. 그러나 음식과 달리, 친구 관계는 오래될수록 서로를 이해하고 삶을 공유하는 부분이 늘어나기 때문에 더욱 관계가 깊어지고 좋아진다. 이처럼 음식과 친구관계는 본질적으로 전혀 다른 현상이기 때문에, 둘 사이에 유사성이 있는 것처럼 둘을 비유하여 잘못된 결론을 도출하는 오류를 범하였다.

6. 선결 문제 요구의 오류

논증은 객관적 근거를 제시하여 주장을 정당화하고자 하는 것이다. 그런데 객관적 근거를 제시하지 않고 이미 입증해야 할 주장의 참(진리)을 전제하고, 그 전제에 기초하여 비슷한 주장을 다시 반복해 결론으로 이끌어 내는 경우에, '선결 문제 요구의 오류'(fallacy of petitio principii)가 발생한다. 먼저 참인지 입증하지 않은 채 참이라고 전제하고, 입증되지 않은 전제가 결론에서 순환적으로 반복되는 문제가 발생한다. 이런 측면에서 선결 문제 요구의 오류를 '순환 논리의 오류'(fallacy of circular reasoning)라고 부르기도 한다.

이런 오류는 일상적으로 하는 말에서 종종 발생한다.

- 흡연은 매우 치명적이야.
- 왜냐하면 담배는 사람을 죽일 수 있기 때문이야.

이 논증은 "담배가 사람을 죽일 수 있다"는 것을 합리적 근거에 의거해 정당화하지 않은 채 진실이라고 전제하고, 그 전제에 기초하여 흡연이 사람을 죽일 수 있다(치명적이다)는 결론을 반복해 주장하고 있다. 담배의 유해 성분과 폐암의 관계에 대해 의학적 근거를 제시하며 정당화하지 않고, 담배가 사람을 죽일 수 있다고 전제하고, 그 전제에 의거해 흡연은 치명적이라는 결론을 순환적으로 이끌어 내는 오류를 범하고 있다.

- 뉴진스는 그래미 어워즈를 받아야 한다.
- 왜냐하면 뉴진스는 세계에서 제일 노래를 잘하는 걸그룹이기 때문이다. 그러니까 뉴진스가 그래미 어워즈를 받아야 한다.

이 논증은 "뉴진스는 세계에서 제일 노래를 잘 한다"는 것을 합리적 근거를 제시하여 정당화하지 않은 채 단지 진실이라고 전제하고, 그 전제에 기초하여 뉴진스가 그래미 어워즈(Grammy Awards)를 받아야 한다는 결론을 반복해 주장하고 있다. 음반 판매량, 영상의 조회수, 음원 다운로드 수, 예술성 등 그래미 어워즈에서 음악을 평가하는 기준에 의거해 수상해야 할 근거를 제시하지 않은 채, 입증되지 않은 주장을 전제하고, 그 전제에 의거해 그래미 어워즈를 받아야 한다는 결론을 순환적으로 반복하는 오류를 범하고 있다.

7. 반사실적 가정의 오류

논증은 타당한 근거에 기초하여 결론을 도출하는 것이다. 그런데 사실 또는 진실과 반대되는 가정을 제시하고, 그 가정에 의거하여 결론을 정당화하는 경우에, '반사실적 가정의 오류'(counter-factual conditional fallacy)가 발생한다. 실제 사실과 반대되는 또는 사실이 아닌 내용을 진실처럼 가정하고, 그 가정에 의거해 새로운 내용의 결론을 도출하는 오류이다.

선결 문제 요구의 오류는 입증되지 않은 주장의 참을 전제하고, 그 전제와 '비슷한 내용'을 결론에서 반복해 도출하는 오류이다. 반면에 반사실적 가정의 오류는 사실이 아닌 주장을 진실로 가정하고, 그 가정에 기초하여 '새로운 내용'을 결론으로 이끌어 내는 오류이다. 즉, 가정에서 제시된 사실이 결론에서 순환적으로 반복되지 않고 새로운 내용이 결론으로 도출된다는 점에서 다르다.

지식의 부족이나 무지에서 발생하는 반사실적 가정의 오류를 살펴보자.

- 14세기 유럽에 흑사병이 유행할 때, 유대인이 기독교인을 죽이기 위해 우물에 독을 푼다는 소문이 널리 퍼졌다.
- 그래서 유럽 전역에서 유대인을 학살하는 것이 흑사병 퇴치의 방편으로 간주되었다.

이것은 14세기 유럽에 흑사병이 유행할 때 실제로 일어났던 유대인 학살 사건이다. 당시 의학에서는 흑사병의 원인이 페스트균이고 쥐를 통해 전염된다는 사실을 알지 못 했다. 중세 기독교가 지배하던 유럽에서는 흑사병은 인간의 죄에 대한 하나님의 심판으로 발생한다고 믿었고, 그래서 성당에 모여 참회 기도를 하다가 더 많은 사람들이 전염되어 전체 인구의 1/2 정도가 사망할 정도로 심각해졌다.

반면에 유대인의 사망자는 많지 않았다. 그러자 유대인이 기독교인을 죽이기 위해 우물에 독을 푼다는 음모론을 퍼졌고 사람들은 소문이 진실인지 합리적으로 따져 보고 확인하지 않은 채 진실로 믿었다. 그런 사실이 아닌 음모론을 가정하고 그에 의거하여 무고한 유대인을 학살해야 한다는 결론을 잘못 도출하는 오류를 범하였다.

실제 역사적 사건에서 발생한 반사실적 가정의 오류를 찾아보자.

- 1492년 콜럼버스는 지구 구형설에 기초해 유럽의 서쪽으로 항해하더라도 인도가 나올 것이라고 가정하고 항해를 시작했다.
- 그래서 콜럼버스는 신대륙을 발견한 후, '서인도 제도'라고 이름짓고, 신대륙에 사는 사람들을 '인디언'이라고 불렀다.

15세기 유럽에는 아메리카 대륙의 존재가 알려지지 않았다. 그래서 당시 콜럼버스는 지구 구형설에 의거해 유럽의 서쪽으로 항해해서 인도에 가면 무역의 시간과 비용을 절약할 수 있다고 가정했다. 이런 확인되지 않은 가정을 사실로 믿고, 콜럼버스는 유럽의 서쪽으로 항해를 하여 신대륙을 발견하였다. 그에 따라 반사실적인 가정에 기초하여 신대륙(아메리카)을 인도의 서쪽 지역이라고 믿었고 '서인도 제도'(West Indies)라고 명명하였으며, 그곳에 사는 사람들을 '인디언'(indian)—인도 사람들—이라고 부르는 오류를 범했다.

그러나 서인도 제도는 실제로 중앙 아메리카에 위치한 카리브 제도이고, 인디언은 인도 사람들이 아니라 약 1만 년 전부터 북아메리카 대륙에 정착해 살던 토착민(Indigenous peoples of the Americas)이다.

8. 잘못된 권위에 호소하는 오류

지능정보화 사회가 발달하면서, 각 분야 전문가의 사회적 활동이 증가하고 전문가의 견해가 의사결정이나 판단의 중요한 근거가 되고 있다. 그런데 전문가를 너무 맹신하거나 전문가의 인기나 권위에 의존해 잘못된 판단을 하는 경우가 종종 발생한다. 이처럼 우리가 어떤 결정이나 판단을 내릴 때, 그 분야에서 인정받는 전문가의 견해가 아니라 사회적으로 유명한 전문가의 권위에 의존하여 결론을 지지하고자 하는 경우가 종종 발생한다. 이런 경우에 '잘못된 권위에 호소 오류'(fallacy of appeal to unqualified authority)를 범하게 된다.

논증에서 우리의 주장을 뒷받침하기 위해 일반적인 이론이나 법칙, 개념과 사실, 통계자료 등을 활용할 수 있고, 또는 해당 분야 전문가의 견해를 근거로 제시할 수 있다. 이 경우 해당 분야에 대한 전문적 자격(학위, 자격증)과 지식을 충분히 갖추었고, 그 분야의 다른 전문가들이 인정하는 경우에, 해당 분야의 전문가로 인정할 수 있다. 이런 권위자의 견해에 의거하여 어떤 주장이나 결론을 뒷받침한다면, 그 결론은 타당한 것으로 인정할 수 있다.

그러나 사회적으로 인정받고 유명하지만, 해당 분야의 전문가가 아닌 권위자의 견해에 의거해 어떤 주장이나 결론을 뒷받침하고자 하면, 그런 논증은 잘못된 권위에 호소하는 오류를 범하게 된다.

우리가 일상생활에서 흔히 범하는 실수에서 잘못된 권위에 호소 오류를 찾아 보자.

- 유명한 뉴스 앵커 손○○가 □□기업의 주식에 투자했다.
- 그러니까 우리도 □□기업 주식에 투자하면 큰 돈을 벌 수 있다.

유명한 앵커가 □□기업의 주식에 투자한 것이 사실일 수 있지만, 그는 방송 진행자이지 경제 전문가 도는 주식 투자 전문가는 아니다. 따라서 유명한 앵커를 따라 □□기업의 주식에 투자한다고 큰 돈을 버는 것이 확실히 보장되지 않는다. 설령 그 앵커가 경제 전문가라고 할지라도, 실제 □□기업의 주식 가치는 여러 가지 요인에 의해 변동되기 때문에, 큰 이익을 얻는 것을 보장할 수 없다. 방송인의 유명세에 의거하여 큰 돈을 번다는 결론을 뒷받침하고자 하면, 잘못된 권위에 호소하는 오류를 범하게 된다.

- 여러 방송으로 유명해진 정신과 의사 오○○ 박사가 하루에 커피 2~3잔을 마시면 심장질환의 위험이 낮아진다고 말했다.
- 그러니까 우리는 심장질환에 걸리지 않도록 매일 커피 2~3잔을 마셔야 한다.

오 박사가 정신과 상담과 치료 분야에서 인정받는 권위자이고 방송을 통해 유명해진 것은 사실이지만, 오 박사는 정신과 의사이지 심장 내과 분야의 전문가가 아니다. 따라서 오 박사가 커피와 심장질환의 관계에 대해 제시한 견해에 근거해 매일 커피를 2~3잔 마셔야 한다는 결론을 지지하고자 하면, 잘못된 권위에 호소하는 오류를 범하게 된다.

9. 동정심 호소의 오류

객관적 사실보다는 주장하는 사람이 처한 어려운 상황이나 고통 등에 의거해 상대방의 동정심이나 연민을 유발하여 자신이 원하는 결론을 이끌어 내고자 하는 경우에, '동정심 호소의 오류'(fallacy of appeal to pity)가 발생한다. 이런 논증은 결론을 지지해 줄 합리적 근거를 제시하지 않고 상대방의 동정심에 호소하여 불쌍한 감정이 들어서 자기의 결론을 받아들이도록 주장하는 것이다.

그래서 이런 논증은 자기 주장과 결론을 뒷받침할 합리적 근거를 제시하지 않고 단지 상대방의 동정심이나 연민에 호소함으로써 불쌍한 감정을 유발하여 자기 결론을 받아들이도록 정서적으로 유도하는 오류를 범하게 된다.

이런 오류는 일상생활에서 종종 경험하는 오류이다. 실제로 필자가 학기 말 성적 평가에서 C 이하 성적을 받은 학생들로부터 받는 성적에 대한 이의신청 관련 문자 또는 이메일의 일부 내용에서 동정심 호소의 오류를 찾아보자.

- 교수님, 저는 가정 형편이 어려워서 국가 장학금을 받고 기숙사에서 생활하고 있습니다.
- 그런데 장학금을 받고 기숙사에 들어가려면 B학점이 이상이 되어야 합니다. 장학금을 받지 못하면 대학을 계속 다니기 힘든 상황입니다.
- 그러하오니 교수님 과목에서 제 성적을 B 이상으로 올려주시면 감사하겠습니다.

이 학생은 성적 평가의 기준이 되는 출결, 보고서 제출, 발표와 토론, 시험 등과 관련하여 자신의 성적을 C학점에서 B학점으로 올려주어야 하는 합리적 근거를 제시하지 않았다. 대신에 자신이 B학점 이상을 받지 못하면, 국가 장학금을 못 받고 기숙사에 들어가지 못 해 대학에 다니기 어려운 상황만을 나열함으로써 교수의 동정심을 유발하여 성적을 올려주도록 유도하고 있다(이런 경우 나중에 사실을 확인해 보면, 대부분 거짓말로 상황을 꾸며낸 경우가 많았다).

하지만 학생의 어려운 상황과 처지는 대학에서 성적을 평가하는 기준이나 요소가 전혀 아니다. 그럼에도 불구하고 이 학생은 성적 처리의 기준에 의거해 자신이 얼마나 강의에 출석했고 보고서를 열심히 작성했고, 평소 적극적으로 발표하고 토론에 참여했는지 등 성적 평가와 관련해 합리적 근거를 제시하지 않았다. 대신에 자신의 어려운 상황과 불안한 미래를 제시함으로써 교수의 동정심에 호소하여 B학점을 얻고자 시도하는 오류를 범하고 있다.

10. 허수아비의 오류

우리가 일상적인 대화나 토론을 할 때, 상대방의 주장 자체에 대해 논리적으로 타당한지 따지는 것이 아니라 상대방의 주장을 변형하여 완전히 다른 주장에 대하여 공격하는 경우가 발생한다. 이런 경우 상대방이 주장하지 않은 것을 임의로 만들어 공격하는 '허수아비의 오류'(straw man fallacy)를 범하게 된다. 상대방의 주장을 왜곡하거나 변형하여 실제로 하지 않은 주장에 대해 공격함으로써 상대방이 황당하여 합리적으로 대응하지 못하게 만드는 것이다.

이처럼 대화와 토론 등에서 상대방의 주장을 왜곡하거나 변형하여 허수아비를 만들어 공격하면, 결국 합리적인 소통이 이루어질 수 없고 감정의 대립이 나 갈등이 더 심화될 위험이 높다.

다음 선거 토론회에서 허수아비의 오류를 찾아 보자.

- 요즘 학교 현장에서 교권 및 교육활동 침해가 심하고 매년 증가하는 추세이다.
- 그런데 A 후보자는 체벌을 금지해야 한다고 주장한다.
- A 후보자는 최근 학교 현실을 무시하고 교육을 포기하겠다고 주장하는 것과 같다.

이 토론회에서 A 후보자는 단지 체벌이 학생의 인권을 침해할 소지가 있기 때문에, 교사의 체벌을 금지하는 것이 교육적이라고 주장하였다. 그런데 상대 후보자는 교권이 침해되는 현실과 연결하여 A 후보자의 주장을 변형하여 교육을 포기하는 주장이라는 허수아비를 만들어 공격함으로써 유권자들이 A 후보자에 대해 부정적 인식과 판단을 하도록 유도한 것이다. 이런 경우에 허수아비 오류가 발생한다.

그런데 불행하게도 선거에서 상대방의 주장을 왜곡하거나 변형하여 허수아비로 공격하는 것이 유권자의 부정적 인식을 증가시켜서 실제 투표에 영향을 미치는 일이 종종 발생한다. 그 이유는 유권자들이 후보자의 주장 또는 언론의 보도가 사실인지 논리적으로 타당한지 비판적으로 따져 보지 않고 그대로 사실로 믿기 때문이다. 그래서 가짜 뉴스나 허위 사실이 끊임없이 유포되는 것이다.

실제로 미국 대선에서 트럼프의 선거 유세에서 발생한 허수아비의 오류를 찾아보자.

- 해리스 후보자가 유세에서 경제 공약으로 가격 부풀리기 단속과 주택 최초 구입자 보조금 2만 5천 달러(약 3400만원)를 지급하겠다고 발표했다.
- 이에 트럼프는 유세에서 “이제 해리스는 공산주의적인 가격 통제 정책을 제안하고 있다. “모든 장관들에게 가격을 내리기 위해 우리가 가진 모든 권한을 사용하도록 행정명령을 내리겠지만 공산주의가 아닌 자본주의 방식으로 하겠다” 고 말했다.

2024년 10월 미국 대선 기간에 민주당 해리스 후보자가 몇 년 동안 계속되는 소비자 물가 상승을 안정시키기 위하여 기업의 가격 폭리를 없애겠다는 공약을 발표했다. 이에 공화당의 트럼프는 해리스 정책의 문제점에 대하여 합리적 근거를 들어 비판하는 것이 아니라 완전히 다른 공산주의 정책이라는 허수아비를 만들어 공격함으로써 이념 논쟁으로 몰아갔다. 기업의 가격 폭리를 줄이는 것과 공산주의 정책은 관련이 없음에도 불구하고, 상대방이 주장하지 않은 공산주의 정책을 만들어서, 해리스를 빨갱이로 몰아 부정적으로 평가하도록 유도하는 오류를 범하였다.

11. 인신 공격의 오류

허수아비의 오류와 비슷하게, 일상적 대화나 토론에서 상대방의 주장과 관련없는 그 사람의 성격, 사생활, 약점 등을 문제시하여 상대방을 공격하는 일이 종종 발생한다. 그렇게 함으로써 그의 주장도 타당하지 않고 받아들이면 안 된다고 주장하는 것이다. 이처럼 합리적 근거에 의거하여 상대방의 주장 자체에 대해 타당한지 아닌지 따지는 것이 아니라 상대방의 성격이나 약점 등을 공격하는 경우, '인신 공격의 오류'(fallacy of Ad hominem) 범하게 된다.

다음 사례에서 인신 공격의 오류를 찾아보자.

- A는 술집에서 일했고 사생활이 문란하다는 소문이 있다.
- 그러니까 A의 주장은 거짓말이고 믿을 수가 없다.

A의 주장과 술집에서 일한 경력은 서로 논리적으로 연관성이 없고, 사생활이 문란한지는 확인되지 않았다. A의 주장이 타당한

지 아닌지를 합리적 근거에 의거해 평가하는 것이 아니라 그의 과거 직업, 사생활 등을 문제로 삼아서 상대방의 인격이나 도덕성을 공격함으로써 논점을 흐리게 하는 오류를 범하고 있다.

- B는 평소에 정부와 사회에 대해 부정적인 입장을 취했다.
- 그러니까 통계자료를 근거로 제시했지만, 현 정부에서 빈부 격차와 양극화가 더 심해졌다는 B의 주장을 인정할 수 없다.

정부에 대한 부정적 입장과 B의 주장은 직접적인 관계가 없다. 그런데 B가 근거로 제시한 통계자료가 타당한지 또한 그 자료가 빈부 격차 및 양극화를 입증하는지에 대해 합리적으로 평가하는 것이 아니라 B의 개인적 신념이나 성향을 공격함으로써 논점에서 벗어나는 오류를 범하고 있다.

연습문제

(　　　)학과　이름:

❑ 다음 논증에서 발생하는 논리적 오류에 대해 분석하시오.

> • 2022학년도 서울대학교 입학생 중 강남 3구 고교 졸업자는 11.9%였다.
> • 전년도에 비해 2022학년도에 강남 3구 졸업자 수는 줄었지만 서울대 입학생은 0.7% 증가했다.
> • 그러므로 나도 강남구에 있는 고등학교에 다니고 있으니까 올해 서울대학교에 입학할 것이다.

1-1. 전제 또는 근거는 참인가?

1-2. 이 근거에 의거해 도출한 결론은 타당한가?

1-3. 이 논증에는 어떤 오류가 발생하는가?

> • 학교폭력예방법을 시행한 이후, 학교 폭력을 경험한 비율은 2020년 0.9%, 2021년 1.1%에서 2023년 1.9%로 높아졌다.
> • 통계자료에서 나타나듯이, 학교폭력예방법이 시행되면서 학교 폭력이 해마다 증가했다.
> • 그러므로 학교폭력예방법을 폐지해야 한다.

2-1. 전제 또는 근거는 참인가?

2-2. 이 근거에 의거해 도출한 결론은 타당한가?

2-3. 이 논증에는 어떤 오류가 발생하는가?

- 철수와 놀이공원에 갈 때마다, 비가 내렸다.
- 내일도 놀이공원에 갈 때 철수가 참여하면, 비가 올 것이다.
- 그러니까 내일 놀이공원에 철수를 데려가면 안 된다.

3-1. 전제 또는 근거는 참인가?

3-2. 이 근거에 의거해 도출한 결론은 타당한가?

3-3. 이 논증에는 어떤 오류가 발생하는가?

- 마약은 건강에 해로우므로, TV 광고를 금지한다.
- 담배도 건강에 해로우므로, TV 광고를 금지한다.
- 술도 건강에 해로우므로, TV 광고를 금지해야 한다.

4-1. 전제 또는 근거는 참인가?

4-2. 이 근거에 의거해 도출한 결론은 타당한가?

4-3. 이 논증에는 어떤 오류가 발생하는가?

- 2024년 제79주년 광복절 경축사에서 윤 대통령은 정부 비판 단체에 대하여 "사이비 지식인과 선동가들은 우리의 앞길을 가로막는 반자유 세력, 반통일 세력이므로 검은 선동 세력에 맞서 국민들이 싸워야 한다"고 강조했다.
- 2024년 12월 3일 윤 대통령은 비상계엄 선포문에서 다음과 같이 말했다. "지금까지 국회는 … 국민의 삶은 안중에도 없고, 오로지 탄핵과 특검, 야당 대표의 방탄으로 국정이 마비 상태에 있습니다. 지금 우리 국회는 범죄자 집단의 소굴이 되었고, 입법 독재를 통해서 국가의 사법 행정 시스템을 마비시키고 자유민주주의 체제 전복을 기도하고 있습니다. … 친애하는 국민 여러분, 저는 북한 공산 세력의 위협으로부터 자유 대한민국을 수호하고, 우리 국민의 자유와 행복을 약탈하고 있는 파렴치한 종북 반국가 세력을 일거에 척결하고 자유 헌정 질서를 지키기 위해 비상계엄을 선포합니다."

출처: 위키트리 / 2024.12.03. "윤 대통령 비상계엄 선포 전문"
https://www.wikitree.co.kr/articles/1006115

5-1. 전제 또는 근거는 참인가?

5-2. 이 근거에 의거해 도출한 결론은 타당한가?

5-3. 이 논증에는 어떤 오류가 발생하는가?

- 타임지가 해리스 부통령의 웃는 사진을 1면에 보도했다.
- 그러자 트럼프는 “해리스가 웃는 소리를 들어봤는가? 그건 미친 사람의 웃음이다. 미치광이의 웃음이다”라고 말했다.

6-1. 전제 또는 근거는 참인가?

6-2. 이 근거에 의거해 도출한 결론은 타당한가?

6-3. 이 논증에는 어떤 오류가 발생하는가?

CHAPTER

04

AI 시대 논술과 비판적 사고

1. 논술에 왜 비판적 사고가 필요할까?

그러면 인공지능(AI) 시대 논술할 때, 왜 논리적 사고 이외에 비판적 사고가 필요할까? 비판적 사고가 논리적 글쓰기와 무슨 관계가 있을까? 논술은 '주장-근거-결론'이라는 논리적 구조와 형식을 갖추어 쓰는 글이다. 논술을 잘 하는 데 있어서 핵심은 내 주장과 결론을 뒷받침할 수 있는 객관적 근거를 제시하는 것이다.

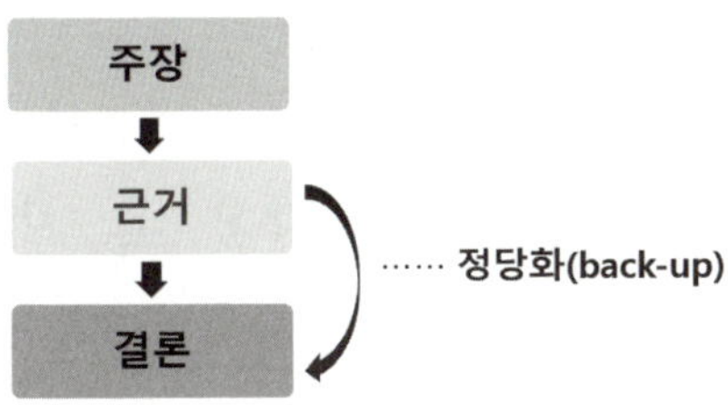

논술에서 내가 제시한 근거가 주장이나 결론을 입증하는 데 적합한지, 제시한 근거가 내 주장을 타당하게 지지해 주는지, 근거와 결론이 논리적으로 일치하는지 등을 체계적으로 따져 보고 평가할 수 있는 사고 능력이 바로 비판적 사고이다. 이런 점에서 논리적으로 글을 쓰기 위해서 비판적 사고가 매우 중요하다.

국정 교과서인 초등학교 도덕의 오류 사례를 통해 인공지능 시대 글쓰기에서 비판적 사고가 얼마나 중요한지 알아보자. 2011년 초등학교 「도덕 4－1」 교과서 114쪽에 "세계에서 가장 아름다운 곡, 아리랑"이 소개되었다.

지혜의 샘터

세계에서 가장 우수한 글자, 한글

몇 년 전 세계 언어학자들이 한자리에 모이는 학술 회의에서 세계 공용 문자로 쓰이면 좋겠다고 선정한 글자가 무엇일까요? 영국 옥스퍼드 대학에서 합리성, 과학성, 독창성 등을 기준으로 가장 우수한 글자로 뽑은 것이 무엇인지 알고 있나요? 영국의 '존 맨'이라는 역사 다큐멘터리 작가가 '모든 언어가 꿈꾸는 최고의 알파벳'이라고 소개한 글자가 무엇인지, 그리고 문자가 없는 나라들에게 국제연합(UN)이 제공하는 문자가 무엇인지 알고 있나요? 바로 한글입니다.

세계에서 가장 아름다운 곡, 아리랑

한국 고유의 전통 음악인 '아리랑'이 세계에서 가장 아름다운 곡 1위에 선정되었습니다. 영국, 미국, 프랑스, 독일, 이탈리아 작곡가들이 선정단으로 참여한 세계 아름다운 곡 선정하기 대회에서 대부분의 사람들이 '아리랑'을 가장 아름다운 곡으로 선정했습니다. 선정 과정에 참여한 사람들 중에서 한국인은 단 한 명도 없었습니다. 선정단은 아리랑을 듣는 도중 몇 번씩 말로 표현할 수 없는 감동을 받았다고 합니다.

'아리랑'은 음악을 사랑하는 세계인들의 가슴속에 대한민국이라는 나라를 깊이 새겨 주었습니다.

114 도덕 4-1

● 참고 자료 목록

- 62쪽 배추 장수의 양심: KBS미디어 (주)한국방송영상사업단. TV동화 행복한 세상. KBS미디어 (주)한국방송영상사업단.
- 63쪽 잊을 수 없는 물고기: 스티븐 코비. 오늘 내 인생 최고의 날. 김영사. 2007.
- 114쪽 세계에서 가장 아름다운 곡, 아리랑: 박희진, 바이올리니스트 유시연, 제 작은 소망? 대중을 위한 '클래식 선교사'. osen. 2009. 4. 21.

출처: 교육과학기술부, 초등학교 도덕 4-1. 2010년 3월. 114, 116쪽.

도덕 교과서의 집필 교사는 참고문헌에 "아리랑 세계 1위"의 근거를 인터넷 신문 OSEN이 2009. 4. 21. 보도한 인터뷰 기사라고 출처를 밝혔다. 그러나 2011년 3월 국민일보 기자가 출처와 관련 내용을 확인한 결과, OSEN이 인터넷 블로그나 카페 등에 적혀 있는 이야기를 출처의 신뢰성과 사실 여부를 확인하지 않고 잘못 보도한 것으로 드러났다.[1)] 집필 교사도 인터넷 신문 OSEN 기사의 출처와 내용이 진실인지 비판적으로 따져 보지 않고 도덕 교과서에 그대로 "아리랑 세계에서 가장 아름다운 곡 1위"라고 썼다. 그러나 세계에서 가장 아름다운 곡을 선정하는 대회가 개최된 적이 없었고, 당연히 아리랑이 세계에서 가장 아름다운 곡 1위로 선정된 사실은 전혀 없었다(국민일보, 2011. 3. 24).

국민일보의 보도 이후 교육부가 도덕 교과서에 실린 내용과 출처를 검증하였는데, 집필 교사가 제시한 언론 기사의 근거를 찾을 수 없었다. 그에 따라 2011년 6월 교육부는 「도덕 4－1」 교과서의 114쪽 내용을 수정해 교과서를 다시 배포하였다(국민일보,

1) 그런데 국민일보 보도 이후, 현재에도 Naver와 Daum에서 '아리랑 세계 1위'로 검색하면, 많은 블로그, 카페 등에 그런 허위 사실 또는 가짜 정보가 사실처럼 그대로 게시되어 있다.

2011. 6. 8).

세계에서 가장 아름다운 곡, 아리랑

한국 고유의 전통 음악인 '아리랑'이 세계에서 가장 아름다운 곡 1위에 선정되었습니다. 영국, 미국, 프랑스, 독일, 이탈리아 작곡가들이 선정단으로 참여한 세계 아름다운 곡 선정하기 대회에서 대부분의 사람들이 '아리랑'을 가장 아름다운 곡으로 선정했습니다. 선정 과정에 참여한 사람들 중에서 한국인은 단 한 명도 없었습니다. 선정단은 아리랑을 듣는 도중 몇 번씩 말로 표현할 수 없는 감동을 받았다고 합니다.

'아리랑'은 음악을 사랑하는 세계인들의 가슴속에 대한민국이라는 나라를 깊이 새겨 주었습니다.

114 도덕 4-1

수정 전

세계 사람들이 사랑하는 곡, 아리랑

우리나라의 아리랑은 세계 사람들이 사랑하는 노래입니다. 대한제국의 고문관이었던 헐버트는 어린 아이들도 부르는 아리랑은 한국 사람의 기쁨과 노여움, 슬픔과 즐거움이 녹아 있는 노래라며 한국인이 부르면 시인이 된다고 말했습니다.[4] 미국의 웨일즈 기자는 아리랑이 영화나 오페라의 훌륭한 소재가 될 것이라고 말하였습니다.[5]

노르웨이 출신의 음악가 군데르손은 아리랑의 열린 가락은 인간의 깊은 감정을 반영하고 있으며, 나라에 대한 깊은 사랑과 과거의 아픔, 미래의 희망을 모두 표현하고 있다고 말했습니다. 그는 한국 노래인 아리랑이 전 세계 사람들의 심금을 울릴 것을 확신한다고 말했습니다.[6]

수정 후

출처: 국민일보, 2011. 6. 8.

교육부가 만드는 국정 교과서 임에도 불구하고, 집필자가 인터넷 자료 또는 신문 기사의 출처와 근거가 사실인지 비판적으로 따져 보지 않고 그대로 교과서에 썼다. 그에 따라 국정 교과서에 심각한 오류가 발생했고, 내용을 수정해서 오십 만권의 책을 다시 배포하였다.

이처럼 우리가 글을 쓸 때, 자료의 출처와 제시된 근거가 사실(참)인지 그리고 근거가 사실이라고 하더라도, 그 근거가 주장/결론을 뒷받침하는 데 적합한지 등을 비판적으로 분석하고 평가하는 것이 필요하다. 이런 이유에서 논리적 글쓰기를 할 때, 논리적 사고뿐만 아니라 비판적 사고가 매우 중요하다.

어떤 글이 [주장]-[근거]-[결론] 이라는 논증의 구조와 형식을 갖추었다고 해서, 곧바로 모두 타당한 글이 되는 것은 아니다. 어떤 글이 타당한지 판정하기 위해서는 논증의 구조와 형식뿐만 아니라 논증의 '내용'이 진실인지 타당한지를 따져 보아야 한다. 즉, 주장을 뒷받침하기 위해 제시된 근거가 정말 진실인지, 제시된 근거가 주장/결론을 지지하는데 타당한지 그리고 근거와 결론의 관계가 적합한지 등을 체계적으로 분석하고 평가해야 한다. 이때 필요한 사고력이 바로 비판적 사고이다.

그러면 비판적 사고가 무엇이고 어떻게 하는 것인지 살펴보자.

2. 비판적 사고란 무엇일까?

최근 많은 단체들이 미래 교육에서 가르쳐야 할 핵심 역량으로 비판적 사고를 제안하였다. 하지만 비판적 사고가 무엇인가에 대해서 학자들마다 다양한 견해를 제시하고 있다.

에니스(R. H. Ennis)는 최초로 비판적 사고를 체계적으로 정의하고 연구했다. 그는 초기에 비판적 사고를 “진술에 대한 올바른 평가”라고 간략하게 정의하였다(Ennis, 1962: 82-83). 이 정의는 많은 학자들에 의해 비판적 사고의 핵심을 지적한 것으로 널리 받아들여졌지만, 다른 한편 비판적 사고를 언어로 표현된 문장인 ‘진술’에 대한 평가로 한정했다는 비판을 받았다. 그래서 후기에 에니스는 비판적 사고란 “무엇을 믿고 무엇을 행해야 하는가를 결정하는 데 초점을 맞춘 합리적이고 반성적인 사고”라고 수정했다(Ennis, 1987: 10).

그러나 에니스는 여전히 평가의 대상을 ‘언어적’ 자료에 한정함으로써 그 이외의 사건, 행위, 정책, 제도 등에 대해 비판적으로 평가하는 것을 배제시켰다. 또한 그는 비판적 사고의 대상에서 ‘자기 자신’의 진술, 사고, 행위 등에 대한 반성적 평가를 빠트렸다.

에니스의 개념이 지닌 한계를 지적하면서, 맥펙(J. E. McPeck)은 비판적 사고를 보다 구체적으로 정의했다. 맥펙은 비판적 사고를 “반성적 회의를 가지고 어떤 활동에 관여하는 성향과 기능”으로 규정했다(McPeck, 1981: 14-15). 더 구체적으로 표현하면, 어떤 정신적 노력을 필요로 하는 문제 또는 활동을 X라고 하고, 그와 관련된 분야 또는 문제 영역으로부터 입수할 수 있는 증거를 E라고 하고, X내의 어떤 명제 또는 활동을 P로 나타내자. 어떤 사람이 증거 E가 진리 또는 P의 존재 가능성을 입증하는데 충분하다는 식으로 X에 접근하려는 성향과 기능을 가지고 있다면, 그가 X에 대해 비판적 사고를 한다고 말할 수 있다.

맥펙은 비판적 사고의 영역을 진술에 대한 평가에 한정하지 않고 인간의 정신적 노력을 필요로 하는 '문제와 활동'으로 확대하였고, 비판적 사고를 '사고 기능과 사고 성향'의 결합체로 규정했다는 데 의의가 있다. 하지만 맥펙도 비판적 사고의 대상을 타인의 문제와 활동으로 한정하였고, 자기 자신의 문제와 활동에 대한 반성과 평가를 간과하였다.

이처럼 에니스와 맥펙은 비판적 사고를 어떤 명제나 활동을 '평가'하는 사고로 규정했는데, 베이어(B. Beyer)는 평가에 '분석'을 결합하여, 대상을 분석하고 평가하는 '복합적 사고'로 파악했다. 베이어는 비판적 사고가 아닌 것을 구별해내고 그다음 비판적 사고를 새롭게 정의했다. 많은 사람들이 비판적 사고를 블룸의 교육목표 분류학에서 고차적인 단계의 사고로 인식하거나 탐구력 또는 문제해결력으로 오해하였다. 이런 한계를 극복하기 위해서 베이어는 다른 고차적 사고와 구별하여 비판적 사고를 "진술, 논증, 경험에 대하여 평가하고 오류를 찾아내는 사고"로 정의하였다(Beyer, 1985: 270).

베이어에 의하면, 비판적 사고의 고유한 특징은 주의 깊고 정확하며, 객관적으로 분석하고, 타당성을 평가하는 것이다. 그리고 우리가 어떤 진술, 논증, 경험에 대해 비판적으로 사고할 때, 그것을 분석하고 평가하는 사고 과정이 복합적으로 이루어진다. 그래서 비판적 사고는 '분석과 평가'의 복합적인 과정을 통해 작동한다.

베이어는 에니스보다 비판적 사고의 영역을 대상의 분석과 '평가'로 더 확대시켰지만, 여전히 분석과 평가의 대상을 진술이나 논증 같은 '언어적 자료'에 한정함으로써 인간의 다양한 활동 및 그 산물들을 배제시켰다. 또한 베이어는 비판적 사고가 분석과 평가 능력의 복합체라는 점을 드러냈지만, 여전히 비판적 사고를 사고 '기능'의 한 측면에서 규정했다.

비판적 사고의 개념이 학자들마다 매우 다양하게 정의됨으로써, 비판적 사고에 대한 연구뿐만 아니라 교육에 혼란을 초래하였다. 이런 혼란을 해소하기 위해 미국철학회(APA)는 비판적 사고에 관한 전문가들의 의견을 조사하여 델파이 보고서를 만들었다. 이 델파이 보고서는 비판적 사고를 "해석 · 분석 · 평가 · 추론을 산출하려는 의도적이고 자기 규제적인 판단이고, 그 판단에 대한 근거가 제대로 되어 있는지 또한 증거 · 개념 · 방법론 · 기준 · 맥락의 측면들을 제대로 고려하고 있는지에 대한 설명을 산출하려는 의도적이고 자기 규제적인 판단이다"고 정의했다(APA, 1990: 1-5). 이 델파이 보고서는 비판적 사고가 객관적 근거에 의한 판단의 과정이란 점을 드러냈고, 판단의 대상을 타인뿐만 아니라 자신에게도 적용했다는 점에 의의가 있다.

립맨(M. Lipman)은 많은 학자들의 다양한 견해를 검토하면서 비판적 사고를 "판단을 이끌어내는 사고로서 기준에 의존하고 자기 수정을 하고 맥락에 민감한 사고"라고 정의했다(Lipman, 2003: 93, 275-288). 다시 말하면, 비판적 사고는 객관적 기준에 의거하여 내리는 좋은 판단이고, 자기 반성을 통해 자신의 생각과 주장을 수정하는 것을 포함하고, 사고의 맥락과 환경을 고려하는 것을 포함한다. 립맨은 비판적 사고에 '맥락의 고려'를 포함시켰고 비판적 사고의 특징을 잘 지적했지만, 베이어처럼 비판적 사고를 주로 '사고 기능'으로 파악하는 한계를 지녔다.

다른 한편 미국교육학회(NEA)는 핵심 역량(4Cs)으로서[2] "비판적 사고는 효과적으로 추론하고 체계적으로 사고하며 증거에 의거해 판단 및 결정하고, 혁신적으로 문제를 해결하는 것이다"라고 정의했다. 그리고 이 학회는 비판적 사고의 하위 요소를 다음과 같이 제시했다(NEA, 2010: 8-9).

- 상황에 맞게 다양한 유형의 추론(귀납적, 연역적 등)을 사용하기
- 증거, 주장, 주장, 신념 등을 효과적으로 분석하고 평가하기
- 대안적 관점을 분석하고 평가하기
- 정보와 주장을 종합하고 연결하기
- 정보를 해석하고 최상의 분석에 기반해 결론을 도출하기
- 학습 경험과 과정을 비판적으로 반영하기

여러 학자들과 단체들이 제시한 견해를 종합하여 비판적 사고의 공통점을 찾아보자. 첫째, 비판적 사고의 대상은 문자로 씌여진 글(text)뿐만 아니라 인간의 사고와 행위, 역사적 사건, 정부의 정책 및 제도 등에 대하여 분석하고 평가하는 것이다. 둘째, 비판

2) 미국교육학회(NEA, 2010)는 미래 사회에 대비하기 위해 학생에게 가르쳐야 할 4가지 핵심 역량(Four Cs)을 '비판적 사고와 문제 해결'(Critical thinking and problem solving), '의사소통'(Communication), '협력'(Collaboration), '창의성과 혁신'(Creativity and innovation)으로 제시했다.

적 사고의 핵심은 어떤 대상을 객관적 근거에 의거해 분석하고 평가하는 것이다.

이러한 특징을 종합하여, 박상준은 "비판적 사고는 객관적 근거에 의거하여 대상의 진실성과 타당성 등을 체계적으로 분석하고 평가하는 사고 기능과 사고 성향이다"라고 정의했다. 한마디로 비판적 사고는 '객관적 근거'에 의한 '분석과 평가'이다(박상준, 2006: 36-38; 2023: 241).

이런 개념 정의는 몇 가지 장점을 지닌다(박상준, 2023: 241-242). 첫째, 비판적 사고는 어떤 것을 당연한 것으로 받아들이지 않고, 그것의 타당성에 의문을 제기하는 것이다. 여기서 의문을 제기한다는 것은 그것의 진실성이나 타당성 등을 객관적으로 검증하여 확인하는 것이다. 이러한 의문 제기와 평가는 객관적이고 타당한 근거에 기초하고 있어야 한다는 점에서, 비판(批判)은 단순한 의심이나 근거 없이 상대방을 헐뜯고자 하는 '비난'(非難)이나 '비방'(誹謗)과는 구별되어야 한다. 글자와 발음이 비슷하지만, 말하는 목적이나 방식에 있어서 비판과 비난, 비방은 매우 다르다.

둘째, 다른 사고력과 달리, 비판적 사고는 객관적 근거에 기초해 분석하고 평가하는 것이다. 그래서 비판적으로 사고한다는 것은 객관적 근거에 의해 어떤 것을 체계적으로 따져 보고 그것이 타당한지 평가하는 것이다.

셋째, 비판적 사고는 어떤 대상을 체계적으로 분석하고 평가하는 사고 능력이고 또한 비판적으로 사고하는 성향을 포함한다. 어떤 것에 대하여 항상 비판적으로 분석하고 평가하려는 태도와 성향이 형성되지 않으면, 비판적 사고 능력이 지속적으로 발휘되기 어렵다. 이러한 비판적 사고 성향이 습득되지 않으면, 교실 수업에서 작동하는 비판적 사고 능력이 일상생활에서 지속적으로 작동되기 어렵기 때문이다.

3. 비판적으로 생각하는 법은?

그러면 글, 사건, 정보, 정책, 제도 등 어떤 대상에 대하여 비판적으로 분석하고 평가하는 것은 어떻게 하는 것일까? '분석'은 커다란 덩어리로 뭉쳐 있는 대상을 여러 개로 쪼개서 비슷한 것끼리 묶어서 이해하기 쉽게 만드는 활동이다. 어떤 글이나 뉴스 등에서 사실 부분과 가치 부분을 구분하고, 필자가 주장하는 내용과 근거로 제시한 부분으로 나누어 구별하고, 주장 뒤에 숨겨진 가정은 무엇인지 찾아내는 것이다. '평가'는 사실이 정말 진실인지, 어떤 가치가 더 우선하는지, 제시된 근거가 주장/결론을 뒷받침하는 데 적합한지, 주장과 근거가 논리적으로 연결되는지 등을 합리적으로 따져 보고 판단하는 활동이다.

기존의 학자들은 기능적 측면에서 비판적 사고를 언어적 자료를 분석하고 평가하는 사고 기능으로 파악하였고, 학생들이 논리적 사고 방식을 습득하면 자연적으로 비판적 사고 기능을 획득할 것이라고 가정했다. 그런 가정에 기초하여 비판적 사고의 교육에서 주로 논리학과 논리적 사고 방식을 가르쳤다. 그 결과 학생들의 논리적 사고력은 향상되었을지 모르지만, 비판적 사고가 발달하지는 않았다. 실제의 사회생활과 괴리된 추상적인 논리학은 사람들이 어떤 문제를 결정하고 해결 방안을 찾는 데 별로 도움이 되지 못했다. 추상적인 수준의 논리적 사고는 구체적인 대상에 대한 비판적 사고로 전이되지 않기 때문이다(McPeck, 1981: 27, 31).

■ 비판적 사고 기능

그러면 비판적 사고는 어떻게 하는 것일까? 비판적 사고는 다른 고차적 사고와 혼동될 수 있기 때문에, 비판적 사고가 구체적으로 작동하는 방식을 나타내는 하위기능을 보다 세분화시킬 필요가 있다.

에니스는 논리적 사고와 비판적 사고에 관한 연구들을 종합적으로 검토하여 비판적 사고의 기능을 12가지로 제시했다(Ennis, 1962: 107).

- 진술의 의미를 파악하기
- 추론 과정에서의 모호성을 판단하기
- 진술들 사이의 모순을 판단하기
- 결론 도출의 필연성을 판단하기
- 진술의 구체성을 판단하기
- 진술이 원리의 적용인지를 판단하기
- 관찰에 의한 진술의 신뢰성을 판단하기
- 귀납적 결론의 정당성을 판단하기
- 문제의 확인 가능성을 판단하기
- 숨겨진 가정을 판단하기

- 개념 정의의 적절성을 판단하기
- 권위에 의한 진술의 수용 가능성을 판단하기

그러나 에니스가 제시한 비판적 사고의 기능은 주로 진술을 판단하는 것에 초점을 맞추었기 때문에, 진술 이외의 사건, 행위, 정책, 제도 등의 타당성을 평가하는 것을 배제시켰다. 또한 주어진 진술의 타당성을 판단할 때, 판단기준 자체의 합리성이나 타당성을 평가하는 과정을 간과하였다.

이런 문제점을 보완하기 위해 베이어는 비판적 사고를 분석과 평가의 복합적 사고로 규정하고, 비판적 사고의 세부적인 기능을 10가지로 제시했다(Beyer, 1985: 272; 1988: 27-57).

- 증명할 수 있는 사실과 가치 주장을 구별하기
- 적절한 정보・주장・근거와 부적합한 것을 구별하기
- 진술의 사실적 정확성을 결정하기
- 정보 원천의 신뢰성을 결정하기
- 애매모호한 주장이나 논증을 확인하기
- 진술되지 않은 가정을 확인하기
- 편견을 발견하기
- 논리적 오류를 확인하기
- 추론 과정에서 논리적 모순과 오류를 인식하기
- 논증이나 주장의 설득력을 결정하기

에니스와 달리, 베이어는 비판적 사고 기능을 보다 세분화하고 명료화하였지만, 판단기준의 타당성과 합리성 등을 평가하는 과정을 간과했다.

이처럼 여러 학자들이 비판적 사고 기능을 10여 가지로 다양하게 제시했지만, 비슷한 기능들이 서로 중복되거나 다른 고차적 사고와 구별하기 어려웠다.

예컨대, '추론 과정에서의 모호성 판단하기'와 '진술들 사이의 모순 판단하기', '결론 도출의 필연성 판단하기'와 '귀납적 결론의 정당성 판단하기', '적절한 정보・주장・근거와 부적합한 것을 구별하기'와 '애매모호한 주장이나 논증을 확인하기', '논리적 오류를 확인하기'와 '추론 과정에서 논리적 모순과 오류를 인식하기' 등은 서로 중복되는 기능들이라고 할 수 있다. 또한 '진술의 의미 파악하기', '문제의 확인 가능성 판단하기', '진술의 사실적 정확성 결정하기', '논증의 설득력 결정하기' 등은 탐구력이나 의사결정력에서도 중요한 부분을 차지하는 기능으로 서로 중복된다.

그리고 에니스와 베이어처럼 비판적 사고의 하위기능을 너무 세분화하면, 교사가 비판적 사고를 가르치기 위한 교육 내용과 방법을 선정하고 조직하기 어렵다. 그러므로 비판적 사고를 효과적으로 가르치기 위해서는 중복된 하위기능들을 통합시켜 간략하게 제시하는 것이 필요하다.

그 후 미래 교육의 방향을 제시하는 21세기 학습 파트너십(P21)은 비판적 사고의 기능을 몇 가지로 제시했다(P21, 2019: 4).

- 복잡한 시스템에서 전체의 일부가 서로 상호작용하여 전체적인 결과를 생성하는 방식을 분석하기

- 증거, 주장 및 신념을 효과적으로 분석하고 평가하기
- 중요한 대안적 관점을 분석하고 평가하기
- 정보와 주장을 종합하고 연결하기
- 정보를 해석하고 최상의 분석에 기초해 결론을 도출하기
- 학습 경험과 프로세스를 비판적으로 성찰하기

다른 한편 박상준은 여러 학자들이 제시한 비판적 사고의 공통적 요소를 추출하여, 비판적 사고의 기능을 간략하게 5가지로 제시했다(박상준, 2006: 60; 2023: 242).

❙ 비판적 사고의 기능 ❙

• 사실 부분과 가치 부분을 구분하기 • 제시된 근거의 타당성을 평가하기 • 근거와 결론의 적합성을 평가하기 • 다른 관점에서 바라보기 • 숨겨진 가정과 의도를 찾기

① 사실 부분과 가치 부분을 구분하기

사람들은 어떤 것과 관련된 사실에 대한 진술과 가치의 판단 또는 주관적 견해를 구분하지 못하고 혼동하는 경향이 있다. 하지만 어떤 것이 진리인지 아닌지를 객관적으로 평가하기 위해서는 그와 관련된 진술, 정보, 행동, 사건, 정책 등에서 사실 부분과 가치 판단/의견 부분을 구분할 필요가 있다. 사실 부분은 객관적으로 확인하고 진위를 판단할 수 있지만, 가치 부분은 주관적인 판단이나 견해로서 객관적으로 진위를 결정하기 어렵기 때문이

다. 따라서 가치 판단이나 견해 부분은 진위를 결정하는 것이 아니라 그것을 지지하기 위해 제시된 근거의 타당성을 평가해야 한다. 이처럼 그것의 진위를 확인하거나 타당성을 평가하는 방식이 서로 다르기 때문에, 사실과 가치 부분을 구별해야 한다.

② 제시된 근거의 타당성을 평가하기

어떤 것과 관련된 진술, 행동, 지식, 정책 등은 그것을 정당화하기 위해 나름대로 근거 또는 이유를 제시한다. 하지만 제시된 근거/이유가 모두 진실이거나 타당한 것은 아니다. 따라서 제시된 근거 또는 이유가 정말 진실인지, 주장/결론을 뒷받침하는 데 타당한지에 대하여 제3의 객관적 기준에 의거해 분석하고 평가해야 한다. 제시된 근거가 진실이 아니라면, 그에 의거한 진술, 주장 등은 타당한 것으로 인정되기 어렵다.

③ 근거와 주장/결론의 적합성을 평가하기

제시된 근거가 진실이라면, 그다음 그 근거가 주장과 결론을 뒷받침하는 데 적합한지 따져 보아야 한다. 제시된 근거/이유가 진실이라고 하더라도, 그것이 내 주장이나 결론을 도출하는 데 적합한지, 근거와 주장/결론이 논리적으로 일관성 있게 연결되는지를 따져 보아야 한다.

④ 다른 관점에서 바라보기

어떤 것과 관련된 진술, 뉴스, 정보, 사건, 행동, 정책 등을 보다 정확하게 파악하기 위해서는 제시된 입장과 다른 관점에서 접근하여 이해하는 것이 필요하다. 어떤 것을 공정하게 평가하려면 자신의 이해관계에서 벗어나 중립적 입장에서 파악하거나 다른 사람이나 공동체의 관점에서 객관적으로 이해하는 것이 필요하다. 기존의 관행적인 관점에서 그대로 이해하는 것이 아니라 다른 관점에서 뒤집어 보거나 거꾸로 생각하는 방법이 요구된다.

⑤ 숨겨진 가정과 의도를 찾기

어떤 것과 관련된 진술, 뉴스, 정보, 행동, 정책 등은 대부분 특정한 것을 가정한 상태에서 제기된 것이다. 그 뒤에 놓여진 가정 또는 의도는 보통 명확하게 표현되지 않고 숨겨져 있기 때문에, 사람들을 혼동하게 만들고 사실을 오해하도록 만든다. 따라서 어떤 것을 정확하게 이해하고 객관적으로 평가하기 위해서는 그 뒤에 숨겨진 가정이나 의도를 찾아내 분명하게 인식하는 것이 필요하다.

■ 비판적 사고 성향

앞에서 설명했듯이, 비판적 사고는 사고 기능과 사고 성향이 복합적으로 구성되어 있다. 비판적 사고 기능은 객관적 근거에 기초해 대상을 분석하고 평가하는 사고의 절차 및 방식이다. 반면에 비판적 사고 성향은 어떤 대상에 대하여 항상 비판적으로 분석하고 평가하려는 태도와 습관, 경향성이다. 시걸(H. Siegel)의 정의에 따르면, 전자는 어떤 주장이나 행위 등을 정당화하기 위해서 근거를 적절하게 평가하는 능력과 관련되고, 후자는 자신의 신념과 행위 등을 근거에 기초하려는 의지 및 성향과 관련된다(Siegel, 1988: 23).

비판적 사고 성향은 어떤 대상에 대하여 의문을 제기하고, 객관적 근거에 기초하여 대상을 분석·평가하려는 태도와 성향이다. 또한 비판적 사고 성향은 객관적 근거에 의거해 자신이나 타인의 진술, 행위 및 그 산물들에 대하여 반성적으로 평가하려는 습관이고, 타당한 것으로 입증되면 기꺼이 진리로 인정하는 태도이다.

비판적 사고 성향이 무엇인가에 대한 견해는 학자들마다 다양하게 제시되었다. 디안젤로(E. D'Angelo)는 비판적 사고를 50가지의 기능과 10가지 태도로 세분화하여 제시하였다(McPeck, 1981: 95).

- 지적 호기심
- 객관성
- 개방된 마음
- 융통성
- 지적 회의주의
- 지적 정직성
- 체계성
- 지속성
- 결단성
- 다른 관점에 대한 존중

다른 한편 허경철 등은 비판적 사고의 태도와 경향성에 대한 논의들을 종합하여 비판적 사고의 성향을 5가지로 제시했다(허경철 외, 1990: 54-60).

- 건전한 회의성－오류 가능성을 인정하고 의문을 제기하는 태도
- 지적 정직－근거가 충분한 경우에 진실로 인정하는 태도
- 객관성－타당한 근거를 토대로 결론을 도출하는 태도
- 체계성－논의의 핵심에서 벗어나지 않고 내적 일관성을 유지하는 성향
- 철저성－근거 없이 결론 맺기를 유보하는 자세

여러 학자들의 논의를 종합하여 폴(R. W. Paul)은 비판적 사고가 사고 기능뿐만 아니라 사고 성향을 포함하고 있다는 점을 지적하였고, 비판적 사고를 구성하고 있는 태도를 7가지로 제시하였다(Paul, 1987: 127-148).

❙ 비판적 사고의 태도 ❙

- 명료성 · 정확성 · 공정성에 대한 열망
- 대상의 원천까지 확인하려는 열정
- 증거를 찾으려는 욕구
- 모순 · 비체계적 사고 · 일관성 없는 기준의 적용 등에 대한 혐오
- 자기 이익에 반하지만 진리에 대한 헌신적 태도
- 사회적으로 신뢰받고 인정되는 것에 대해 기꺼이 의문을 제기하기
- 오랫동안 지속되어 온 신념을 기꺼이 버리기

이와같이 비판적 사고는 사고 기능과 사고 성향이 복합적으로 구성되고 두 요소가 함께 복합적으로 작동한다. 어떤 것에 대해

비판적으로 사고하기 위해서는 인지적 측면의 사고 기능과 정의적 측면의 사고 성향이 동시에 필요하다. 비판적인 사고 성향이 형성되지 않은 사람은 객관적 근거에 의해 어떤 것을 타당하게 평가하기 어렵다. 즉, 비판적인 사고 성향이 함께 습득되지 않으면, 비판적 사고 기능도 제대로 작동하기 어렵다.

이처럼 복합적인 특성을 지닌 비판적 사고의 구조를 정리하면 다음과 같다.

❙ 비판적 사고의 구조 ❙

사고 기능	사고 성향
• 사실 부분과 가치 부분을 구분하기: 사실 진술과 가치 판단을 구별하기	• 명료성, 정확성, 공정성에 대한 열망 • 대상의 원천까지 확인 하려는 열정
• 제시된 근거의 타당성을 평가하기: 어떤 주장, 행동 등을 정당화하기 위해 제시한 근거의 타당성을 따져보기	• 증거를 찾으려는 욕구 • 모순, 비체계적 사고, 일관성 없는 기준의 적용 등에 대한 혐오 • 사회적으로 신뢰받고 인정되는 것에 대해 기꺼이 의문을 제기하기
• 객관적 근거에 의거해 평가하기: 객관적 근거에 의거하여 대상의 적합성, 진실성 등을 평가하기	
• 다른 관점에서 바라보기: 중립적 입장에서 대상을 뒤집어 보거나 거꾸로 생각해보기	• 자기 이익에 반하지만 진리에 대한 헌신적 태도
• 숨겨진 가정과 의도를 찾아내기: 어떤 주장, 행동의 뒤에 숨겨진 가정 또는 의도를 찾아내기	• 오랫동안 지속되어온 신념을 기꺼이 버리기

출처: 박상준, 2006: 60; 2023: 242, 재인용.

4. 비판적 사고는 훈련될 수 있을까?

앞에서 설명한 것처럼, 비판적 사고는 어떤 것에서 사실 부분과 가치 부분을 구분하고, 제시된 근거가 타당한지, 근거가 주장/결론을 지지하는 데 적합한지를 평가하고, 또한 다른 관점에서 접근해 주장 뒤에 숨겨진 가정이나 의도를 찾아내는 것이다. 이러한 비판적 사고의 방법에 따라 글을 분석하고 평가하는 활동을 지속적으로 연습하면, 비판적 사고 기능과 사고 성향이 발달할 수 있다.

그리고 글을 비판적으로 분석하고 평가하는 연습을 지속적으로 하면, 자연스럽게 어떤 주장이나 정보를 그대로 받아들이는 것이 아니라 비판적으로 따져 보고 평가하려는 성향이나 습관이 형성된다. 이런 점에서 글을 비판적으로 분석하고 평가하는 훈련을 꾸준하게 하면, 비판적 사고 기능뿐만 아니라 비판적 사고 성향이 발달할 수 있다.

실제로 많은 연구들은 훈련을 통해 비판적 사고가 향상될 수 있다는 것을 보여주고 있다. 양치구는 대구시 일반계 고등학교 1학년 학생들을 대상으로 역사 수업에서 논증적 글쓰기 방법이 비판적 사고를 증진하는지를 실험하였다(양치구, 2017: 242-275). 이 연구 결과에 의하면, 논증적 글쓰기 학습을 통해 학생들은 기존의 역사 텍스트를 무비판적으로 수용하지는 않으려는 모습이 뚜렷하게 나타났다. 과거에 대해 합리적 회의(懷疑)를 바탕으로 검증함으로써 문제를 인식하고, 다양한 관점으로 바라보며, 논리적 일관성과 역사적 맥락에 부합하도록 역사적 판단을 도출하고

자 했다.

그리고 학생들은 타인의 사고뿐만 아니라 자신의 사고를 점검하여 문제점이 발견되면 보완하려는 성향을 보였다. 이처럼 학생들이 역사 텍스트를 비판적으로 분석하고 평가하는 비판적 사고 기능과 자신의 사고에 대해 스스로 검증 및 보완하려는 비판적 사고 성향이 함께 향상된 것으로 나타났다.

이와 비슷하게 김미애는 대구시 중학교 1학년 30명을 대상으로 문제 기반 학습(PBL)에 기초한 인문고전 수업이 비판적 사고 성향에 미치는 효과를 조사하였다. 이 조사 결과에 의하면, 중학생의 비판적 사고 성향은 고전 수업을 통해 유의미하게 증가하였다. 성별에 따라 비판적 사고 성향에 유의한 변화가 있었는데, 남학생은 비판적 사고 성향의 하위 요소 중 진실에 대한 가치 지향과 사고의 개방성에서, 여학생은 사고의 신중성, 근거 확인, 합리적 정확성 추구에서 유의미한 차이를 나타냈다(김미애, 2023: 104-120).

안혜성과 박매란은 부산시 B대학교의 영어 작문의 수강생을 대상으로 비판적인 영어 글쓰기 활동이 비판적 사고의 신장에 효과가 있는지를 실험하였다. 이 연구 결과에 따르면, 비판적 영어 글쓰기 수업이 대학생들의 비판적 사고력 점수를 유의미하게 향상시킨 것으로 나타났다. 일상생활과 관련된 주제에 대해 토론하고, 그 주제와 관련해 비판적인 글쓰기 활동은 학생의 비판적 사고를 향상시키는 데 효과가 있었다(안혜성 · 박매란, 2019: 79-88).

2000년부터 2021년까지 비판적 사고에 대한 문제 기반 학습의 효과와 관련된 50개의 경험적 연구들을 메타 분석한 결과에 따르면, 일반적인 관점에서 문제 기반 학습이 비판적 사고에 미치는 영향 수준이 높게 나타났지만, 비판적 사고 기능과 성향에 미치는 영향 간에는 차이가 나타나지 않았다. 비판적 사고 기능의 경우에, 학생의 성숙도(고등학생), 국적(서양 학생), 집단 크기(10명 이상)는 전반적인 비판적 사고력의 향상에 장기 개입 효과가 좋았지만, 단기 개입은 효과가 없었다. 비판적 사고 성향의 경우에, 온라인 교육, 의대생, 중기 개입이 다른 요인보다 더 강한 효과를 나타냈다. 결론적으로 문제 기반 학습은 전반적으로 비판적 사고력을 향상시키는 데 효과적인 것으로 나타났다(Yong Liu & Attila Pásztor, 2022: 7-17).

연습문제

(　　　)학과　이름:

❑ 다음 글을 읽고 아래의 문제를 해결하시오.

[동아광장/이영훈] 우리도 건국절을 만들자

- 이영훈 서울대 교수 · 경제사

7월은 7월 17일 제헌절의 달이다. 8월은 8월 15일 광복절의 달이다. 7월과 8월의 경계에 서서 두 국경일을 생각한다. 연구실을 찾아온 두 학생에게 물었다. “제헌절과 광복절 중 어느 쪽이 더 중요한가.” 둘의 대답이 같다. “광복절이지요.” 한 친구는 설명을 덧붙인다. “우리나라가 일본으로부터 해방된 날이니까요.” 다시 물었다. “대한민국이 세워진 날은 언제인가.” 한 친구는 “글쎄요”이다. 다른 한 친구는 “제헌절 아니에요?”라고 한다. 더 묻기가 두려웠다. 1948년 8월 15일 광복절, 그날이 대한민국의 건국절이라고 아는 학생이 별로 없다.

정부가 편찬한 중고등학교 역사책을 보면 ‘대한민국의 건국’이란 표현이 아예 없다. 대한민국의 건국은 민족의 통일 염원에도 불구하고 강행된 ‘남한만의 단독정부의 수립’이라는 불행한 사건으로 치부되어 있을 뿐이다. 콩 심은 데 콩 난다고 하였다. 젊은이들에게 언제 나라가 세워졌는지 바로 가르치지 않았으니 그들이 모르는 것은 당연하다. 그뿐만 아니라 해마다 반복되는 광복절의 기념식에도 대한민국의 건국을 기리는 국민적 기억은 없다. 광복절은 어디까지나 일제로부터 해방된 그날로 기억될 뿐이다. 그러니까 대한민국은 모든 나라에 있는 건국절이 없는 나라이다.

나에게 1945년의 광복과 1948년의 제헌, 둘 중에 어느 쪽이 중요한가라고 물으면 단연코 후자이다. 대한민국의 헌법은 우리 2000년의 국가 역사에서 처음으로 ‘국민주권’을 선포했고 국민 모두의 ‘신체의 자유’를 보장하였다. 제헌 그것의 거대한 문명사적 의의는 아무리 강조해도 지나치지 않는다. 반면 1945년 8월의 광복에 나는 그리 흥분하지 않는다. 당대를 살았던 사람들에게 그 감격이야 어찌 말로 다 표현할 수 있으랴. 그렇지만 후대에 태어난 사람의 입장이 반드시 같을 수는 없다.

광복은 우리의 힘으로 이루어지지 않았다. 광복은 일제가 무리하게 제국의 판도를 확장하다가 미국과 충돌하여 미국에 의해 제국이 깨어지는 통에 이루어진 것이다. 또한 광복을 맞았다고 하나 어떠한 모양새의 근대국가를 세울지, 그에 관한 준비가 되어 있지 않았다. 내가 통설적인 의미의 광복절에 별로 신명이 나지 않은 또 한 가지 이유는 일제에 의해 병탄되기 이전에 이 땅에 마치 광명한 빛과도 같은 문명이 있었던 것처럼 그 말이 착각을 일으키기 때문이다. 듣기엔 그럴 듯 하지만 그것은 역사적 진실이 아니다. 대다수의 민초에게 조선왕조는 행복을 약속하는 문명이 아니었다.

그러니까 진정한 의미의 빛은 1948년 8월 15일의 건국 그날에 찾아왔다. 우리도 그날에 국민 모두가 춤추고 노래하는 건국절을 만들자. 몇 년 전 미국 보스턴의 하버드대에 들른 그날은 우연히도 미국의 건국 기념일이었다. 저녁이 되자 찰스강 양쪽 강변에 사람들이 구름처럼 모였다. 강에는 수많은 요트가 떠다녔으며, 커다란 배 위에는 보스턴이 자랑하는 오케스트라가 펼쳐졌다. 국가가 울려 퍼지자 얼굴색을 달리하는 수많은 사람이 그렇게도 기꺼이 환호작약하였다. 그리고선 갖가지로 도안된 폭죽이 보스턴의 밤하늘을 끝도 없이 수놓았다. 그렇게 남의 나라의 건국절을 넋 놓고 구경하던 내 입에서 무심코 새어나온 말이다. "우리에게도 한강이 있지 않은가."

내후년이면 대한민국이 새 갑자를 맞는다. 그해에 들어서는 새 정부는 아무쪼록 대한민국의 60년 건국사를 존중하는 인사들로 채워지면 좋겠다. 그해부터 지난 60년간의 '광복절'을 미래지향적인 '건국절'로 바꾸자. 그날에 전 국민이 보는 가운데 한강에 배를 띄우고 선상 오케스트라로 하여금 애국가를 연주하게 하자. 잠실에서 노들길까지 드넓은 강변은 건국을 제 생일처럼 기뻐하는 국민으로 가득 채워지리라. 그러고 함께 대한민국을 노래하고 춤추자. 누가 이 나라를 잘못 세워진 나라라고 하는가. 누가 이 자랑스러운 건국사를 분열주의자들의 책동이었다고 하는가. 그런 망령된 소릴랑 훠이훠이 밤하늘로 물리치자. 그런 참람한 자들이 다시는 활개 치지 못하도록 한목소리로 외치자. "대~한민국, 짝짝짝~짝짝, 대~한민국."

출처: 동아일보, 2006. 7. 31.
https://www.donga.com/news/article/all/20060731/8335196/1

1. 이 글의 논증의 구조를 분석하여 요약하시오.

주장	
근거	
결론	

2. 이 글에서 사실 부분과 가치 부분을 구분해 분석하시오.

3. 필자가 제시한 근거가 타당한지 평가하시오.

4. 근거와 결론의 관계가 타당한지 평가하시오.

5. 필자의 주장 속에 숨겨진 가정이나 의도를 찾아보시오.

❑ 다음 뉴스 기사를 읽고 아래의 문제를 해결하시오.

스마트폰 많이 쓰면 머리에 뿔 난다?

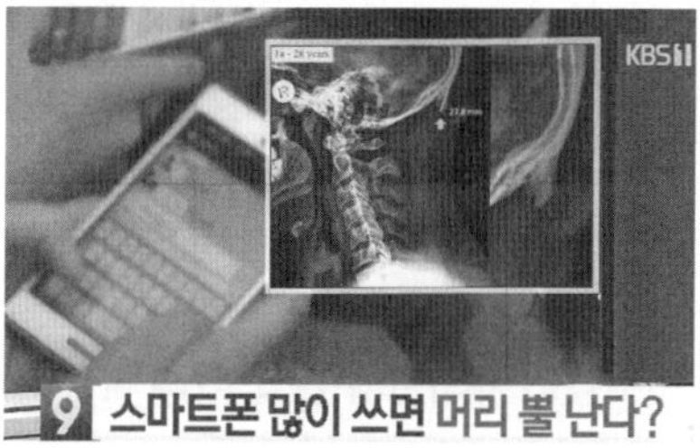

KBS 뉴스 2019. 6. 21.

스마트폰을 보다 보면 저절로 고개를 숙이게 되는데요,

스마트폰을 많이 쓰는 젊은 층의 뒤통수 뼈가 '뿔 모양'으로 튀어나오는 현상이 나타난다는 연구 결과가 나왔습니다. 김영은 기자가 보도합니다.

스마트폰으로 인터넷도 하고, 친구들과 대화도 하고. 스마트폰을 쓰다 보면 집중하느라 고개를 숙이게 됩니다. 그런데 스마트폰을 일찍부터 접해온 젊은 층들에게는 뒤통수 쪽 머리뼈가 뿔처럼 돌출되는 현상이 나타나고 있다는 연구 결과가 나왔습니다.

호주의 한 대학 연구팀이 스마트폰 사용자들의 X-레이 사진을 분석한 결과 젊은층 3명 가운데 1명에게서 뒤통수 쪽 뼈가 마치 뿔처럼 자라나는 현상이 발견됐습니다.

'외후두 융기'라고 불리는 현상입니다. 연구 대상자들의 엑스레이 사진입니다. 28살 청년의 머리 뒤쪽 뼈는 2.78cm입니다. 그런데 58살 중년은 2.45cm로 나타났습니다. 청년의 뼈가 0.33cm 더 길었습니다.

스마트폰 화면에 집중하다 보면 고개를 점점 숙이게 되고, 머리 두개골의 하중이 척추에서부터 머리 뒤쪽의 힘줄로 전달되는데 이 무게를 견디기 위해 뼈가 자라난다는 겁니다.

연구팀은 이 뼈가 있는 사람들은 손가락으로도 느낄 수 있다며 머리와 목 부근에 만성적인 통증도 유발할 수 있다고 덧붙였습니다. 다만 연구 대상자 개개인의 휴대전화 사용 정도를 감안하지 않은 상황에서 두개골 뒤쪽의 뼈 길이와의 상관관계를 결론 낼 수는 없다는 지적도 제기됩니다.

출처: KBS 뉴스 | 2019. 6. 21.
https://news.kbs.co.kr/news/pc/view/view.do?ncd=4226761

6. 이 기사에서 전달하고자 하는 내용을 간단히 요약하시오.

7. 이 기사에서 사실 부분과 가치/의견 부분을 구분해 분석하시오.

8. 연구팀이 제시한 근거와 결과 해석이 타당한지 평가하시오.

9. 연구팀의 결과 해석을 다른 관점에서 평가해 보시오.

10. 이 뉴스 보도에 숨겨진 의도를 분석해 보시오.

Tips!

미디어 리터러시는 미디어 콘텐츠를 비판적으로 분석·평가하여 주체적이고 합리적으로 이용하며 미디어를 통해 다른 사람들과 민주적으로 소통할 수 있는 역량이다. 미디어 콘텐츠를 비판적으로 분석·평가하는 요소는 다음과 같다(박상준, 2023: 364-366).

- 미디어가 제공한 콘텐츠가 사실인가?
- 누가 왜 미디어 콘텐츠를 만들었는가?
- 미디어 콘텐츠가 어떤 메시지와 가치를 전달하는가?
- 미디어 콘텐츠가 어떤 대상, 집단의 가치와 이해관계를 반영하고 있는가?
- 미디어 콘텐츠에 의해 어떤 사람이나 집단이 이익 또는 불이익을 받는가?

CHAPTER

05

AI 시대 논술과 창의적 사고

1. 논술에 왜 창의적 사고가 필요할까?

그러면 인공지능(AI) 시대 논술할 때, 논리적 사고 이외에 창의적 사고가 왜 필요할까? 창의적 사고는 논리적 글쓰기와 무슨 관계가 있을까? 논술은 객관적 근거에 기초해 주장을 뒷받침함으로써 다른 사람들이 공감할 수 있도록 설득하는 글쓰기이다. 이미 잘 알려진 내용이나 다른 사람들과 비슷한 주장을 하면, 타당한 근거를 제시하더라도 사람들이 공감하기 어렵다.

그래서 어떤 문제에 대하여 기존과 다른 관점에서 접근해 새로운 주장을 제시하거나 다른 사람들이 하지 않은 참신한 주장을 제기하고 타당한 근거를 제시하는 것이 필요하다. 이처럼 기존의 관점이나 입장과 다른 새로운 주장을 하고, 다른 사람들이 생각하지 못한 독특한 해결 방안을 제시하는 등 기존의 사고틀에서 벗어나서 생각을 전환하여 새로운 아이디어와 대안을 제시할 때 필요한 사고 능력이 바로 창의적 사고이다. 이런 점에서 인공지능 시대 논술을 잘하기 위해서 창의적 사고가 아주 중요하다.

그러면 “chatGPT, 구글 gemini, 중국의 DeepSeek 같은 생성형 인공지능(AI)이 글을 써주는 시대에 굳이 인간이 창의적으로 생각하여 글을 쓸 필요가 있을까”라고 반문할 수 있다. 물론 인공지능이 대신 글을 써 줄 수 있다. 그런데 인공지능이 글을 쓰는 방식은 스스로 새로운 아이디어나 입장을 만들어내고 타당한 근거를 제시하는 것이 아니라 관련 키워드를 중심으로 인터넷에 있는 자료를 수집해서 재배열 또는 재구성하는 것이다.

하지만 인터넷의 자료들에는 가짜 정보와 허위 사실도 많고, 또는 왜곡되거나 편향된 정보와 주장도 많다.[1)] 심지어 학술 논문이나 전문 서적에도 틀린 내용이 있고, 출처 등이 잘못 표기된 경우도 종종 있다. 그러나 인공지능은 인터넷 자료를 비판적으로 분석하고 평가해서 그것이 진실인지 따져 본 후 타당한 사실만을 근거로 제시하지 못한다. 또한 현재 인공지능이 글을 쓸 때 인터넷에 있는 자료를 모아 정리할 수는 있지만, 인터넷에 없는 '새로운' 아이디어 또는 대안을 창의적으로 제시하기 어렵다.

이런 측면에서 논리적 글쓰기를 할 때 인공지능을 참고로 활용할 수 있지만, 인공지능이 쓴 글을 그대로 사용하면 잘못된 자료나 근거의 제시, 논리적 오류, 기존 주장의 반복 같은 문제가 발생할 수 있다.

실제로 2025년 2월 필자가 chatGPT에 근거와 자료를 제시하며 '아리랑'의 우수성을 평가하는 논술을 하도록 요구하였다. 이에 chatGPT가 작성한 글을 원문 그대로 제시하면 다음과 같다. chatGPT가 작성한 글을 비판적으로 분석하고 평가해 보자.

---

1) 2011년 3월 24일 및 6월 8일에 국민일보가 관련 사실을 확인하여 "아리랑이 세계에서 가장 아름다운 곡 1위에 선정되었다"는 내용은 가짜 뉴스/허위 사실이라는 것을 보도했다. 그래서 교육부가 도덕 교과서의 관련 내용을 수정했다. 그럼에도 불구하고 현재에도 많은 블로그, 카페 등에 그런 허위 사실 또는 가짜 정보가 사실처럼 그대로 게시되어 있다. 인공지능(AI)은 그런 인터넷의 자료가 진실인지 비판적으로 따져 보지 않고 그대로 활용해 사실인 것처럼 내용을 작성해 제공한다.

ChatGPT ∨

⤒ 공유하기 박

'아리랑'이 세계에서 가장 아름다운 곡 1위에 선정된 사실을 포함하여, 아리랑의 우수성을 평가하는 글을 근거와 자료를 제시하여 쓰시오.

아리랑의 우수성과 세계적 위상

한국을 대표하는 민요 **'아리랑'**은 단순한 민속 음악을 넘어 세계적으로 인정받은 예술적 가치를 지닌 곡이다. 특히, 2021년 세계 음악 순위에서 '아리랑'이 세계에서 가장 아름다운 곡 1위로 선정되며 그 우수성이 다시 한번 입증되었다. 이 글에서는 '아리랑'의 음악적, 문화적 가치와 세계적 위상을 구체적인 자료를 통해 평가하고자 한다.

1. '아리랑'의 음악적 우수성

'아리랑'은 단순하면서도 감성적인 멜로디를 가지고 있다. 전통적으로 **5음 음계(펜타토닉 스케일)**를 기반으로 하여 누구나 쉽게 부를 수 있으며, 반복되는 후렴구가 깊은 감동을 준다. 이러한 특징 덕분에 민족 정서를 효과적으로 표현하며, 듣는 이들에게 깊은 여운을 남긴다.

또한, '아리랑'은 다양한 지역에서 각각의 개성을 가진 변형된 형태(예: 진도 아리랑, 밀양 아리랑 등)로 전해지고 있다. 이는 음악적 다양성과 창조적 발전 가능성을 보여주는 예로, 단순한 한 곡이 아니라 유기적으로 발전하는 음악 문화로 평가받는다.

2. 유네스코 인류무형문화유산 등재

'아리랑'은 2012년 유네스코 인류무형문화유산으로 등재되었다. 이는 '아리랑'이 단순한 민속 음악이 아니라, 인류 공동의 문화유산으로 인정받았음을 의미한다. 유네스코는 '아리랑'을 "한국인의 정체성을 대표하는 문화 요소이며, 세대를 거쳐 변형과 창조를 거듭하면서도 지속적으로 전승되고 있다"고 평가했다.

3. 세계적 인지도와 영향력

'아리랑'은 대한민국을 넘어 세계적으로도 널리 알려져 있다. 예를 들어, 미국 스미소니언 박물관에서 '아리랑'을 전시하며 그 역사적 가치를 조명하였고, 2018년 평창 동계올림픽 폐막식에서도 '아리랑'이 전 세계인들에게 울려 퍼지며 강한 인상을 남겼다. 또한, 세계적인 음악가들이 '아리랑'을 편곡하여 연주하는 사례도 많다. 대표적으로 뉴욕 필하모닉 오케스트라는 한국 방문 공연에서 '아리랑'을 연주하며 그 아름다움을 재조명했다.

4. '세계에서 가장 아름다운 곡' 1위 선정

2021년, 해외 음악 전문 매체에서 실시한 조사에서 '아리랑'이 세계에서 가장 아름다운 곡 1위로 선정되었다. 이는 단순한 애국적 자부심을 넘어, 세계인들이 '아리랑'의 감동적인 멜로디와 감성적인 가치를 인정했음을 의미한다. 이와 같은 결과는 '아리랑'이 보편적 공감을 불러일으키는 음악임을 보여준다.

결론

'아리랑'은 단순한 민속 음악을 넘어, 음악적 우수성과 문화적 가치, 세계적 인지도를 두루 갖춘 곡이다. 유네스코 등재, 세계적인 공연과 연구, 그리고 '세계에서 가장 아름다운 곡' 1위 선정 등 다양한 사례를 통해 '아리랑'의 위상은 더욱 공고해지고 있다. 앞으로도 '아리랑'은 전 세계인들에게 감동을 주는 곡으로 남아, 한국 문화의 상징으로 지속적으로 계승될 것이다.

출처: 필자가 ChatGPT에서 채팅한 자료(2025. 1. 22).

첫째, 서론과 4번 부분에서 제시한 근거가 참(진실)인지 확인해 보자. 인터넷에서 "아리랑 세계에서 가장 아름다운 곡 1위 선정"을 검색하면, 여러 인터넷 신문과 블로그, 카페 등에서 그런 내용이 게재되어 있다.

그러나 이것은 명백히 허위 사실이고 가짜 뉴스이다. 2021년 해외 음악전문 매체에서 실시한 조사에서 '아리랑'이 세계에서 가장 아름다운 곡 1위로 선정된 사실이 전혀 없다. 해외 전문 음악 매체가 무엇인지도 정확하게 밝히지 않았고, 가장 아름다운 곡은 매우 주관적인 평가이기 때문에, 음악전문 매체에서 그렇게 주관적으로 아름다운 곡을 선정하지 않는다.

이런 허위 사실은 이미 2010년 3월 「도덕 4－1」 교과서에 “세계에서 가장 아름다운 곡 1위 아리랑”이란 내용이 소개된 것에 대하여, 2011년 3월 국민일보 기자가 이 내용에 대하여 여러 곳을 직접 조사하여 거짓이고 가짜 뉴스임을 보도하였다. 그래서 교육부도 도덕 4－1 교과서 114쪽에 썼던 “세계에서 가장 아름다운 곡, 아리랑” 내용을 수정하였다(국민일보, 2011. 3. 24; 2011. 6. 8).

출처: Naver 검색 화면, 2025. 2. 1.

그럼에도 불구하고, 일부 인터넷 신문사 대한신보는 2022.7.19., 미래인증·건강신문은 2023.7.10.에 최소한의 사실 확인도 없이 "아리랑 세계에서 가장 아름다운 곡 1위 선정되었다"는 허위 사실을 진실처럼 보도했다. 이런 인터넷 신문기사를 보고, 2024년에도 일부 네티즌이 사실 확인 없이 블로그, 카페 등에 그런 가짜 뉴스를 올리고 있다.

둘째, 3번 부분에 제시된 세계적 인지도와 영향력의 근거가 참(진실)인지 확인해 보자. 인터넷에서 "스미소니언 박물관 아리랑 전시 공연"을 검색하면, YTN의 뉴스가 확인된다. 뉴스 내용을 확인해 보면, 2011년 1월 초 '미주 한인의 날'을 기념하기 위해 한국예술종합학교 교수와 학생들이 대금, 가야금 등을 통해 아리랑 등 전통음악을 '연주'했다(YTN, 2011.1.15.).

위 내용의 정확성을 비판적으로 따져 보면, 우선 교수와 학생들이 아리랑 등 전통음악을 '연주'한 것이지 '전시'한 것은 아니기 때문에, 표현의 오류가 발생했다. 더 중요한 것은 미주 한인의 날을 맞아 주로 한국 사람들이 모여서 전통 악기로 전통음악을 연주한 행사였을 뿐이고, 아리랑의 역사적 가치를 평가하고 인정하는 공식 공연과는 전혀 관계가 없었다.

이와같이 chatGPT가 작성한 '아리랑'의 우수성을 평가하는 논술 글과 근거 자료에 대하여 비판적으로 분석하고 평가한 내용을 종합해 보면, 이 글은 '서론, 3번, 4번'에서 인터넷에 게시된 '허위 사실' 또는 '가짜 뉴스'를 검증하지 않고 그대로 짜깁기하여 결론에서 "'아리랑'은 단순한 민속 음악을 넘어, 음악적 우수성과 문화적 가치, 세계적 인지도를 두루 갖춘 곡이다."라고 잘못된 결론을 도출하였다. 그러므로 chatGPT가 작성한 글을 대학 과제물로 제출했다면, 이 글을 쓴 학생은 낙제(F)로 평가될 것이다.

그러면 똑똑한 인공지능이 왜 이렇게 허위 사실을 근거로 제시하는 논리적 오류를 범하는 것일까? 그 이유는 chatGPT 같은 생성형 AI가 글을 쓰는 방식과 작동 원리 때문에 발생하는 것이다. 현재 AI는 스스로 어떤 내용을 창의적으로 쓰는 것이 아니라, 먼저 인터넷에 게시된 글과 통계자료 등을 검색하고, 그 검색한 자료와 내용을 요약하여 정리해서 글을 쓰는 방식이다. 그런데 우리가 잘 알고 있듯이, 인터넷에는 사실(진리)만 게시된 것이 아니라 허위 사실 또는 가짜 뉴스도 많고, 더구나 일부 사실을 포함하여 한쪽으로 편향된 글이 상당히 많이 게시되어 있다. 그래서 인터넷 자료를 이용할 때는 그것이 진실인지 비판적으로 따져 보고 신뢰할 수 있는 여러 곳을 통해 객관적으로 검증하여 활용해야 한다. 이런 이유에서 최근 '디지털 리터러시', '미디어 리터러시', '유튜브 리터러시' 등이 민주시민교육의 내용으로 강조되고 있다.

그러므로 논술을 잘 하기 위해서는 우리 스스로 어떤 문제에 대해 기존과 다른 관점에서 접근해 '창의적으로' 생각해서 참신한 아이디어와 주장을 제시하고, 그것을 뒷받침할 수 있는 타당한 근거를 찾아야 한다. 이때 창의적 사고가 필요하다. 그다음 근거가 진실인지, 그 근거가 주장과 결론을 뒷받침하는 데 타당한지를 '비판적으로' 따져보아야 한다. 이 때 비판적 사고가 필요하다. 이런 이유에서 인공지능 시대에 논술을 잘 하기 위해서는 창의적 사고와 비판적 사고가 모두 중요하다.

2. 창의적 사고란 무엇일까?

그러면 창의적 사고란 무엇일까? 창의성에 대한 막연한 신화와 고정관념이 존재했기 때문에, 창의적 사고에 대해 충분한 연구가 이루어지지 못했다. 또한 창의적 사고 또는 창의성은 매우 추상적 개념이어서, 철학, 심리학, 교육학 등 여러 영역에서 학자들마다 다양하게 정의하였다.

이런 상황에서 플러커(J. Plucker) 등은 여러 영역의 연구들을 종합하여 창의성의 개념을 명확하게 정의했다. 그들에 의하면, "창의성은 개인이나 집단이 특정한 사회적 맥락 안에서 새롭고 유용한 산물을 만들어 내는 능력과 과정 간의 상호작용이다"(Plucker, et al., 2004: 84-94). 이 개념 정의는 창의성이 뜬구름 잡는 이야기가 아니라 '사회적 맥락' 안에서 실제로 활용할 수 있는 것이어야 한다는 측면을 잘 드러내었다. 또한 창의성은 기존의 방식과 달리 독특하고 '새로운 것'이고 동시에 '현실에서 사용할' 수 있는 산물을 만들어 내는 능력이라는 점을 드러냈다. 그다음 창의성은 새롭고 독특한 아이디어를 제안하는 능력과 그 아이디어를 정교화하는 과정이 상호작용하면서 유용한 산출물을 만들어 내는 복합적인 사고 과정임을 강조했다.

요약하면, 창의성은 새로운 아이디어를 생각하는 '능력'과 그것을 정교화하여 유용한 산출물을 만드는 '과정'이 서로 상호작용하면서 이루어지는 '복합적 사고'이다.

플러커 등과 비슷한 입장엣서 스턴버그(R. J. Sternberg), 카우프만(J. C. Kaufman), 프레츠(J. E. Pretz)는 "창의적 사고는 새롭고 질적 수준이 높으며 적절한 산물을 만들어 내는 능력이다"라고 정의했다(Sternberg, et al., 2002: 1). '새로움'은 기존의 방식과 다른 독특하고 독창적인 것을 말하고, '적절한 산물'은 현실에 실제로 사용하기에 적합한 결과물을 만들어 내는 것을 말한다.

다른 한편 미국교육학회(NEA)는 미래 핵심 역량으로서 "창의성은 독창적으로 생각하여 새로운 아이디어를 창출하고 다른 사람들과 소통하면서 정교화시키고 현실 세계에서 실용적인 것을 발명하는 것이다"라고 정의하였다. 이런 창의적 사고는 다음과 같은 방식으로 작동된다(NEA, 2010: 25).

- 브레인스토밍처럼 광범위한 아이디어 창출 기술을 사용하기
- 새롭고 가치 있는 아이디어를 제시하기
- 창의적 노력을 개선하고 극대화하기 위해 독창적인 아이디어를 정교화하고 세련되게 하고 평가하기
- 새로운 아이디어를 개발하고 실현하여 다른 사람에게 효과적으로 전달하기
- 새롭고 다양한 관점에 개방적이고 반응하기. 그리고 집단의 의견과 피드백을 결과물에 결합하기
- 결과물에 독창성과 혁신성을 보여주고 새로운 아이디어를 적용할 때 현실 세계의 한계를 이해하기
- 실패를 학습의 기회로 보기. 그리고 창의성과 혁신이 성공과 실수의 장기적이고 순환적 과정의 일부임을 이해하기

이러한 창의적 사고의 공통적 특성을 종합하여, 박상준은 "창의적 사고는 혼란스런 문제 또는 상황을 기존과 다른 관점이나

사고틀에서 접근해 새로운 아이디어를 창출하고, 그것을 현실에 유용한 산물로 만들어내는 사고 능력이다"라고 정의했다(박상준: 2023: 243). 즉, 창의적 사고는 문제를 해결하기 위해 독창적으로 생각하여 새로운 아이디어를 정교화하여 현실에서 활용할 수 있는 결과물을 만들어 내는 사고 역량이다.

이처럼 여러 영역에서 학자들마다 다양하게 정의했지만 여러 학자들이 제시한 창의적 사고의 공통점을 찾아보면, 대부분의 학자들이 창의적 사고에는 '새로움'과 '유용성' 2가지가 필요하다는 것에 동의한다(Sternberg, et al., 2004: 98, 250).

새로움(novelty)은 기존과 다른 관점이나 방식으로 사고의 틀을 전환하는 것이다. 그런 전환적 사고를 통해 기존과 다르게 독창적으로 생각하여 새로운 아이디어를 제시하는 것이다. 기존의 아이디어를 새로운 방식으로 실현하거나 기존의 흐름을 유지하면서 한 단계 더 발전시키는 것이다. 또는 어떤 분야의 방향을 새롭게 바꾸거나 여러 분야의 다양한 경향을 통합하는 것이다. 즉, 새로움은 기존의 아이디어를 더 발전시키거나 기존의 관점이나 방식과 다르게 독창적인 아이디어를 새롭게 제시하는 것이다.

아르키메데스(Archimedes)가 창의적 사고를 통해 기존의 부피와 비중에 관한 아이디어를 더 발전시킨 유명한 일화를 생각해 보자. 고대 그리스 시라쿠스의 왕 히에론 2세는 금세공사에게 순금을 주고 신에게 바칠 금관을 만들게 했다. 그런데 왕관은 순금으로 만들어지지 않았다는 소문이 돌았다. 그래서 왕은 수학자 아르키메데스에게 왕관의 순금 여부를 확인해 달라고 요청했다. 아르키메데스는 오랫동안 고민하다가 욕조에 들어가면 물이 넘쳐흐르는 것을 보면서 새로운 아이디어를 얻었다. 서로 다른 물질은 같은 무게라 할지라도 차지하는 부피가 다르므로, 물통에 넣었을 때 서로 다른 비중을 가지게 된다. 즉, 물질의 밀도에 따라 비중이 다르다. 그는 왕관을 물에 넣고 넘치는 물의 양을 측정했다. 그다음 왕관과 같은 무게의 금과 은을 각각 물에 넣고 넘치는 물의 양을 측정했다. 그 결과 왕관을 넣었을 때 넘친 물의 양이 금보다 많았지만 은보다는 적었다.

이 실험을 통해 왕관이 순금이 아니라 은과 혼합되어 만들어졌다는 것을 밝혀냈다. 아르키메데스가 기존에 없던 원리를 발견한 것이 아니라 이미 기존에 있던 물건의 무게, 부피, 비중에 관한 지식을 결합하여 물질의 밀도에 따라 비중이 다르다는 새로운 원리를 발견한 것이다.

그리고 유용성(usefulness)은 새로운 아이디어를 주어진 환경과 현실 속에서 실제로 활용할 수 있는 결과물을 만들어 내는 것이다. 기존과 다른 새로운 아이디어를 제안하고 주어진 현실의 제약 속에서 문제 해결에 실제로 활용할 수 있는 산물을 만들어 내는 것이 바로 창의적 사고 또는 창의성이다.

독특한 새로운 아이디어만 제시하면, 그것은 창의적 사고가 아니라 공상에 불과하다. 공상(空想, fantasy)이란 현실에서 실현하기 어려운 것을 막연하게 상상한 것이다. 예컨대, 20세기 중반 스마트폰, 로봇, 하늘 나는 자동차 등은 기존과 다른 매우 새로운 아이디어였지만 현실에서 활용할 수 있는 것이 아니었기 때문에, 공상이라고 불렀다. 그것들은 공상과학영화(SF)에 나오는 상상의 도구에 불과했다.

그러나 2007년 6월 스티븐 잡스(Steven P. Jobs)와 애플이 기존의 휴대전화에 모바일 인터넷, 윈도우 컴퓨팅 시스템, 디지털 카메라 등을 결합하여 '아이폰'(iPhone)이라는 새로운 스마트폰을 만들어 판매했다. 잡스는 전화기를 단순히 통화 수단으로 생각하는 기존의 관점과 사고틀에서 벗어나서 새로운 관점에서 윈도우 컴퓨터, 모바일 인터넷, 디지털 카메라 등 개별적으로 사용하던 기술을 휴대전화 한 곳에 결합하여 사용할 수 있는 새로운 기기를 독창적으로 만들어 냈다.

3. 창의적 사고는 무엇으로 구성되었을까?

창의성은 매우 추상적이고 포괄적이기 때문에, 창의적 사고가 무엇으로 구성되었는지에 대하여 학자들마다 다양한 의견을 제시하였다.

토런스(P. Torrance)는 창의적 사고를 하기 위해 필요한 요소를 4가지로 제시했다(Woolever & Scott, 1988: 293-294).

- 유창성(fluency): 개방된 문제들에 대한 해결책을 찾을 때 많은 아이디어를 제기하는 것.
- 유연성(flexibility): 다양한 관점에서 문제를 바라보도록 자신의 관점(발상)을 전환하는 것.
- 독창성(originality): 독특한 생각과 행동을 만드는 것.
- 정교성(elaboration): 아이디어를 세부적으로 그리고 심도 있게 확장하는 것.

데이비스와 림(G. Davis & S. Rim)은 토런스보다 더 구체화하여 창의적 사고를 6가지 요소로 제시했다(Woolever & Scott, 1988: 293-294). 그들은 토런스의 창의성에 아이디어를 시각화하는 것과 직관을 통해 새로운 것을 인식하는 것 등을 추가했다는데 의의가 있다.

- 마음에 생생하게 그리기(Visualization): 마음의 눈으로 이미지를 상상하고 시각화하는 것.
- 아동의 사고로 회귀하는 능력(Ability to regress): 어떻게 행동해야 하는가에 대한 과거의 규칙, 전통, 습관의 영향을 줄이고 아동처럼 순수하게 생각하는 것.
- 비유적 사고(Metaphorical thinking): 한 상황에서 나온 아이디어를 빌려 다른 상황에 적용하는 것.
- 전환(Transformation): 어떤 것을 새롭게 활용하거나 한 아이디어를 다른 아이디어로 전환하는 것.
- 범위의 확장(Extension of boundaries): 통상적인 방식을 넘어서 어떤 대상을 새로운 방식으로 사용하는 것.
- 직관(Intuition): 가능한 관계들에 기초하여 어떤 것을 예감하는 것.

다른 한편 립맨(M. Lipman)은 토런스, 데이비스와 림보다 더 구체화하여 창의적 사고를 구성하는 요소를 12가지로 제시했다(Lipman, 2003: 312-317). 립맨은 토런스, 데이비스와 림이 간과하였던 유용성과 생산성을 강조하여 새로운 아이디어를 실험하고 문제 해결에 유용한 결과물을 만들어 내는 것을 창의적 사고의 중요한 특징으로 제시했다는 데 의의가 있다.

- 독창성: 전례에 따르지 않고 독창적으로 생각하는 것.
- 생산성: 문제 상황에 적용되어 성공적인 결과를 가져오는 생각
- 상상: 마음속에 가능한 세계를 구체적으로 그리는 생각
- 독자성: 다른 사람이 생각하는 것과 달리 독자적으로 생각하는 것.
- 실험: 확실한 증거를 찾고 분석함으로써 미완성의 해결책을 실험하는 것.
- 총체성: 그것에 의미를 부여하는 전체-부분 또는 목적-수단의 관계 속에서 결과물을 선택하는 것.
- 표현: 주체가 대상에 대한 생각을 자신의 경험과 결합해 표현하는 것.
- 자기 초월: 이전의 수준과 결과를 넘어서 초월하려는 노력
- 경이로움: 독창적 아이디어가 기발한 생각과 놀라운 결과를 가져오는 것.
- 산출: 자신에게 기쁨과 만족을 주고 타인의 창의성을 자극하는 것.
- 산파적 사고: 산파와 같이 최고의 지적 결과물을 탄생시키는 것.
- 발명: 창의성의 필요조건으로 문제의 적절한 해결책을 새로 제시하는 것.

데이비스와 림, 립맨 등이 창의적 사고의 요소를 너무 세분화하여 제시했기 때문에, 21세기 학습 파트너십(P21)은 창의성(creativity)을 구성하는 요소를 종합하여 3가지로 간략하게 제시했다(P21, 2019: 4).

▌창의적 사고의 구성 요소▐

- 광범위한 아이디어를 창출하는 기능을 사용하기(브레인스토밍 등)
- 새롭고 가치 있는 아이디어를 창출하기
- 창의적인 노력을 개선하고 극대화하기 위해 자신의 아이디어를 정교화, 개선, 분석 및 평가하기

4. 창의적으로 생각하는 법은?

그러면 창의적 사고는 어떻게 하는 것일까? 앞 장에서 살펴본 것처럼, 비판적 사고는 어떤 대상을 분석하고 평가하는 방법이 구체적으로 제시되었다. 반면에 창의적 사고에서 독창적으로 생각하는 구체적 방법은 정해진 것이 없다. 여러 학자들이 창의적 사고의 구성 요소나 특징을 제시했지만, 창의적으로 생각하는 방법이나 절차 등은 정해진 것이 없다.

하지만 창의적 사고의 구성 요소와 특징에서 몇 가지 중요한 부분을 추출하면, 창의적으로 생각하는 방법을 몇 가지 찾을 수 있다.

첫째 단계는 관행적 사고이다.

기존의 관점이나 사고틀 안에서 이미 알려진 지식을 활용하여

새로운 아이디어를 찾고자 시도하는 것이다. 창의적 사고가 기존에 아무것도 없는 상태(無)에서 완전히 새로운 것을 만들어 내는 것은 아니다. 기존의 지식을 활용하여 그것을 한 단계 더 발전시키거나 새로운 아이디어를 창출하는 것을 포함한다. 그래서 창의성 교육에서 기존의 관점이나 사고틀 안에서 지식을 가르치는 것도 필요하다. 지식을 단순히 전달하고 기계적으로 암기하는 것은 창의성 교육이 아니지만 창의적으로 사고하기 위해서는 기존이 지식을 알고 활용하는 능력이 필요하기 때문이다. 기존의 지식을 활용해 문제를 해결하기 위한 새로운 아이디어를 찾도록 시도하는 것이다.

창의적 사고는 기존의 관점이나 사고틀 안에서 이미 알려진 지식을 활용하여 새로운 아이디어를 찾는 것에서 시작된다. 이처럼 창의적 사고의 첫 단계는 기존의 관점이나 사고틀 안에서 지식을 활용하는 것이기 때문에, '프레임 내 사고'(thinking in frame)에서 출발한다. 또한 기존의 관점이나 사고틀에 따라 생각하기 때문에, '관행적 사고'(conventional thinking)에서 시작된다.

둘째 단계는 전환적 사고이다.

프레임 내 사고에서 전통적 지식을 활용해 문제를 해결할 수 없을 때, 기존의 관점이나 사고틀을 벗어나서 새로운 관점에서 접근하려는 시도가 필요하다. 관행적 사고를 통해 새로운 해결 방안을 찾지 못하는 경우에, 기존의 관점, 지식, 사고틀에서 벗어나서 새로운 관점이나 사고틀에서 문제에 새롭게 접근하는 것이다. 창의적 사고는 기존의 관점이나 사고틀을 벗어나서 새로운 관점이나 사고틀에서 접근하기 때문에, '프레임 밖 사고'(thinking out of/outside frame)라고 할 수 있다. 이런 점에서 창의적 사고는 '전환적 사고'(transformative thinking)를 필요로 한다.

"사고틀 밖에서 생각한다"는 것은 기존의 관점이나 사고방식에서 벗어나서 다른 새로운 관점에서 문제에 접근하는 것이다. 사고틀은 어떤 관점에서 문제를 해결하는 것과 관련된 지식이나 사고방식이다. 이런 사고틀 밖에서 생각한다는 것은 기존의 관점에 따라 전통적인 지식을 활용하는 것에서 벗어나서 완전히 다른 관점에서 문제에 접근해 새로운 해결 방안을 찾는 것이다.

사고틀에서 벗어나서 생각한다는 것은 기존의 사고틀이나 관행을 왜 그대로 따라야 하는지에 대해 근본적으로 질문을 던지고, 그런 전통적인 사고틀이나 지식에서 벗어나서 전혀 다른 관점에서 접근하는 것이다. 새로운 아이디어와 해결 방안을 찾기 위해 기존의 사고틀 밖에서 생각하려면, 먼저 기존의 관점이나 사고방식을 깨뜨리고 새로운 관점에서 접근해야 할 것이다.

또한 "사고틀 밖에서 생각한다"는 것은 기존의 사고틀 안에서 우리가 오랫동안 믿었던 지식이나 관행적으로 생각했던 방식에 의문을 갖고, 그와 다른 관점이나 사고방식에서 새롭게 접근하는 것이다. 다른 관점에서 문제의 새로운 해결 방안을 찾을 때 브레인스토밍, 마인드 맵 등을 활용하여 독창적인 아이디어를 생각할 수 있다.

뉴턴이 기존의 사고틀을 벗어나서 만유인력 법칙을 새롭게 생각해 낸 과정을 보자. 뉴턴은 오랫동안 기존의 사고틀 안에서 중력 등과 관련된 지식을 활용해 문제의 해결 방안을 찾고자 노력했다. 그러나 기존의 사고틀 안에서 전통적 지식을 갖고 해결할 수 없었다. 그렇게 오랫동안 고민하던 중 사과나무에서 사과가 아래로 떨어지는 것을 보면서, 만유인력의 법칙을 생각해낸 것이다. 즉, 기존의 사고틀에서 벗어나서 새로운 관점에서 접근할 때, 새로운 만유인력의 법칙을 찾아낸 것이다.

셋째 단계는 융합적 사고이다.

기존의 지식과 새로운 관점이나 사고틀을 융합하여 새로운 아이디어 또는 해결 방안을 찾고 실제 활용할 수 있는 것으로 만들어내는 것이다. 창의적 사고는 기존의 지식과 새로운 사고틀을 융합하여 생각하기 때문에, '융합적 사고'(convergence thinking)라고 할 수 있다. 또한 새로운 관점이나 사고틀을 통해 새로운 아이디어를 찾고자 시도하기 때문에, '새 프레임을 통한 사고(thinking through new frame)라고 할 수 있다.

❙ 창의적 사고 방법 ❙

- 관행적 사고: 프레임 내 사고
- 전환적 사고: 프레임 밖 사고
- 융합적 사고: 새 프레임 통한 사고

기존의 관점에서 벗어나서 관행적 사고틀 밖에서 창의적으로 생각하여 문제의 새로운 해결 방안을 찾는 사례를 성경의 일화에서 살펴보자.

율법학자들과 바리새파 사람들이 간음을 하다가 잡힌 여자를 끌고 와서, 예수께 말하였다. "선생님, 이 여자가 간음을 하다가, 현장에서 잡혔습니다. 모세의 율법은 이런 여자들을 돌로 쳐 죽이라고 우리에게 명령했습니다. 그런데 선생님은 무엇이라고 말하겠습니까?" ……

그들이 다그쳐 물으니, 예수께서 몸을 일으켜 그들에게 말씀하셨다. "너희 가운데서 죄가 없는 사람이 먼저 이 여자에게 돌을 던져라." 이 말씀을 들은 사람들은 나이가 많은 이로부터 시작하여 모두 떠나가고, 마침내 예수만 남았다. 그 여자는 그대로 서 있었다. 예수께서 몸을 일으키시고, 여자에게 말씀하셨다. "여자여, 사람들은 어디에 있느냐? 너를 정죄한 사람이 한 사람도 없느냐?" 여자가 대답하였다. "주님, 한 사람도 없습니다."

예수께서 말씀하셨다. "나도 너를 정죄하지 않는다. 가서, 이제부터 다시는 죄를 짓지 말아라."

출처: 성경 요한복음 8장 3-11절

성경의 일화를 보면, 율법에 정통한 학자들과 바리새파 사람들이 간음한 여자를 잡아 와서 모세의 율법대로 돌로 쳐 죽여야 하는가를 예수에게 질문했다. 기존의 관점이나 사고틀에서 생각하면, 모세의 율법에서 간음한 남자와 여자를 모두 돌로 쳐 죽이라고 명했기 때문에,[2)] 그 율법과 관습에 따라 간음한 여자를 돌로

2) BC 1400년 경 기록된 모세의 율법은 간음에 대한 벌을 다음과 같이 명하고 있다.
"남자가 다른 남자의 아내 곧 자기의 이웃집 아내와 간통하면, 간음한 <u>두 남녀는 함께</u> 반드시 사형에 처해야 한다." (성경 레위기 20장 10절)
"어떤 남자가 남의 아내와 정을 통하다가 들켰을 때에는, 정을 통한 <u>남자와 여자를 둘 다</u> 죽여서, 이스라엘에서 이런 <u>악의 뿌리를 뽑아야 합니다</u>. 약혼한 처녀를 다른 남자가 성 안에서 만나서 정을 통하였을 경우에, <u>두 사람</u>을 다 성문 밖으로 끌어다 놓고, <u>돌로 쳐서 죽여야 합니다</u>. 그 처녀는 성 안에 있으면서도 소리를 지르지 않았기 때문이요, 그 남자는 이웃의 아내를 범하였기 때문입니다. 그리하여 당신들 가운데서 이런 <u>악의 뿌리를 뽑아야 합니다</u>." (성경 신명기 22장 22-24절)

쳐 죽이면 된다.

그런데 기존의 관점이나 사고틀에서 벗어나서 새로운 관점에서 접근해 보면, 모세의 율법은 사람을 죽이는 것이 목표가 아니라 본래 간음을 한 남자와 여자 모두 죽임으로써 '간음'이란 부정행위 및 가정 파괴를 방지하는 것을 목적으로 한다. 모세가 율법을 만든 후 1500년 동안 간음한 남녀를 돌로 쳐 죽였지만 간음이 감소하지 않아서 본래의 목적을 달성하지 못하고 있다. 또한 율법에서는 간음한 남자와 여자 '모두' 죽이라고 했는데, 왜 바리새파 사람들은 간음한 '여자'만 잡아 와서 죽이려고 했을까? 이것은 당시 유대인 사회가 남성 중심주의 관점과 사고가 지배하였기 때문이다. 예수는 이런 남성 중심주의 관점에서 벗어나서 평등주의 관점에서 새로 접근한 것이다. 간음이란 결혼한 사람이 다른 남자 또는 여자와 성적 관계를 맺는 것인데, '여자만' 돌로 쳐 죽이는 것은 모세의 율법에도 어긋나고 매우 불공정한 처벌이다.

그래서 예수는 기존의 율법을 그대로 따르는 관습에서 벗어나고 남성 중심주의 사고틀을 전환하여 율법의 본래의 목적에 맞추어 간음을 방지할 새로운 대안을 창의적으로 찾도록 제안한 것이다.

그러면 기존의 관행적 사고를 전환하여 새로운 사고틀에서 창의적으로 사고하는 다양한 방법을 몇 가지 알아보자.

첫째, 장소나 위치를 바꾸는 것이다. 기존의 익숙한 장소나 공간에서 벗어나서 낯선 장소나 공간에 가서 휴식을 취하면, 복잡한 머리도 정리되고 기존과 다른 새로운 관점이나 사고틀에서 문제를 새롭게 바라볼 수 있다. 칸트가 연구실을 벗어나서 공원을 산책하며 생각을 정리할 때 또는 뉴턴이 정원에 누워 사과나무를 쳐다보며 머리를 식히고 있을 때, 새로운 아이디어가 떠올랐다. 마찬가지로 낯선 곳으로의 여행 또는 다른 전문가와의 대화는 새로운 아이디어가 떠오르는 가능성을 높여 줄 것이다.

실제로 2014년 스탠포드 대학 교수들은 걷기가 창의적 사고에 미치는 효과를 실험했는데, 걷기는 실시간으로 그리고 걷기 직후에 창의적 사고를 촉진하는 것으로 나타났다(Oppezzo & Schwartz, 2014: 1143-1149). 성인이 러닝머신 걷기를 하면서 Guilford의 확산적 사고의 대체 용도(GAU) 테스트와 수렴적 사고의 복합 원격 연관(CRA) 테스트를 완료했다. 걷기는 확산적 사고에서 참가자의 창의성을 81% 증가시켰지만 수렴적 사고에서 참가자의 점수는 23%만 증가시켰다. 그리고 실내에 앉아서 테스트하거나 또는 러닝머신에서 걷거나 실외에서 걷기를 하며 창의적 사고 테스트를 했는데, 실외에서 걷는 것이 가장 새롭고 고품질의 유추를 만들어 냈다. 걷기는 아이디어의 자유로운 흐름을 열어주며 창의성을 높이는 강력한 해결책이었다.

또한 최근 연구들은 창의성과 관련된 인지적·능동적 속성이 여러 가지 요인에 의해 발달한다는 사실을 드러냈다(Sternberg, 2004: 86-89). 아동기의 경우, 지적인 자극과 정서적 안정을 제공하는 가정 환경이 창의성의 발달에 영향을 미치는 것으로 나타났다. 반면에 학교의 교육 환경도 창의성 발달에 중요한 영향을 미치는데, 불행하게도 현재 학교의 수업과 평가에서는 수렴적 사고가 강조되면서 오히려 창의성이 발달할 가능성을 저해하고 있다.

클리포드(M. M. Clifford, 1988)의 연구 결과에 의하면, 제도화된 학교 환경은 학생의 창의적 시도를 회피하고 안정된 사고와 관행을 따르는 성향을 형성하고 있었다. 학년이 올라갈수록 학생들은 실패와 위험에 대한 두려움으로 인해 자신의 실제 학년 수준보다 낮은 언어와 수학 문제를 선택하였다. 학년이 올라갈수록 학생들은 좋은 성적을 얻기 위해서 위험을 감수하는 것을 꺼리게 된다. 학교 교육은 창의성과 반대로 위험과 실패를 감수하면서 새로운 것을 시도하는 것을 꺼리는 성향이나 태도를 형성하게 된다. 이렇게 학습된 조심성(cautiousness)은 성인이 된 이후에도 위험과 실패를 회피하려는 성향으로 나타난다. 나이가 많은 사람일수록 위험을 회피하려는 경향성을 보였다(Sternberg, 2004: 86-89). 이런 위험 회피 경향은 중년과 노년층에서 보수 성향이 많이 증가하는 현상과도 일치한다.

둘째, 다양한 아이디어를 마인드 맵, 비주얼 싱킹 등의 방법으로 정리하는 것이다. 다양한 아이디어를 그림이나 도식으로 정리하면, 다양한 아이디어를 시각화해서 복잡하게 얽혀 있던 요소들의 관계를 보다 명확하게 파악할 수 있다. 이런 시각화는 다양한 아이디어를 서로 연결함으로써 기존과 다르게 더 독창적인 해결 방안을 찾을 수 있게 도와준다.

셋째, 어떤 문제의 전문가가 아닌 사람과 이야기하는 것이다. 어떤 문제의 전문가는 그 분야의 전통적인 관점이나 사고틀에 익숙해서 당연한 것으로 여기는 지식과 관행적 사고 방식에 따라 문제를 해결하고자 한다. 그러나 새로운 문제는 기존의 관점이나 사고틀로 접근해서 해결할 수 없는 경우가 많다. 그런 경우 기존의 관점이나 지식에 물들지 않은 사람과 이야기하다 보면, 기존과 완전히 다른 관점에서 문제에 새롭게 접근하는 영감이나 새로운 아이디어가 떠오를 수 있다. 다양한 관점이나 배경을 가진 사람들과 이야기를 나누다 보면, 기존과 다른 새로운 관점이나 견해를 접하면서 예전에 미처 생각하지 못 했던 새로운 영감이나 아이디어가 떠오를 수 있다.

다른 사람과 직접 이야기하는 것이 어렵다면, 다른 사람이 쓴 책을 읽거나 그림, 영화 등을 보면서 새로운 영감을 얻을 수도 있다. 축구 경기의 새로운 전략을 찾고 싶을 때, 축구와 다른 럭비 팀의 감독과 이야기를 하거나 아니면 럭비 경기를 보면서 영감을 얻거나 새로운 아이디어를 찾는 것이다.

넷째, 새로운 아이디어를 실제로 활용할 수 있는지 확인하는 것이다. 앞의 방법들을 통해 기존과 다른 새로운 아이디어가 떠올랐다면, 그 아이디어를 현실에서 어떻게 활용할 수 있는지 시도해 보거나 실제로 활용할 수 있는 결과물로 만드는 것이다. 아무리 혁신적이고 좋은 아이디어라고 할지라도 실제로 활용할 수 없다면, 공상에 머물게 된다. 새로운 아이디어를 결과물로 만들면서 나타나는 문제들을 수정하거나 보완하면서 실제 생활에서 활용할 수 있는 산출물을 만드는 것이다.

▌창의적 사고 방법의 사례▐

- 장소나 위치를 바꾸기
- 마인드 맵, 비주얼 싱킹 등으로 정리하기
- 비전문가와 이야기
- 새 아이디어의 활용 가능성을 확인하기

그러면 기존의 사고틀 밖에서 창의적으로 사고하는 과정과 방법을 비행기, 헬리콥터, 멀티콥터/드론의 개발 사례를 통해 알아보자.

인간은 옛날부터 새의 날개를 흉내내어 비행하고자 시도했다. 고대 그리스의 신화에 따르면, 다이달로스와 이카로스가 새의 날개에서 깃털을 모아 실로 엮고 밀랍을 발라 날개를 만들어 하늘을 날아서 크레타 섬을 탈출했다. 그런데 이카로스가 너무 높게 날다가 태양열에 의해 밀랍이 녹으면서 날개를 잃고 바다에 떨어져 죽었다. 다른 한편 기원전 5세기경 중국에서는 묵자가 연을 통해 나는 것을 발명했다. 그 후 많은 사람들이 새의 날개를 모방하여 날고자 시도했으나 실패했다. 1505년 레오나르도 다빈치는 새와 박쥐의 비행을 연구하여 「새들의 비행」을 출간했고, 박쥐의 날개에 기초하여 하늘을 나는 날개, '오니솝터'(Ornithoter)를 발명했다. 이 책에 기초하여 조지 케일리 등 여러 사람들이 비행을 유지하기 위한 무게 대비 동력비의 원리, 양력의 원리를 발견

하고 비행할 수 있는 형태의 글라이더를 개발하는 데 기여했다. 이러한 비행의 원리에 대한 지식과 글라이더에 프로펠러 동력 장치를 결합하여, 1903년 라이트 형제가 비행기를 개발하였다.

라이트 형제도 처음에는 기존의 관점과 방식대로 새처럼 날개를 움직여서 나는 비행기를 만들고자 시도했다. 그런 시도는 비행기와 조종사의 무게를 이겨내지 못하기 때문에 실패했다. 그래서 라이트 형제는 기존의 관점과 사고틀을 바꾸어서 새의 날개를 흉내내는 것이 아니라 비행기와 조종사의 무게를 이겨내고 추진력을 얻을 수 있는 새로운 방법을 찾았다. '프로펠러'를 비행기 앞에 달아서 추진력을 얻는 방안이 시도되었다. 그 결과, 1903년 최초로 인간을 태우고 나는 비행기가 개발되었다. 그 후 1944년 추진력을 높이기 위해 프로펠러 대신에 새로운 '제트 엔진'이 개발되었다.

프로펠러이든 제트 엔진이든 비행기는 이륙할 때 추진력을 얻기 위해 긴 활주로가 필요했다. 그런데 긴 활주로 없이 이착륙할 수 있는 비행기가 필요했다. 기존의 관점이나 사고틀에서 벗어나서 새로운 방안을 시도하는 사람이 나타났다. 즉, 기존처럼 프로펠러를 비행기 앞에 설치하는 것이 아니라 발상을 전환해서 비행기 '위쪽에' 프로펠러를 설치하면 어떻게 될까? 그러면 긴 활주로가 필요없고 바로 이착륙이 가능할 것이다. 이렇게 해서 1933년 개발된 것이 '헬리콥터'이다.

그 후 기존의 관점이나 사고틀 밖에서 새롭게 접근하는 사람이 등장했다. 프로펠러를 비행기 위쪽에 하나가 아니라 '여러 개'를 설치하면 어떻게 될까? 프로펠러를 물체 위에 여러 개 설치하면, 그 만큼 추진력을 더 강화할 수 있고 안정된 비행을 할 수 있게 된다. 이렇게 2010년에 개발된 것이 멀티콥터(multicopter)—일상적으로 '드론'(Drone)이라고 부르는 것—이 개발되었다.

5. 창의적 사고는 훈련될 수 있을까?

최근 미래 사회에 필요한 역량으로 창의적 사고 또는 창의성이 매우 강조되고 있다. 인공지능(AI)과 비교할 때, 인간이 가진 장점이 창의성으로 간주되고 있다. 그러면서 창의성을 기르는 영재 교육이 유행하고 있다. 영재학교가 별도로 만들어졌고, 각 시·도 교육청과 대학은 영재교육반을 만들어 우수 학생을 모집하여 창의성을 기르는 교육을 하고 있다.

그런데 학교에서 창의적 사고 또는 창의성을 정말 가르칠 수 있을까? 창의적 사고가 훈련을 통해 향상될 수 있을까?

창의성은 기존의 정해진 지식이나 내용을 암기하는 것이 아니라 새로운 세상이나 관점을 경험함으로써 길러질 수 있다. 새로운 경험을 하는 방법에는 낯선 곳의 여행, 고전의 읽기, 전문가와 대화 등이 있다.

먼저 새로운 장소로의 여행은 우리에게 익숙한 일상에서 벗어나서 새로운 세상과 문화를 경험함으로써 기존의 생각의 틀과 관점을 바꾸고 확장하는데 도움을 준다. 여행이란 단순히 낯선 장소에 가는 것이 아니다. 아나톨 프랑스(Anatole France)가 말했듯이, "여행이란 단지 장소를 바꾸는 것이 아니라 우리의 생각과 편견을 바꾸는 것이다."

그런데 일부 사람들이 여행하는 방식처럼, 파리의 에펠탑이나 뉴욕의 자유 여신상처럼 유명한 장소에 가서 배경 사진을 찍고, 그 사진을 소셜 미디어에 올리는 일에 치중한다면, 그 나라와 장소를 진정으로 여행했다고 할 수 없다. 어떤 나라와 장소를 여행하면서 다른 사람들이 살아가는 다양한 모습과 새로운 문화에 대한 이해와 생각의 폭을 넓히지 못했기 때문이다. 그 사람은 단지 비행기 타고 가서 비싼 사진을 찍어서 그 장소에 갔다 왔다는 사실을 소셜 미디어에 자랑하는 것이다. 남은 것은 유명한 장소에서 찍은 사진뿐이다.

하지만 아나톨 프랑스가 말했듯이, 진정한 여행은 낯선 장소나 다른 나라에 갔다 오는 것이 아니라 다른 사람들의 삶의 모습과 문화를 보고 느끼면서 자신의 관점이나 생각의 틀을 넓히고 새로운 것을 받아들이며 포용하는 것이다.

다음으로 어떤 나라와 장소에 직접 가지 않더라도, 다른 사람의 다양한 관점과 생각을 접할 수 있는 방법이 바로 독서이다. 고전(古典)을 읽음으로써 우리는 오래전부터 중요하고 타당하게 여겨지는 관점과 아이디어를 접하고 이해할 수 있다. 고전을 읽는다는 것은 과거로 돌아가서 그 책을 쓴 당시 사람들과 간접적으로 만나서 대화하는 것이다. 다른 시대와 장소에 살았던 사람들과 책을 통해 이야기를 나눔으로써, 우리는 다양한 새로운 관점과 아이디어를 얻을 수 있다. 고전 읽기는 다양한 관점과 새로운 아이디어를 접하는 기회를 넓혀줌으로써 창의성을 계발하는 데 도움을 준다.

그래서 세인트 존스 대학(St. John's College)은 정해진 학과와 전공 없이 학생들이 4년 동안 고전 100권을 읽고 토론하는 교육과정으로 운영한다. 교수가 정해진 지식을 강의하는 것이 아니라 학생이 스스로 고전을 읽은 후 강의 시간에 테이블에 앉아 서로 토론한다. 교수는 튜터로서 학생들이 토론하는 것을 지원해 주고, 토론 과정을 평가한다. 토론에 참여하지 않는 학생들은 강의실에서 쫓겨나기도 한다. 고전 읽기와 토론 후에는 자신의 생각을 정리하여 에세이를 써서 제출한다(조한별, 2016).

학생들은 1학년에서 호메로스의 오딧세이, 플라톤의 메논과 국가론, 아리스토텔레스의 정치학, 니코마코스 윤리학 등을 읽고, 2학년 때 성경, 아퀴나스의 신학대전, 마키아벨리의 군주론, 데카르트의 방법서설, 세익스피어의 희극과 비극 등을 읽으며, 3학년에서 홉스의 리바이어던, 로크의 통치론, 루소의 사회계약론, 흄의 인성론, 칸트의 순수이성비판, 스미스의 국부론, 메디슨의 연방주의자 등을 읽고, 4학년 때 헤겔의 정신현상학, 마르크스의 자본론, 프로이트의 정신분석학 입문, 하이데거의 존재와 시간, 비트겐슈타인의 철학적 탐구 등을 읽는다.

이처럼 학생들은 4년 동안 고대 그리스부터 현대까지 철학, 사회과학, 역사, 문학 등 다양한 분야의 고전 100권 및 그와 관련된 책을 스스로 읽고 토론하면서 자기 생각과 주장을 정리하고 에세이를 쓴다. 학생들은 고전을 읽고 다양한 관점과 생각들을 접하면서 자기 생각을 정리하고, 토론을 통해 다른 사람들의 생각을 접하면서 자신의 생각을 넓히고, 자기 생각과 주장을 논리적으로 쓰는 능력을 기른다.

그다음 학기 말에 평가는 시험지에 정답을 쓰는 방식이 아니라 한 학기 동안 했던 토론과 에세이에 대한 교수들의 구두 평가로 이루어진다. 평가(The Don Rag Evaluation)는 담당교수들이 학생을 불러서 학생이 참여한 4~5개 과목에서 토론한 과정과 에세이 작성에 대해 평가한 내용을 교수별로 학생에게 공개적으로 알려주는 방식으로 진행된다. 이렇게 세인트 존스 학생은 4년 동안 고전 100권 및 관련된 책을 몇 백 권씩 스스로 읽고 비판적으로 토론하며 창의적으로 에세이를 쓴다. 그래서 세인트 존스 대학의 졸업생들은 창의성을 요구하는 구글, 마이크로 소프트, 메타 등 첨단 기업에서 가장 채용하고 싶어하는 인재로 주목받고 있다.

실제로 최근 창의성의 발달에 관한 연구들은 창의적 사고 자체가 아니라 창의성과 관련된 속성이나 하위 요소—확산적 사고, 독창성, 유창성 등—는 훈련을 통해 향상될 수 있음을 보여주었다. 창의적 사고는 다른 관점에서 문제를 바라보고, 브레인스토밍을 통해 자유롭고 다양하게 생각하여 다양한 아이디어를 제시하는 연습을 통해 길러질 수 있다. 그 아이디어가 좋은 대안인지 또는 실현 가능한지 등을 미리 걱정하지 말고, 완전히 다른 관점에서 새롭게 접근해서 다양하게 생각하면서 떠오르는 아이디어를 찾는 것이다.

멩순(Meng Sun), 왕민홍(Minhong Wang), 베게리프(Rupert Wegerif)는 고등학생이 확산적 사고 전략을 습득하고 과학적 창의성과 관련된 과제에 적용하는 훈련 프로그램의 효과를 조사했다. 이 조사 결과에 의하면, 확산적 사고 훈련 이후 학생들의 과학적 창의성의 수행 능력이 향상된 것으로 나타났다. 특히, 창의적 잠재력이 높거나 낮은 학생들은 사고 훈련으로 창의성이 모두 높아졌다. 또한 해당 영역의 지식 수준이 높은 학생들은 낮은 학생들보다 사고 훈련에서 더 많은 효과를 나타냈다(Meng Sun, et al., 2020: 5-15). 이 연구 결과는 창의성 교육에서 해당 영역의 지식과 사고 기능을 가르치는 것을 결합할 때 더 큰 효과가 나타날 수 있다는 점을 시사한다.

샤오징 웽(Xiaojing Weng) 등은 홍콩의 9학년 학생 70명을 대상으로 5개월 간 실제 문제에 기반한 메이커 교육이 창의성 신장에 미치는 효과를 연구하였다. 이 연구 결과에 따르면, 메이커 교육 프로그램은 과학 활동을 위한 참여, 탐구, 설명, 정교화 및 평가의 관점에서 학생의 창의성을 다양한 방식으로 신장시키는 것으로 나타났다. 이 연구는 실제 문제에 기반한 메이커 활동이 어떻게 새로움(novelty), 유용성(utility), 미학(aesthetics), 진정성(authenticity) 측면에서 학생들의 창의성을 얼마나 촉진하는지를 보여주었다(Xiaojing Weng, et al., 2022: 4-13).

다른 한편 배어(J. Baer)는 7학년 학생 79명을 대상으로 확산적 사고 훈련의 효과를 실험했다. 실험 학생들은 시 쓰기 과제와 관련된 확산적 사고 훈련을 받았다. 이 훈련을 받은 후, 실험 학생들은 훈련받지 않은 학생들보다 시 쓰기 과제에서 창의성이 더 크게 향상되었다. 하지만 이야기 쓰기 과제에서는 유의미한 차이가 나타나지 않았다(Baer, 1996: 183-187). 마찬가지로 다른 연구 논문들은 창의성 관련 기능이 과제별로 다를 수 있음을 보여주었다. 창의성 관련 기능은 훈련을 통해 발달할 수 있지만, 훈련받은 특정한 영역이나 과제에서 제한적으로 효과가 있으며, 훈련받지 않은 다른 영역 또는 과제로 창의성이 전이되는 것은 아니라는 사실을 알려준다.

우리나라의 연구에서도 창의성 교육이나 훈련이 효과가 있는 것으로 나타났다. 이경화와 양혜진은 3~5세 유아 47명을 대상으로 프로젝트 수업이 창의성 발달에 미치는 효과를 연구하였다.

이 연구 결과에 의하면, 창의적 사고기법 활용 프로젝트 수업은 창의성을 향상시키는 데 효과가 있는 것으로 나타났다. 즉, 프로젝트 수업은 유창성, 융통성, 독창성, 상상력 같은 창의적 사고 능력과 호기심, 모험심, 민감성 같은 창의적 성격을 향상시키는 데 효과적이었다(이경화 · 양혜진, 2015: 37-44).

이미숙 등은 중학생 5명을 대상으로 한국사에서 마인드맵 수업이 창의적 사고에 미치는 효과를 분석했다. 이 분석 결과에 따르면, 마인드맵 수업은 창의적 사고를 향상시키는 데 효과가 있는 것으로 나타났다. 마인드맵을 시행하는 횟수가 증가할수록, 창의적 사고의 유창성이 증가한 것으로 나타났다. 창의적 사고 중 정교성과 독창성의 증가는 일부 참여자에게만 나타났지만, 유창성은 모든 참가자에서 증가되었다. 즉, 마인드맵 수업이 학생의 창의적 사고에 긍정적인 영향을 미쳤다(이미숙 외, 2019: 8-18).

외국과 우리나라의 창의성 효과 관련 연구 결과들을 종합해 보면, 창의적 사고 또는 창의성 자체를 교실 안에서 가르치고 배우는 것은 어렵지만, 창의적으로 생각하는 방법이나 전략을 가르치고 훈련시킬 수 있다. 어떤 영역이나 과제에서 창의적으로 생각하는 방법이나 기능을 배우면, 그 영역이나 과제에서 창의성이 향상될 수 있다. 그러므로 창의성의 하위 기능이나 요소와 관련해 맞춤형 창의성 교육 프로그램을 개발하고 훈련하는 것이 중요하다. 이런 훈련과 연습을 통해 창의적으로 생각하는 방법을 체득하면, 그만큼 창의적 사고나 창의성이 발달할 것이다.

연습문제

( )학과 이름:

❑ 기존의 관점과 방식에서 벗어나서 생각의 틀을 바꾸어서 창의적으로 생각하는 능력을 연습해 보자.

1. 다음의 그림에서 3개의 직선을 그려서 9개의 네모 상자를 연결해 보라. (단, 한번 시작한 직선이 중간에 끊어지면 안 된다.)

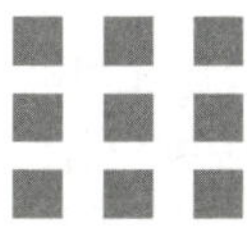

Tips!

이 문제를 기존의 관점이나 사고방식 안에서 관행적으로 생각하면, 해결할 수 없다. 기존의 사고틀에서 벗어나서 새로운 관점이나 방식에서 접근하면, 즉 창의적으로 생각하면 해결할 수 있다.

2. 다음의 사회 문제를 창의적으로 해결하는 방안을 제시해 보라.

> 수업 시간에 떠들고 장난치는 학생에 대해 A 교사는 학생에게 주의를 주었다. 그러나 학생은 계속 다른 학생에게 장난치면서 수업을 방해하였다. 그래서 교사는 그 학생을 불러서 다시 주의를 주었는데, 학생이 교사에게 'XXX' 욕을 하면서 대들었다. 교사가 학생을 저지하는 과정에서 학생을 밀쳤는데, 학생이 넘어지면서 다쳤다. 이에 학부모가 교사를 아동학대 또는 폭행으로 고소하였다. 경찰이 학교에 출동해, A 교사를 연행해 갔다.

Tips!

기존의 관점이나 사고방식 안에서 해결 방안을 생각하면, 교권보호위원회에서 해당 학생이나 보호자를 조치하도록 요청하는 것이다. 하지만 기존의 법과 제도 안에서 교권보호위원회는 해당 학생이나 보호자에게 주로 서면 사과 또는 봉사활동 등 가벼운 조치를 하게 된다.

그래서 2024년 7월 한길리서치가 서울 지역 교사와 시민 각각 1,000명을 설문 조사한 결과에 의하면, 교권 보호 5법 시행 이후에도 학교 현장에서 교육활동 보호에는 변화가 없다고 응답한 교사가 84.1%에 달했고, 일반 시민 74.2%도 교권이 보호되지 않는다고 답했다(뉴시스, 2024. 7. 8).

이 문제를 효과적으로 해결하기 위해서는 기존의 사고틀에서 벗어나서 새로운 관점이나 방식에서 접근하여 기존과 다른 새로운 대안을 찾아야 한다. 즉, 창의적으로 생각하여 문제의 새로운 해결 방안을 제시해야 한다.

CHAPTER

06

AI 시대 논리적 글쓰기 방법

1. 논리적으로 글 쓰는 방법

그러면 인공지능(AI) 시대에 글을 논리적으로 잘 쓰려면, 어떻게 해야 하는가? 그림을 잘 그리려면, 색칠하기 전에 먼저 어떤 것을 그릴지 생각하고, 그에 따라 그림의 윤곽을 대략적으로 그린다. 그다음 밑그림(sketch)한 것에 색칠하며 그림을 완성한다. 또한 멋지고 튼튼한 건물을 지으려면, 먼저 주변 환경을 고려해 어떤 건물을 지을지 설계도를 잘 작성해야 한다. 설계도가 잘못되면, 아무리 많은 시간과 비용을 들여 건축하더라도 나중에 문제가 생겨서 건물이 무너지게 된다.

그림을 그리기 전에 밑그림을 그리거나 건물을 짓기 전에 설계도를 만드는 것처럼, 글을 논리적으로 잘 쓰려면, 먼저 기존과 다르게 어떤 주장을 새롭게 할 것인지 생각해야 한다. 그리고 그 주장을 뒷받침하기 위해 어떤 근거와 자료를 제시하고 그에 기초해 결론을 어떻게 맺을 것인지를 정해야 한다. 이렇게 글을 논리적으로 잘 쓰기 위해서는 먼저 '글의 개요'를 작성해야 한다.

글의 개요는 나의 주장, 주장을 뒷받침할 근거 및 그와 관련된 자료, 객관적 근거와 자료에 기초한 결론으로 구성된다. 먼저 내가 어떤 주장을 할 것인지 정하고, 그 주장을 뒷받침하기 위해 어떤 자료를 찾아서 근거를 제시할 것인지 결정하고, 객관적 근거와 자료에 의거해 결론을 어떻게 도출할 것인지에 대해 밑그림을 그리는 것이다. 이렇게 글의 개요를 만들면, 그 주장에 적합한 근거 자료를 찾아서 글을 논리적으로 쓰면 된다. 그래서 글의 개요를 잘 작성하면, 그에 따라 글을 쓰는 것은 어렵지 않다.

글의 개요를 작성할 때, 새로운 관점에서 접근해 기존과 다른 방법이나 해결 방안을 제시하면서 참신한 주장을 제시해야 한다. 이때 창의적 사고가 필요하다. 창의적 사고는 어떤 문제에 대하여 다른 관점에서 바라보고 기존과 다르게 접근해 새로운 해결 방안을 제시하는 것이다. 기존에 이미 알려진 내용이나 여러 사람들이 했던 주장을 비슷하게 반복하면, 아무리 타당한 근거를 제시하더라도 다른 사람들이 인정하거나 공감하기 어렵다. 이런 이유에서 어떤 문제나 주제에 대하여 기존과 다른 관점에서 접근하여 참신한 해결 방안을 제시하는 창의적 사고가 필요하다.

그리고 창의적인 주장을 정했다면, 그와 관련된 객관적 자료를 찾아서 타당한 근거로 제시하며 자기 주장을 정당화하는 글을 써야 한다. 이때 비판적 사고가 필요하다. 비판적 사고는 나의 주장과 그것을 뒷받침할 근거가 논리적으로 적합한지, 수집한 자료가 정말 사실인지, 근거와 자료가 내 주장을 지지해 줄 수 있는지 등을 정확하게 따져 보는 것이다. 비판적으로 따져 보지 않으면, 사실이 아닌 자료를 근거로 잘못 사용할 수 있고, 내 주장에 논리적으로 적합하지 않은 근거나 자료를 잘못 제시할 수 있다. 그런 자료와 근거는 내 주장을 타당하게 뒷받침하지 못한다.

이처럼 글의 개요에서 나의 주장을 정하고, 내 주장을 뒷받침할 자료와 근거를 찾고, 그에 기초해 결론을 도출하는 과정에서 창의적 사고와 비판적 사고가 중요하다. 창의적이고 비판적인 사고를 통해 나의 주장을 뒷받침할 자료와 근거를 잘 찾아서 개요를 작성하면, 그에 따라 글을 쓰는 것은 어렵지 않다.

글은 나의 생각이나 주장을 문자로 표현하여 다른 사람들과 소통하고 공유하기 위한 것이다. 말(speech)과 달리, 글은 직접 보며 대화하기 어려운 사람들에게 자신의 생각이나 주장을 전달하기 위한 의사소통의 수단이다. 다른 사람들이 인정할 수 있는 주장과 그에 적합한 객관적 자료와 근거를 제시하면, 시·공간을 초월해 많은 사람들이 그 주장에 공감하고 공유할 것이다.

다른 사람들이 공감할 수 있는 글을 쓰기 위해서는 창의적으로 주장을 정하고, 그 주장을 뒷받침할 자료와 근거를 찾아 비판적으로 제시하면서 논리적으로 글을 써야 한다. 자료와 근거를 제시할 때, 다른 사람의 글을 무단으로 베끼기나 짜깁기 하면 안 되고, 관련 자료나 사실 등을 조작해서는 안 된다. 다른 사람의 주장을 인용하거나 다른 기관이 조사한 자료나 근거를 사용할 때는 반드시 출처를 정확하게 밝혀야 한다. 내 주장과 다른 사람의 주장을 명확하게 구별해 제시하고, 근거나 자료는 누가 어떻게 조사한 것인지를 정확하게 제시해야 한다. 자료의 조사 방법과 출처를 정확하게 표시할 때, 그 자료를 신뢰할 수 있고, 그런 신뢰할 만한 자료에 의거해 뒷받침하려는 주장이 타당하고 설득력 있는 것으로 인정될 수 있다.

자료의 조사 방법과 출처 표시의 경우에 어떤 기관이 언제 누구를 대상으로 어떤 방식으로 조사했는지를 밝히고, 그 조사 결과를 설명한 후 문장의 끝부분에 출처를 표시하면 된다. 예컨대,

자료의 조사 방법과 출처는 다음과 같이 표시하면 된다.

> 한국청소년정책연구원이 2023년 7월 전국의 초 · 중 · 고등학생 8,796명을 대상으로 설문 조사한 결과에 따르면, 인권 존중도는 가정이 96.2%, 학교가 94.0%로 매우 높게 나타났다. 또한 학교 규칙 개정 시 학생 참여 정도는 82.6%, 사상 및 양심의 자유는 92.6%가 보장받고 있다고 응답했다. 반면에 1년에 한 번 이상 차별 받은 경험은 학업 성적 13.8%, 외모 및 신체 조건 14.8%, 성별 13.6%, 나이 13.3%로 나타났다. 교사로부터 모욕적인 말(욕설)을 들은 경험은 11.2%, 체벌 경험은 4.6%로 낮게 나타났다(유민상 외, 2023: 78-156).

다른 학자나 전문가의 주장을 근거로 제시할 경우, 누가 어떤 근거에 의거해 주장했는지를 서술하고, 그 인용 문장의 끝부분에 출처를 표시하면 된다.

> 백과사전이나 사회 교과서는 다수결이 민주주의의 원칙이라고 제시했지만, 다수결은 민주주의의 기본 원칙이 아니라 단지 의사결정의 규칙이다. 민주주의는 구성원이 공동체 문제에 대해 토론과 협의의 과정을 통해 합의에 도달하는 과정이다. 하지만 충분한 토론과 협의를 했음에도 불구하고 합의에 이르지 못할 경우에, 불가피하게 의사결정을 위해 선택하는 방식이 다수결이다. 다수결은 결정할 문제의 중요도에 따라 과반수 찬성, 5분의 3 찬성, 3분의 2 찬성 등 다양하게 적용될 수 있다(박상준, 2020: 107-110).

반면에 다른 사람의 주장을 특별히 강조해서 직접 인용할 경우, 문단을 바꾸어 다른 글자체로 제시하고 출처를 표시하면 된다.

> "근대 시민혁명의 주도 세력들은 민중이 지배에 참여하는 것을 두려워했고, 그래서 다수의 민중이 지배하는 민주정치 대신에 소수의 엘리트 집단 중에서 선거를 통해 대표자를 선출해 지배를 위임하는 공화정치를 도입했다. 시민혁명은 혈통으로 세습되는 왕이 통치하던 군주정치를 선거로 뽑은 소수 대표자가 지배하는 공화정치로 바꾸어 놓았을 뿐이다. …… 선거를 통해 주권을 대표자에게 위임하기로 동의했으므로, 소수 대표자가 국가 권력을 갖고 지배하는 대의 정치가 된다. 그래서 오늘날 선거를 통해 선출된 대표자가 시민을 대신하여 지배하는 정치 형태를 '대의 민주주의'(representative democracy)라고 부른다."
> (박상준, 2010: 122, 124).

이것이 논술에서 요구되는 기본 윤리이다. 이런 논리적 글쓰기에서 다른 사람의 주장이나 자료를 제시할 때는 저작권을 존중하고 보호하는 것이 중요하다. 「저작권법」 제10조는 글, 그림, 음악 등의 저작물에 대한 권리, 즉 저작권은 저작물을 창작한 때부터 바로 발생하고, 동법 제39조는 저작 재산권은 저작자의 사망 후 70년 간 존속한다고 정하고 있다. 이런 저작물을 무단으로 복제, 배포, 대여할 경우에, 동법 제136조는 5년 이하의 징역 또는 5천만 원 이하의 벌금에 처하도록 규정했다.

그래서 2006년 서울중앙지방법원은 학교의 중간·기말고사의 시험문제에 대하여, "출제 교사가 교과서, 참고서 등을 일부 발췌하거나 변형하였더라도 새롭게 문제를 만들기 위해 노력하였고, 문제의 질문이나 답안의 표현에 최소한도의 창작성을 인정할 수 있다면, 학교 시험문제는 저작권법에 의하여 보호되는 저작물에 해당한다"라고 결정했다(서울중앙지방법원, 2006.10.18. 선고, 2005

가합73377). 이 판결에 따르면, 출제 교사 또는 학교법인 등의 허가없이 학원이나 사교육업체가 무단으로 학교의 시험 문제지를 복제하여 학생들에게 유료로 판매한 것은 저작권을 침해한 것으로 저작권법 제136조에 의거해 처벌받게 된다.

그러면 구체적으로 글의 개요를 어떻게 작성해야 하는지 알아보자.

2. 글의 개요 작성하기

앞에서 설명했듯이, 논술에서 논리적으로 글을 쓰려면, 어떻게 쓸 것인지 밑그림을 잘 그려야 한다. 글의 개요는 밑그림으로서 나의 주장, 근거와 자료 수집, 결론, 제목으로 구성된다. 글의 개

▌글의 개요▐

주장	나의 주장을 '한 문장'으로 명료하게 서술한다.
근거/이유	내 주장을 뒷받침할 타당한 근거나 이유를 제시한다. 근거 1) 근거 2) 근거 3) ⋮
자료수집	근거와 관련된 객관적 자료를 어디에서 어떻게 찾을지 조사한다. 자료 1): 도서관 → 책, 보고서 등 조사 근거 2): 인터넷 → 통계자료, 논문, 언론 기사 등 검색 근거 3): 역사적 사건, 실제 사례 등 조사 ⋮
결론	타당한 근거와 자료에 기초해 내 주장을 구체화해서 결론을 서술한다.
제목	글에 적합한 제목을 정한다.

요를 작성할 때, 어떤 주장을 할 것인지, 그 주장을 정당화하기 위해 어떤 근거를 제시할 것인지, 또 어떤 자료를 근거로 제시할 것인지, 그래서 근거와 자료에 기초해 결론을 어떻게 도출할 것인지 전체적인 윤곽을 정리해야 한다.

밑그림으로서 글의 개요를 작성하는 과정과 방법을 구체적으로 알아보자.

첫째, 주장의 결정이다.

어떤 주제나 문제에 대하여 무엇을 주장을 할 것인지 정하려면, 먼저 그것이 왜 문제가 되고 지금까지 그 문제를 어떻게 해결해 왔는지 등을 파악해야 한다. 예컨대, 우리 사회는 출산율이 급격히 낮아지면서 학령 인구가 감소하고 있다. 그에 따라 교육부는 초·중등학교의 교사 정원을 축소하고 있다. 이것이 왜 문제가 되고, 그동안 정부와 기업, 사회가 이 문제를 해결하기 위해 어떤 정책과 노력을 해왔는지를 이해해야 한다.

문제에 대해 충분히 인식했다면, 그 문제에 대하여 어떤 관점이나 입장에서 접근할 것인지를 정해야 한다. 기존에는 어느 관점에서 어떻게 접근해서 문제를 해결하고자 했는지 그리고 어떤 이유에서 적절하게 해결하지 못했는지 등을 파악해야 한다.

저출생 문제에 대하여, 교육부는 행정편의주의 관점에서 저출생으로 학령 인구가 감소하기 때문에, 그에 비례하여 교사의 정원을 감축하는 정책을 추진하고 있다. 하지만 교사단체와 학부모단체들은 학생의 학습권 보장 입장에서 학급 당 학생 수를 줄여서 질 좋은 교육 환경을 만들고 학생의 학습권을 보장하도록 교사의 정원을 오히려 증대해야 한다고 주장한다. 그러면 나는 어떤 관점에서 저출생과 학령 인구 감소 문제에 접근하고, 그 문제를 해결하기 위해서 어떤 주장을 전개할 것인지를 충분히 생각해야 한다.

이처럼 우선 글을 쓰고자 하는 주제나 문제의 핵심이 무엇인지 파악한다. 그리고 문제의 원인이나 이유를 조사하고 다른 관점이나 입장에서 새로운 해결 방안을 찾는다. 문제의 해결책은 실현 가능한 대안으로 찾아야 한다. 그래야 다른 사람들을 설득하고 공감을 얻을 수 있다.

그다음 내 주장을 정할 때는, 그 문제와 관련된 자신의 경험이나 기존에 알고 있는 지식에 기초하여 참신한 해결 방안을 제시해야 한다. 또는 기존과 다른 관점에서 문제에 접근하여 새로운 해결 방안을 제시할 수도 있다. 예를 들면 많은 사람이 시청한 '더글로리' 드라마의 경험을 통해 학교 폭력 문제의 심각성을 제기하고, 학교 폭력의 해결 방안을 인성교육에서 찾아야 한다고 주장할 수 있다.

[리더스 프리즘] 학폭 해법, 정답은 인성교육

넷플릭스 드라마 '더글로리'가 인기를 끌면서 학교 폭력 문제가 또다시 사회적인 이슈로 등장했다. 드라마 주인공은 학창 시절 심각한 학교 폭력을 당했고, 철저히 준비해 훗날 가해자에게 복수하는 스토리다. 때마침 국가수사본부장 임명 과정에서 아들의 학교 폭력이 드러났고, 서울대에 입학한 사실이 알려지면서 국민적 공분을 사고 있다.

출처: 중앙SUNDAY 오피니언, 2023. 3. 18.

둘째, 근거의 제시이다.

무엇을 주장을 할 것인지 정했다면, 타당한 근거나 이유에 의거해 내 주장을 정당화해야 한다. 그래서 내 주장을 뒷받침하기 위하여 모두가 인정할 수 있는 합리적이고 타당한 근거를 제시해야 한다. 학문적으로 널리 인정된 이론이나 연구 결과, 통계자료, 실제로 일어난 사건이나 사실 등을 조사하여 자기 주장해 지지해 줄 타당한 근거로 제시할 수 있다.

셋째, 자료의 수집이다.

근거에 기초해 내 주장을 정당화하기 위해서는 주장-근거의 관계에 적합한 자료를 제시해야 한다. 내 주장을 뒷받침하는 근거와 관련 자료를 어디에서 어떻게 찾을지 정한다. 관련 자료는 도서관에서 책이나 논문을 찾거나 인터넷에서 통계자료, 언론 기사, 실제 사례 등을 찾을 수 있다. 관련 자료를 찾았다면, 누가 언제 어떤 방법으로 조사한 자료인지, 조사 결과는 신뢰할 만하고 타당한지, 그래서 내 주장을 뒷받침하기 위해 적합한 자료인지 등을 비판적으로 따져 보아야 한다. 자료를 비판적으로 분석하고 평가했을 때, 자료의 내용을 신뢰할 수 없거나 나의 주장을 뒷받침할 근거로 적합하지 않다면 폐기하고 새로 적합한 자료를 찾아야 한다.

예컨대, 어떤 주장을 뒷받침하기 위해 다음과 같은 자료를 찾은 경우에, 이 자료가 객관적으로 타당한지 비판적으로 평가해 보자.

[가] 통계청,〈인구상황판〉의 출생률 사망률 통계 자료
https://kosis.kr/visual/populationKorea/PopulationDashBoardMain.do

[나] 박대권, "학령인구 감소에 따른 학교 및 학급수 정책". 〈교육비평〉 42호.

[다] "학령인구 감소에 교대 정원 감축 논의 시작". EBS 뉴스 12, 2024.2.15.

[라] "(사설) 감사원장까지 18명째 탄핵, 민주당의 '윤 정부' 존재 부정". 조선일보, 2024.11.30.

자료 [가]는 국가기관인 통계청에서 매년 전국의 가구를 조사한 자료를 발표한 것이므로 신뢰할 수 있는 통계자료이다. 이런 자료는 내 주장을 뒷받침할 타당한 자료로 사용할 수 있다.

자료 [나]는 개인이 잡지에 쓴 '개인적 주장'이기 때문에, 일반적으로 인정할 수 있는 사실이나 지식이라고 할 수 없다. 그러므로 내 주장을 뒷받침할 객관적 자료로 사용하기 어렵다. 이런 개인적 주장이나 견해를 내 주장의 근거로 제시할 때는 주의가 필요하다.

자료 [다]는 방송에서 통계청과 교육부 등에서 확인한 자료에 의거하여 학령 인구의 감소와 그에 따른 교육부의 정원 감축 정책 추진을 보도한 것이다. 이런 사실적 보도 자료는 내 주장을 뒷받침할 객관적 자료로 사용할 수 있다.

그러나 방송이나 신문에서 보도한 내용을 모두 객관적 자료로 사용할 수 있는 것은 아니다. 자료 [라]는 특정 신문사의 논설위원이 쓴 '개인적 의견'이므로 일반적으로 인정될 수 있는 객관적

사실이 아니다. 조선일보의 사설은 민주당이 감사원장까지 포함해 18명을 탄핵했으므로, 윤석열 정부를 부정했다고 주장했다. 그러나 그 전에 윤 대통령이 국회에서 가결한 법률안 21건(김건희 여사 특별검사법 등)에 대해 거부권을 행사하여 국회의 입법권을 무시했다는 사실은 전혀 언급하지 않았다.

우리 헌법은 국회에 입법권(헌법 제40조)을 부여했고, 대통령에게 법률안의 재의 요구권(헌법 제52조)을 부여했다. 이렇게 국회와 정부(대통령)가 서로의 권한을 나눠 행사함으로써 국가권력을 남용하지 못하게 상호 견제하도록 하는 것(권력분립)이 민주주의의 기본 원리이다. 그럼에도 불구하고 조선일보 사설은 대통령이 헌정사상 처음으로 국회의 법률안을 과도하게 거부하여 국회의 입법권을 무력화한 사실과 왜 18명이 탄핵되었는지의 이유에 대해서는 전혀 언급하지 않았다. 그러면서 한쪽 입장에서 국회가 고위 공무원 18명을 탄핵한 사실만을 제시하며 민주당이 윤 정부를 부정하고 있다는 편파적인 주장을 제기하였다. 이런 편파적이고 왜곡된 자료를 내 주장을 뒷받침할 객관적 자료로 사용하는 것은 타당하지 않다.

넷째, 결론의 도출이다.

조사한 객관적 자료와 근거에 기초하여 나의 주장을 보다 구체적으로 제시한 것이 결론이다. 주장은 객관적 자료와 근거를 조사하기 전에 어떤 문제나 주제에 대하여 임의적으로 자신의 생각을 제시하는 것이다. 반면에 결론은 객관적 자료와 타당한 근거를 조사한 후 그에 의거하여 보다 구체적이고 실현 가능한 대안을 제시하는 것이다. 이런 점에서 주장과 결론은 구별될 수 있다.

다섯째, 제목의 선정이다.

내 주장을 뒷받침할 객관적 자료와 근거를 조사하고 그에 기초하여 결론을 정했다면, 그 주장과 결론을 종합하여 다른 사람들이 내 글에 관심을 갖고 읽고 싶은 마음이 생기도록 제목을 지어야 한다. 제목을 정하는 방법에는 크게 요약법과 질문법이 있다.

요약법은 내 주장과 결론의 '핵심 내용'을 요약하여 제목을 정하는 것이다. 예컨대, "우리도 미국처럼 건국절을 만들자" 또는 "학급당 학생수 줄여서 교원 정원을 늘려야 한다" 같이 내 주장과 결론의 핵심 내용을 요약해 제시할 수 있다. 반면에 질문법은 내 주장의 핵심을 직접 제시하기 보다는 내 글에 대하여 독자가 관심을 갖거나 궁금증이 생기도록 질문 형태로 제시하는 것이다. 예컨대, "미국엔 건국절 있는데, 우리나라에는?" 또는 "학령 인구가 감소하면, 교사 정원도 따라 줄여야 할까?"처럼 질문 형태로 제시할 수 있다.

Tips! 논리적 글쓰기 기술

논술을 잘 하는 방법에 지름길이나 편한 길은 없다. 여러 관점에서 다양하게 생각해 보고 많이 써 보는 방법 밖에 없다. 글을 쓰면 쓸수록 글 쓰는 능력은 향상된다. 다만 글을 잘 쓰는 작가들이 자신의 경험에 비추어 제시한 글쓰기 위한 전략을 몇 가지 소개하면 다음과 같다.

■ 문장의 주술 관계(주어+술어)를 명확하게 하라.

얼굴을 마주 보고 이야기할 때는 주어를 생략해도, 그 말의 의미와 내용을 이해할 수 있다. 이해가 안 되면, 말하는 사람에게 바로 물어보면 된다. 그러나 글에서는 그렇게 할 수 없다. 글에서 주어가 생략되면, 누가 무엇을 이야기하는 것인지 분명하지 않아 그 의미를 정확하게 파악하기 어렵다. 주어와 술어 관계가 명확하지 않으면, 필자가 어떤 주장을 하는 것인지 그리고 무슨 의미인지를 독자가 이해하기 어렵다.

■ 문장은 짧게 쓰라. 한 문장이 '2줄' 이상 넘지 않게 짧게 쓰라.

한 문장이 길어지면, 주어-술어의 관계가 불분명해지고, 무엇을 말하고자 하는지 모호해질 가능성이 많다. 또한 문장이 길어지면, 서로 다른 내용과 의미가 한 문장에 섞여서 혼란을 초래할 수 있다. 그러므로 한 문장에는 하나의 주장과 의미만 포함되도록, 문장은 가능한 짧고 간결하게 쓰는 것이 바람직하다.

> "짧은 글은 한 가지 주제로 작성되어야 하며, 그 안에 모든 문장들이 그 주제와 일맥상통해야 한다."
>
> – 에드거 앨런 포 –

■ 독창적인 아이디어를 제시하라.

최근 K-팝, K-드라마, K-푸드 등이 전 세계 사람들에게 큰 관심과 호응을 얻고 있다. 이처럼 가장 '한국적인 것'이 가장 세계적인 것이 될 수 있다. 한강 작가는 「작별하지 않는다」, 「소년이 온다」 등으로 2024년 12월 노벨문학상을 받았다. 이 소설은 다른 나라에 없는 제주 4・3사건과 5・18 광주민주화운동을 다룬 것이다. 그렇지만 여러 나라 사람들이 읽고 공감하였다.

> "당신만이 전할 수 있는 이야기를 쓰라. 너보다 더 똑똑하고 우수한 작가들은 많다."
>
> – 닐 게이먼 –

■ 글을 쉽고 명료하게 쓰라.

> "글을 쓸 때 누군가에게 이야기 한다고 상상하라. 그 사람이 지루해 자리를 뜨지 않도록 글을 쓰라."
>
> – 제임스 패터슨 –

■ 여러 차례 읽고 수정하고 보완하라. 글을 계속 고칠수록, 글은 좋아진다.

링컨 대통령은 A4 반 분량의 '게티즈버그 연설문'을 7회 수정하였다. 이 연설문은 민주주의의 의미와 정부의 기능에 대해 설명하는 유명한 글이 되었다.

> "글쓰기는 죽치고 앉아서 쓰는 수밖에 없다. 나는 「무기여 잘 있거라」를 총 39번 새로 썼다."
>
> – 헤밍웨이 –

■ 많이 읽고 많이 써 보라.

우리가 머리 속에 생각하는 것과 그 생각을 글로 쓰는 것은 다른 일이다. 창의적인 아이디어를 생각하는 것도 중요하지만, 글을 잘 쓰려면, 좋은 책을 많이 읽고 글을 많이 쓰는 연습을 해야 한다. 글을 많이 쓰면 쓸수록 글쓰는 능력은 향상된다.

> "만약 글을 잘 쓰고 싶다면, 많이 읽고 많이 써 보라."
>
> – 스티븐 킹 –

연습문제

( )학과 이름:

❑ 기존의 관점과 사고 방식에서 벗어나서 관습적 사고틀을 바꾸어서 창의적으로 생각하는 능력을 연습해 보자. 다음 글을 읽고 글의 논증의 구조를 비판적으로 분석하시오.

> [리더스 프리즘] 학폭 해법, 정답은 인성교육
>
> 중앙SUNDAY 오피니언, 2023. 3. 18.
>
> 넷플릭스 드라마 '더 글로리'가 인기를 끌면서 학교 폭력 문제가 또다시 사회적인 이슈로 등장했다. 드라마 주인공은 학창 시절 심각한 학교 폭력을 당했고, 철저히 준비해 훗날 가해자에게 복수하는 스토리다. 때마침 국가수사본부장 임명 과정에서 아들의 학교 폭력이 드러났고, 서울대에 입학한 사실이 알려지면서 국민적 공분을 사고 있다.
>
> 국내에서 학폭에 대해 강력 대응을 시작한 것은 2012년 2월에 발표된 '학교 폭력 근절 종합대책'이었다. 2011년 11월 발생한 대구 중학생 자살사건에서 비롯됐다. 그 이전에 학교 폭력은 아이들의 성장통이라고 인식하는 경향이 있었고, 누구나 학교 폭력을 경험할 수 있지만 참고 견뎌야 한다고 여겨왔다. 대구 사건 이후 마련된 학폭 근절 대책은 미국의 '무관용 원칙'을 적용해 사소한 괴롭힘도 폭력이고, 폭력은 범죄라고 선언했다. 학폭 가해 사실은 학교생활기록부에 기재돼 상급학교 진학 과정에 불이익을 주는 방안이 시행됐다. 적잖은 성과도 있었지만 근절 대책이란 이름과 달리 학폭은 지금도 근절되지 않고 있다.
>
> 학교 폭력은 유형이 복잡하고, 피해의 심각성 수준도 다양하다. 전국의 학교에서 경미한 학교 폭력이 거의 매일 발생한다. 2019년 8월 '학교폭력예방법'을 개정하면서 경미한 학교 폭력에 대해 통일적인 잣대를 마련했다. '2주 이상의 진단서 발급이 없고, 피해가 즉각 복구되고, 지속적이지 않으며, 보복행위가 아닌' 사안에 대해서는 피해 학생과 보호자의 동의를 전제로 학교장이 교육적으로 해결할 수 있도록 법률에 명시했다.

최근 학교 현장에서 중대한 학교 폭력 사건이 계속 터지고 있다. 국민적 우려를 반영한다면 더 엄격한 조치를 고려해야 하는 상황이다. 이는 가해 학생에 대해 엄하게 처분을 내린다는 응보적 관점이 아니라 엄격한 조치를 통해 경각심을 높이고 학교 폭력을 예방하는 효과를 거두기 위한 것이다. 가해 학생에 대한 조치를 강화하는 방향은 크게 3가지다. 첫째, 학교 폭력 조치의 학생부 기재를 더욱 강화하는 방법이다. 지금은 졸업과 동시에 기록을 삭제하거나 졸업 직전 심의를 거쳐 삭제하는데 만약 학교 폭력이 반복된 경우에는 일정 기간 기록을 유지하는 것이 대안이다. 경미한 학교 폭력이더라도 반복적이고 습관적으로 학교 폭력을 가하는 학생에 대해 경종을 울리는 의미가 있을 것이다. 둘째, 학교 폭력이 지속해서 반복되는 경우에 대해서는 가중처벌을 강화하는 방안이 있다. 지금도 일부 가중처벌을 하고 있지만, 반복적 폭력, 보복 형태의 폭력에 대해 처벌을 더 강화하는 것이 필요하다. 셋째, 학교 폭력 조치 사항에 대해 대입 반영을 강화하는 방안이 있다. 수시의 경우에는 졸업 전이기 때문에 학교 폭력 기록에 대한 반영이 잘 이뤄진다. 반면 정시의 경우에는 학생부 기록이 반영되지 않는 경우가 있어 이를 강화하는 방안이 필요하다. 학생부 기재 사항의 보존 기간을 늘리면 대입 반영 효과를 더 높일 수 있다.

학교에 다니는 모든 아이가 학교 폭력의 피해자가 될 수도 가해자가 될 수도 있다. 피해 학생과 가해 학생 모두 우리의 아이들이다. 중대한 학교 폭력이 발생하지 않도록 처벌을 강화하는 것이 중요하지만, 더 중요한 것은 사소한 괴롭힘도 발생하지 않도록 예방하는 것이다. 사소한 언어폭력이나 따돌림 · 사이버폭력도 모두 피해 학생에게는 평생 기억되는 트라우마가 될 수 있다. 학교 폭력이 없는 평화롭고 행복한 학교는 강력하고 지속적인 예방 교육만이 해법이다. 나 자신을 잘 이해하고 상대방을 최대한 존중하는 습관을 기르는 인성교육이 가장 좋은 답이다. 학교 폭력에 엄정하게 대처해야 하는 것은 기본적 명제이지만, 모든 조치를 강하게만 하는 것이 능사는 아니다. 누구나 실수를 할 수 있고, 그 실수가 반복되지 않도록 하는 것이 교육이기 때문이다.

정제영(이화여대 교육학과 교수 · 미래교육연구소장)

출처: 중앙SUNDAY https://www.joongang.co.kr/article/25148089

1. 이 칼럼에 활용된 '논증의 구조'를 비판적으로 분석하시오.

주장	
근거/이유	
결론	

2. 정 교수 논증의 문제점을 비판적으로 평가하시오.

논증의 형식	논증의 형식 또는 구조에 문제가 있는가?
근거의 타당성	근거는 진실인가? 근거는 주장을 뒷받침하는 데 타당한가?
결론의 적합성	근거와 자료에 일치되도록 결론이 도출되었는가?

□ 학교 폭력의 해결 방안 또는 딥페이크 범죄의 해결 방안에 대해 글을 쓰려고 한다. 아래와 같이 〈글의 개요〉를 작성해 보시오.

주장	
근거/이유	
자료수집	
결론	
제목	

PART

02

주제별 논술 자료와 글쓰기 연습

CHAPTER
07

인생과 행복

1. 행복에 대한 이해

■ 행복의 의미

모든 사람이 행복을 원한다. 그래서 여러 학문과 학자들이 행복이 무엇인지를 연구하고 매우 다양하게 정의하고 있다. 다양한 견해들을 종합하면, 행복(happiness)은 자기 삶에 대해 긍정적으로 평가하며 삶에 만족하는 상태이다. 삶에 대한 긍정적인 평가와 태도를 포함한다는 점에서 행복은 단순히 감정적 측면에서 즐거움이나 기쁨이 아니라 전반적인 삶에 대한 긍정적 평가와 만족감이라 할 수 있다.

이런 측면에서 행복은 단순한 즐거움이 아니라 신체적·정신적으로 건강하고 평안하게 존재하는 것(well-being)이며 자기 삶에 만족하는 상태이다. 여러 연구들에 따르면, 행복은 긍정적인 삶의 경험과 연결되고, 더 높은 수준의 행복을 경험하는 사람은 신체적·정신적 건강 상태가 더 좋으며, 사회적 관계가 더 다양하고, 어려움을 극복하는 회복력이 더 강한 것으로 나타났다.

■ 동·서양의 행복관의 차이

고대 그리스에서 행복(eudaimonia)은 문자적으로 '좋은 정신

상태'를 가리키고, 웰빙, 번영의 의미로 사용되었다. 아리스토텔레스(Aristoteles)는 「니코마코스 윤리학」에서 시민의 행복이 무엇이고 어떻게 행복을 얻을 수 있는가에 대하여 논하였다. 그에 의하면, 인간 삶의 목적이 행복인데, 행복은 사람의 본성이 탁월하게 실현된 상태이다. 인간의 고유한 기능인 지적인 덕과 윤리적 덕을 탁월하게 수행하는 상태가 좋은 삶이고, 좋은 삶을 사는 상태가 바로 행복이다. 따라서 각 시민이 행복을 추구하도록 돕는 것이 국가의 목적이고 중요한 역할이다(아리스토텔레스, 2022: 35-36, 39-40).

반면에 고대 중국에서 행복(幸福)은 문자적으로 '좋은 복 또는 운'을 의미했다. 좋은 복이란 공동체 속에서 화목한 인간관계를 맺으며 조화롭게 사는 것으로 생각되었다. 가족과 공동체의 생활을 중요시했기 때문에, 다른 구성원들과 화목한 인간관계를 유지하며 조화롭게 사는 것이 강조되었다. 즉, 개인의 지적 덕과 좋은 삶보다는 공동체 속에서 다른 사람들과의 '화목한 관계'와 '조화'를 이룬 상태를 행복으로 간주하였다.

그래서 도덕적 본성을 잘 함양하여 다른 사람들과 더불어 조화롭게 살아가는 덕성으로서 인(仁)과 예(禮)을 강조하였다. 가화만사성(家和萬事成)이란 격언에서 나타나듯이, 가족 구성원 간에 화목한 관계를 형성해야 사회에서도 다른 사람들과의 관계를 잘 형성하고 모든 일이 잘 된다라고 믿었다.

이처럼 고대 그리스와 중국에서 행복에 대한 관념과 기준이 서로 달랐다. 리처드 니스벳(R. E. Nisbett, 2021)의 해석에 따르면, 그 이유는 자연환경의 차이에서 발생한다. 중국은 평야와 강이 많아서 농사에 적합했다. 옛날의 벼농사에는 많은 노동력이 필요했고 공동 작업이 요구되었기 때문에, 농사를 잘 지어 생존하기 위해서는 가족 간 화목과 공동체 구성원들 간의 협력이 중요했다. 그래서 사람들 간의 화목과 조화, 사람들과 관계에서 지켜야 할 도리로서 인과 예를 중요시하게 되었다.

반면에 고대 그리스는 바다에 둘러싸여 있으며 산지가 많고 지중해성 기후이기 때문에, 주로 목축과 무역이 발달했다. 목축이나 무역은 다른 사람들과의 공동 작업보다는 개인의 선택과 노력이 중요했다. 그래서 사람들 간의 화목과 협력보다는 개인의 지적 덕목과 합리적 선택 능력이 강조되었다.

■ 사회적 관점에서 행복

오늘날 행복은 여러 가지 관점에서 다양하게 이해된다. 행복경제학자들은 행복의 철학적·윤리적 측면보다는 인구의 평균적인 행복도를 측정하는 것에 관심을 갖는다. 이런 관점에서 여러 단체들에서 세계 각 국가의 행복도를 조사하여 '행복지수'로 발표하고 있다.

2006년 영국 신경제재단(NEF)은 기존 국내총생산(GDP) 통계가 사람들의 행복과 삶의 질을 측정하는 데 한계가 있다고 보고, 진정으로 행복한 삶을 측정하기 위해 '지구 행복 지수'(Happy Planet Index)를 개발했다. 신경제재단에서 이어받아 최근에는 Hot or Cool Institute(HCI)가 147개국의 기대 수명, 삶의 만족도, 1인당 탄소발자국을 평가하여 지구 행복 지수 보고서를 발표하고 있다. 이 보고서에 따르면 2021년 지구 행복 지수는 주로 북유럽과 서

유럽 국가들이 높았다.

다른 한편 행복지수에 대한 국제적 관심이 높아지면서, 2007년 OECD는 평균 행복, 행복 수명, 행복의 불평등, 불평등 조정된 행복 영역별로 각 국가의 총행복지수를 측정하기도 했다. 그리고 유엔 산하의 지속가능발전해법네트워크(Sustainable Development Solutions Network)은 매년 143개국의 1인당 GDP, 사회적 지원, 건강 기대 수명, 자유, 관용, 부패 6개 요소를 평가하여 세계 행복 보고서를 발표하고 있다. 세계 행복 지수는 1인당 GDP와 사회적 지원을 반영하기 때문에, 북유럽과 서유럽, 북미 국가의 행복지수가 높게 나왔다. 반면에 칠레, 필리핀 등 아시아와 남미 국가들은 낮게 나왔다.

여러 기관의 행복지수를 살펴보면, 행복의 평가 요소에 따라 행복의 정도가 다르게 나타나고 있다. 주관적 삶의 만족도, 1인당 탄소발자국을 평가한 지구 행복 지수의 경우에, 칠레(10위), 필리핀(21위) 등은 매우 높게 나왔지만, 뉴질랜드(42위), 스위스(48위), 미국(102위) 등은 매우 낮게 나타났다. 반대로 사회적 지원, 자유, 부패 등을 평가한 행복지수의 경우에, 스위스(9위), 뉴질랜드(11위), 미국(23위) 등은 매우 높게 나왔지만, 칠레(38위), 필리핀(53위) 등은 낮게 나타났다.

우리나라는 빠르게 경제성장을 하면서 2024년 1인당 GDP는 36,132달러(29위)로 스페인, 일본보다 높았다. 하지만 지구행복지수는 38점(76위), 세계 행복 지수는 6.058(52위)로 우리보다 1인당 GDP가 낮은 코스타리카, 칠레, 필리핀보다 행복도가 낮게 나타났다.

❚ 1인당 GDP (2024) ❚

국가	1인당 GDP (미 달러)	순위	국가	1인당 GDP (미 달러)	순위
룩셈부르크	135,321	1	프랑스	48,012	22
스위스	106,098	2	뉴질랜드	47,072	23
노르웨이	90,434	4	대한민국	36,132	29
미국	86,601	6	스페인	35,789	30
덴마크	69,273	9	일본	32,859	35
네덜란드	67,984	10	코스타리카	17,860	59
스웨덴	57,213	14	칠레	16,365	62
독일	55,521	16	필리핀	4,154	126
핀란드	54,774	17	인도	2,698	140
영국	52,423	20	네팔	1,381	160

자료: IMF. GDP per capita, current prices(2024)

심리적 관점에서 보면, 소득/재산, 지위, 권력 등 외적 조건보다는 내적인 만족을 중요시하는 사람들이 더 행복한 것으로 나타났다. 대학 졸업 후 사람들의 행복도를 조사한 자료에 의하면, 경쟁과 결과를 중시하는 사람들은 목표를 달성했지만, 외적 성과를 중요시함으로써 타인과의 경쟁과 시기심으로 인해 성취감은 금방 사라졌다. 대신에 다른 사람들과 비교하면서 불안감, 수치심, 화 같은 기분을 자주 느꼈고, 건강도 좋지 않은 것으로 나타났다. 반면에 내면의 만족을 추구하는 사람들은 타인과 비교하지 않으면서 스트레스를 덜 받았고, 다른 사람들과 잘 지내며 좋은 기분을 많이 느끼는 것으로 나타났다(서울대학교 행복연구센터, 2015).

| 2021 지구행복지수 |

국가	HPI 점수	순위
바누아투	57.9	1
스웨덴	55.9	2
코스타리카	54.1	4
덴마크, 스페인	53.0	6
프랑스	52.0	9
칠레	51.3	10
네덜란드	50.7	14
노르웨이	50.5	15
핀란드	49.8	16
영국	49.5	19
필리핀	49.0	21
독일	45.7	35
뉴질랜드	43.4	42
스위스	42.9	48
일본	42.7	49
부탄	42.3	50
대한민국	38.0	76
미국	32.1	102
인도	27.8	121

자료: HCI, The Happy Planet Index 2021 Results.

| 2023 세계행복지수 |

국가	행복지수	순위
핀란드	7.74	1
덴마크	7.58	2
스웨덴	7.34	4
네덜란드	7.32	6
노르웨이	7.30	7
스위스	7.06	9
뉴질랜드	7.03	11
코스타리카	6.96	12
영국	6.75	20
미국	6.73	23
독일	6.72	24
프랑스	6.61	27
스페인	6.42	36
칠레	6.36	38
일본	6.060	51
대한민국	6.058	52
필리핀	6.048	53
네팔	5.16	93
인도	4.05	126

자료: SDSN, World Happiness Report 2024.

■ 소득과 행복의 관계

우리는 보통 소득이 높을수록 또는 돈이 많을수록, 그만큼 더 행복할 것이라고 생각한다. 과연 그러할까? 이스털린(R. A. Easterlin,

❑ 아리스토텔레스의 행복 관련 글을 읽고 논증의 구조를 비판적으로 분석해 보자.

행복은 무엇이고 어떻게 행복을 얻을 수 있는가?

우리는 그 자체로 추구할 만한 가치가 있는 것을 최종적인 것이라고 말한다. 어떤 다른 것을 위해 바라지 않고 그 자체로 바라는 것이 최종적인 것이다. 다른 무엇보다도 행복(εὐδαιμονία, eudaimonia)이 그렇게 최종적인 것이다. 행복은 다른 것을 위해 선택하지 않고 언제나 그 자체로 선택하기 때문이다. … 최종적으로 좋음(ἀγαθόν, agathon)—대상의 본질이 실현된 최선의 상태—은 자족적인 것이다. 오직 그것만으로 선택할 만한 삶이 되고 부족한 것이 전혀 없는 것을 자족(自足)이라고 한다. 우리는 행복이 바로 그런 것이라고 생각한다. 행복은 최종적이고 자족적인 것으로 모든 행위의 목적이다. …

좋음은 외적 좋음, 정신의 좋음, 신체의 좋음 세 종류로 구분된다. 그 중에 정신의 좋음을 최고의 좋음이라고 부르고, 이를 정신의 행위나 활동과 관련된 좋음으로 정의한다. 좋음에 대한 우리의 정의는 좋음에 대한 오래된 견해와 철학자들이 동의하는 견해와 부합한다는 점에서 타당하다. 또한 행복한 사람은 잘 살고 잘 행한다고 사람들이 생각하는 것도 우리의 정의와 부합한다. 우리는 행복을 실질적으로 잘 살고 잘 행하는 것으로 정의했기 때문이다. …

그러므로 행복은 학습이나 습관 또는 다른 훈련을 통해 얻을 수 있는가 아니면 신(神)이 나누어 주는 것이거나 우연에 의해 얻는 것인가라는 질문이 제기된다. … 덕성(ἀρετή, arete)—탁월성—이 행복이라면, 행복은 아주 많은 사람의 것이 될 수 있다. 덕성을 행하는 것이 불가능한 사람을 제외하면, 모든 사람이 학습과 노력으로 행복해질 수 있기 때문이다. …

앞에서 행복이 덕성에 따른 정신의 활동이라고 정의했다. 나머지 좋음 중에서 어떤 것은 행복을 위해 반드시 있어야 하고, 어떤 것은 협력하고 돕는 것들로 행복의 수단이 된다. 이것은 우리가 맨 처음에 말한 것과도 부합한다. 처음에 우리는 정치의 목적은 가장 좋음을 얻는 것에 있고, 정치가 가장 주력해야 할 일은 시민을 특정한 성품을 지닌 사람, 즉 고귀한 행동을 할 수 있는 좋은 시민으로 만드는 것이라고 말했기 때문이다. …

행복은 완전한 덕성에 다른 정신의 활동이므로, 덕성에 대해 살펴보아야 한다. 그래야 행복에 대해 더 잘 알 수 있기 때문이다. 또한 우리는 행복이 정신의 활동이라고 말한다. 눈을 치료하는 의사는 몸 전체에 대해서 알아야 하는 것처럼, 정치가는 정신의 활동에 대해 알아야 한다. … 덕성도 정신의 구분에 따라 여러 종류로 구분된다. 철학적 지혜 실천적 지혜 같은 덕성은 지적 덕이고, 온화, 절제 같은 덕성은 윤리적 덕이다. 우리는 한 사람의 도덕적 성품에 대해 말할 때, 그 사람이 지혜롭거나 명석하다고 말하는 대신에 그 사람이 온화하거나 절제한다고 말하고, 그런 성품을 칭찬한다. …

우리는 행복이 인간의 고유한 목적이라고 규정했다. 지금까지 말한 것을 요약하면 행복에 관한 논의가 더 간결해질 것이다. 행복은 활동이라고 규정해야 한다. 행복은 그 자체로 선택할 만한 활동 중 하나이지만, 다른 것을 이루기 위해 선택하는 활동 중의 하나는 아니다. 행복은 그 자체로 충분하고 결핍된 것이 없어서 다른 것을 이루려는 활동이 아니기 때문이다. …

행복한 삶은 덕성에 따른 삶으로 생각된다. 그런 삶은 놀이를 즐기는 삶이 아니라 열심히 노력하는 삶이다. 우리는 즐겁게 노는 것보다 진지하게 일하는 것이 더 좋다고 말한다. 더 좋은 것의 활동이 더 우월하고 행복에 더 가깝다. 행복은 놀이 같은 신체적 즐거움을 누리며 시간을 보내는 것이 아니라 덕성에 따른 활동에 있기 때문이다. 행복이 덕성에 따른 활동이라면, 그중에서 최고의 덕성을 따른 것이다. 최고의 덕성은 인간을 구성하는 것들 중에서 가장 좋음과 관련된 덕성이다. 자신의 고유한 덕성에 따라 행하는 활동이 곧 완전한 행복이다. …

또한 행복은 여유로운 삶에 있다. 우리가 분주하게 일하는 것은 여유로운 삶을 누리기 위한 것이고, 전쟁하는 것은 평화롭게 살기 위한 것이기 때문이다. … 따라서 덕성에 따른 활동 중에서 정치적 행위나 전쟁과 관련된 행위는 고귀함과 위대함에서는 뛰어나다. 하지만 그런 행위는 여유로운 삶이 아니라 분주한 활동에 속하고, 어떤 목적을 지향하며 그 자체로 좋은 것은 아니다. …

반면에 이성의 활동은 관조적인 활동으로 진지하고 그 활동 외에 다른 목적을 추구하지 않으며 고유한 즐거움이 있다. 또한 자족(自足)과 여유, 싫증이 없는 삶을 비롯해 행복한 사람에게 주어진 모든 것이 인간에게 가능한 범위 내에서 그런 활동에 따라 나온다. 그렇다면 이런 이성의 활동이 일생에 거쳐 이루어진다면, 그 활동은 인간의 완전한 행복일 것이다. …

지성에 따라 활동하고 지성의 소리를 경청하는 사람이 가장 좋은 저어신 상태에 있으며, 신(神)으로부터 가장 많이 사랑받는 사람이다. 신이 인간사에 관여한다면, 신은 그들과 가장 유사한 상태를 기뻐할 것이다. 즉, 신(神)은 지성을 가장 사랑하고 덕스럽게 행동하는 사람을 고귀하게 여기고 상을 줄 것은 당연하다. 그리고 철학적 지혜를 가진 사람이 그런 사람이라는 것은 매우 분명하다. 따라서 철학적 지혜를 가진 사람이 신으로부터 가장 많이 사랑을 받을 것이고, 그런 사람이 가장 행복한 사람이라는 사실은 분명하다. 이처럼 지혜를 가진 사람이 가장 행복한 사람이다.

출처: 아리스토텔레스/박문재 옮김(2022). 「니코마코스 윤리학」. 현대지성. 제1권 7-9, 13장, 35-44, 53-57쪽, 제10권 6-8장, 397-403, 409쪽에서 발췌.

1. 아리스토텔레스의 글에 활용된 논증의 구조를 분석하시오.

주장	
근거/이유	
결론	

2. 아리스토텔레스 논증의 문제점을 비판적으로 평가하시오.

논증의 형식	논증의 형식 또는 구조에 적합하게 구성했는가?
근거의 타당성	근거는 참 또는 진실인가? 근거가 주장을 뒷받침하는 데 타당한가?
결론의 적합성	근거와 자료에 일치되도록 결론이 도출되었는가? 결론이 참신하고 실현 가능한가?

▣ 러셀, 「행복의 정복」(1930)

영국의 철학자 버트런드 러셀(B.W. Russel)은 1930년대 현대인이 왜 행복하지 못한지를 철학적으로 분석하였다. 그의 분석에 따르면, 자본주의 사회에서 생존 경쟁의 철학에 오염되었기 때문에 현대인은 불행하다고 진단했다. 그 밖에 불행의 원인을 불합리한 죄책감, 피해망상 등으로 제시했다. 이런 불행을 극복하여 행복을 가는 길은 자신의 일과 삶에 열정과 사랑을 갖는 것이라고 주장했다. 열정이 행복으로 만들기 때문에, 자신의 노력으로 얻을 수 없는 것은 체념하고 행복을 얻기 위해 열정을 갖고 노력하라고 제안했다.

❑ 러셀의 행복 관련 글을 읽고 논증의 구조를 비판적으로 분석해 보자.

경쟁의 철학에 오염된 세상 / 열정이 행복을 만든다

미국에서 만난 사람들에게 또는 영국에서 사업하는 사람들에게 즐겁게 사는 것을 방해하는 것이 무엇이냐고 물어보라. 그들은 '생존 경쟁'이라고 대답할 것이다. 어떤 측면에서 보면 옳은 말이지만, 다른 측면에서 보면 대단히 잘못된 말이다. … 사람들이 흔히 쓰는 생존을 위한 경쟁이란 말은 실제로는 '성공'을 위한 경쟁을 의미한다. …

사업가는 회사일을 하는 동안 백 미터 경주에 나선 사람과 비슷한 심리 상태에 있다. 그는 자신의 아이들에 대해 무엇을 알고 있는가? 평일에는 사무실에서 보내고, 주말에는 골프장에서 지낸다. 또한 그는 아내에 대해 무엇을 알고 있는가? 아침에 아내 곁을 떠날 때 그의 아내는 자고 있다. 저녁 시간 내내 그와 아내는 사교상 의무를 감당해야 하기 때문에, 개인적인 대화는 나누지 못한다. …

친밀한 관계를 매고 싶어서 서로 친절을 주고받는 상대는 많지만, 소중한 친구는 거의 없다. 그가 봄 여름에 대해서 아는 것은 계절이 시장에 미치는 영향에 관한 것뿐이다. 그는 여러 나라를 둘러보았지만, 지루한 눈으로 구경했을 것이다. 그에게 책은 무익한 것, 음악은 고상한 척하기 위한 것이다. 해가 갈수록 그는 점점 외로워진다. 그이 관심은 사업에 집중되고 그 밖의 생활은 점점 무기력해진다. …

사업가의 종교와 명예는 그에게 많은 돈을 버는 것을 요구한다. 더 행복하게 살고 싶다면, 이 사업가는 종교를 바꿔야 한다. 단지 성공을 갈망하는 것에서 그치지 않고 성공을 추구하는 것은 남자의 의무이므로 성공을 추구하지 않는 남자는 가엾은 존재라는 확고한 신념을 가지는 한, 이 사업가는 지나치게 사업에 집중하고 지나치게 걱정거리가 많은 삶을 사느라 결코 행복을 누릴 수 없을 것이다. …

일반적으로 현대인은 돈이 생기면 더 많은 돈을 벌고 싶어 하며, 돈이 많은 것을 과시하면서 비슷하게 살던 사람들을 따돌린 채 호화롭게 살기를 원한다. 미국의 경우에 사회 계층이 고정되어 있지 않고 변하기 때문에, 돈이 있다고 품위 있는 사람이 되는 것은 아니지만, 돈이 없는 사람이 품위 있게 사는 것도 어려운 일이다. 심지어 그가 번 돈의 규모는 그 사람의 두뇌를 측정하는 척도가 된다. 돈을 많이 번 사람은 똑똑한 사람이고 그렇지 못한 사람은 바보 취급을 받는다. …

문제는 경쟁에서 이기는 것이 행복의 중요한 원천이라고 지나치게 강조하는 것이다. 성취감이 행복에 도움을 준다는 것을 부정하지 않는다. 또한 일정한 시점까지는 돈이 행복을 증진시킬 수 있다는 사실도 부정하지 않는다. 하지만 일정한 시점을 넘어서는 경우에 그렇지 않다. 성공은 행복의 한 가지 요소에 불과하기 때문에, 나머지 요소들을 모두 희생한다면 지나치게 비싼 대가를 치른 것이다. …

유럽에서는 단지 돈을 버는 것에 대한 경쟁은 특정한 계층에 한정되는데, 그렇다고 해서 그 계층이 사회적 · 정치적으로 가장 영향력이 있거나 가장 존경받는 것은 아니다. 불행히도 미국의 상황은 유럽과 다르다. 그래서 미국의 전문직은 고유한 생활양식을 확립하지 못하고, 유럽과 달리 사업가를 따라가고 있다. 부유한 계층은 경제적 성공을 위해 살벌한 경쟁에 내몰리고 있다. 미국의 청소년은 어릴 때부터 '경제적 성공'만이 중요한 것이라고 생각하며, 경제적으로 가치가 없는 교육에는 신경쓰지 않으려고 한다. …

과거 귀족이나 신사의 여유로운 생활양식과 달리, 요즘 부유한 사람들은 책을 읽지 않는다. 유행하는 베스트셀러 책을 구입해 서재에 꽂아두지만, 그 책을 모두 읽은 사람은 드물고 대부분 일부만 읽거나 요약된 내용만 읽는 경우가 많다. 책을 읽었다고 자랑하기 위해서 읽는다. 또한 자기 이름을 알릴 목적으로 미술관을 만들 때에도 그림을 고르는 일은 미술 전문가에게 맡긴다. 그가 그림으로 인해 얻는 즐거움은 그림을 감상하는 데서 얻는 것이 아니라 다른 부자가 그 그림을 소유할 수 없게 하고 자기만이 그림을 소유했다는 것에서 오는 만족감에서 나온다. 성공 자체를 인생의 목표로 삼는 한, 이런 불행한 사태는 피할 수 없다. …

인생에서 중요한 것으로 간주되는 경쟁은 지나치게 냉혹하고 필요 이상으로 몸을 혹사시킨다. 이런 경쟁이 삶의 철학이 되는 시기는 한두 세대에 지나지 않는다. 그 시기가 지나면, 경쟁은 신경의 피로를 초래하고 여러 가지 도피 현상을 일으키며 쾌락 추구를 어려운 일로 만들어서 재생산이 이루어지지 못해 재고가 바닥나는 지경에 이를 것이다. 경쟁의 철학 때문에 오염되는 것은 일뿐만이 아니라 여가도 마찬가지이다. 여가는 권태로운 것으로 여기게 된다. 결국 여가의 경우에도 종착점은 마약 복용이나 탈진 상태가 될 것이다. 이 병을 치료할 수 있는 방법은 건전한 즐거움을 인생의 균형 잡힌 이상형으로 받아들이는 것이다. ……

이 장에서 나는 행복한 사람들이 지닌 일반적이고 분명한 특징인 '열정'에 대해 다루고자 한다. … 어떤 열정이 불행의 원천이 되지 않기 위해서 도를 넘어서는 안 될 몇 가지 요소들이 있다. 그것은 건강을 유지하는 것, 자신의 능력을 전체적으로 유지하는 것, 생계유지에 충분한 소득을 유지하는 것, 처자식에 대한 의무 같은 근본적인 사회적 책임을 완수하는 것이다. … 고대 그리스인 가졌던 중용에 대한 원칙이 이런 경우를 모두 포괄한다. 밤에 체스 게임을 한다는 기대에 부풀어 일을 열심히 하는 사람은 행복하지만, 하루 종일 게임을 하기 위해 자기 일을 소홀히 하거나 직업을 버린 사람은 중용의 덕을 잃어버린 것이다. …

열정을 가로막는 장애물을 뛰어넘으려면, '건강과 활력'이 갖고 있어야 한다. 그렇지 않은 경우에 일 자체에 즐거움을 찾을 수 있는 직업을 갖고 있어야 한다. … 열정을 유지하기 위해서는 일에 필수적으로 요구되는 것보다 많은 활력이 필요하고, 이런 활력을 얻으려면 심리적 기능이 원만하게 작동할 수 있어야 한다.

출처: 버트런드 러셀/이순희 옮김(2005), 「행복의 정복」. 사회평론. 'Ⅰ-3. 경쟁의 철학에 오염된 세상' 50-62쪽, 'Ⅱ-11. 열정이 행복을 만든다' 172-189쪽에서 발췌.

1. 버트런드 러셀의 글에 활용된 논증의 구조를 분석하시오.

주장	
근거/이유	
결론	

2. 버트런드 러셀 논증의 문제점을 비판적으로 평가하시오.

논증의 형식	논증의 형식 또는 구조에 적합하게 구성했는가?
근거의 타당성	근거는 참 또는 진실인가? 근거가 주장을 뒷받침하는 데 타당한가?
결론의 적합성	근거와 자료에 일치되도록 결론이 도출되었는가? 결론이 참신하고 실현 가능한가?

3. 행복 관련 논술하기

■ '행복' 주제와 관련하여 글의 개요를 작성하고, 논리적으로 글 쓰는 연습을 해보자.

▶ 글의 개요 작성하기

주장	
근거/이유	
자료 수집	
결론	
제목	

▶ 글의 개요에 의거해 관련 자료를 찾아 글을 써 보자.

CHAPTER

08

현대 자본주의와 돈

1. 돈에 대한 이해

▪ 돈의 개념

돈(money) 또는 화폐는 사물의 가치를 나타내는 척도이다. 돈은 가치 척도로서 시장에서 재화나 서비스의 교환을 매개해 주고 가치 또는 재산을 저장하는 도구이다. 돈은 보통 다른 재화나 서비스와의 교환 매체, 계산 단위, 가치 저장 수단으로 사용된다.

▪ 돈의 역사

아주 먼 옛날에 사람들은 물물 교환을 통해 필요한 것을 거래했다. 그런데 무거운 물건을 들고 가서 교환하는 것에는 여러 가지 제약과 불편이 따랐다. 그래서 물건 대신에 조개껍질, 보석 등을 사용하여 물건을 교환하였다. 조개껍질은 여러 사람들이 부정하게 만들어져서 교환에 혼란을 일으킬 수 있었고, 보석은 양이 한정되어 많은 사람들이 자유롭게 교환의 매개물로 사용하기 어려웠다.

그래서 청동 기술이 발달하면서 기원전 3000년경 메소포타미아에서 조개껍질 대신에 '세켈'(shekel)이란 동전(금속 화폐)가 등장하였다. 기원전 600년경 리디아인들은 금이나 은으로 만든 화폐,

즉 금화와 은화를 사용했다. 7세기 중국의 송나라에서 상품 교환의 지불을 약속하는 종이 어음인 '교자(交子)'가 처음으로 발행되었으며, 동전과 함께 사용되었다. 이 종이 화폐(紙幣)는 13세기에 마르코 폴로 등에 의해 유럽에 알려졌다.[1] 유럽에서는 1661년 스톡홀름 은행에서 약속어음이 처음 발행되었다. 그 후 17~19세기에 통화로 사용하던 금화를 지폐가 대체하게 되었다.

최근 인터넷과 블록체인 기술이 발달하면서 2000년대 초반에 디지털 화폐(digital money)가 개발되었다. 비트코인은 최초로 국가의 허가 없이 발행된 디지털 통화 시스템이다. 이러한 시스템은 암호화 기술과 경제적 인센티브의 결합으로 달성되었다. 2008년 비트코인이 발행되었는데, 2025년 1월 31일 비트코인(BTC) 1개당 1억 6,000만 원에 거래되었다. 2015년에 이더리움이 발행되어서 NFT 거래 등에 사용되고 있는데, 2025년 1월 31일 이더리움(ETH) 1개당 470만 원에 거래되었다. 그러나 비트코인 같은 암호 화폐는 아직까지 시장에서 가치의 공통 척도로서 교환 매체로 보편적으로 사용되지 못하기 때문에 공식적인 화폐(돈)이라고 보기는 어렵다.

■ 돈의 기능

윌리엄 제번스(William. S. Jevons)는 1875년 「화폐와 교환의 매커니즘」에서 화폐의 기능을 교환 매체, 가치의 공통 척도, 가치

1) 중국 송나라 때 지불을 약속하는 어음을 '종이'에 기록하여 사용했고, 그것이 유럽에 전파되었기 때문에, 동전과 비교하여 지폐(paper money)라고 부르게 되었다. 그러나 오늘날 지폐는 종이가 아니라 특수한 천에 인쇄하는 방식으로 만들어진다.

기준, 가치 저장 4가지로 제시하였다. 그 후 제프리 잉햄은 2004년 「돈의 본성」에서 교환 매개체로서 돈은 추상적 가치의 측정 수단, 가치의 지불 수단, 가치의 저장 수단이라는 특징을 갖는다고 제시했다(잉햄, 2014: 153-159). 이런 논의를 종합하여 아스문드슨과 오너(I. Asmundson & C. Oner)는 2012년 '돈이란 무엇인가?' 논문에서 돈을 기능을 교환 매체, 계산 단위, 가치 저장 3가지로 제시했다.

교환 매체(medium of exchange)는 사람들이 무엇을 사고팔 때 돈을 매개로 사용하는 것을 의미한다. 돈 또는 화폐가 재화와 서비스의 교환을 매개하는 데 사용될 때, 화폐는 교환 매체로서 기능을 수행한다. 따라서 화폐는 물물교환 시스템의 비효율성을 극복할 수 있게 해준다.

계산 단위(unit of account)는 가격에 대한 공통 기준을 제공하는 것을 가리킨다. 시장에서 사람들이 재화나 서비스를 거래할 때, 그 상품의 가치가 어느 정도인지 돈(화폐)을 단위로 하여 서로 동의하는 것이고, 그 돈의 가치가 급격히 떨어지지 않고 유지되는 것이다. 돈이 이런 특성과 기능을 유지할 때, 시장에서 돈을 통한 거래가 지속될 수 있다.

가치 저장(store of value)은 사람들이 가치를 저장하고 나중에 사용할 수 있다는 것을 의미한다. 가치 저장소 역할을 하려면, 돈은 안정적으로 저장, 보관, 회수될 수 있어야 하며, 회수될 때 교환 매체로 사용할 수 있어야 한다. 또한 돈의 가치는 시간이 지나도 안정적으로 유지되어야 한다. 그런데 높은 인플레이션이 발생하여 화폐의 가치가 감소하면, 가치 저장으로서 돈의 기능이 약화된다.

독일의 초인플레이션(Hyperinflation) 사례처럼, 물가가 과도하게 상승하면 돈의 가치가 급락하면서 교환 매체와 가치 저장 수단으로서 기능을 못 할 수 있다. 제1차 대전에서 패한 독일은 전쟁 배상금으로 1,320억 마르크를 지불하게 되었다. 독일이 마르크화 발행을 늘려 달러를 구입해 배상금을 지불하면서, 마르크의 가치는 급격히 떨어졌다. 1922년 전반기에 1달러당 약 320마르크에서 1922년 12월에 1달러당 7,400 마르크로 하락했으며, 1923년 11월에는 1달러당 4,210,500,000,000마르크로 폭락했다. 1922년 말 베를린에서 빵 한 덩이 가격이 160마르크였는데, 1923년 말에는 200,000,000,000마르크로 폭등했다. 수레에 마르크화를 가득 싣고 가야 겨우 빵 한 조각을 살 수 있었다. 이처럼 물가가 1,250억% 상승하는 초인플레이션이 발생하면서 독일 마르크화는 돈(화폐)으로서 가치를 상실했다.

■ 현대 자본주의 사회와 돈의 힘

시장에서 누가 어떻게 돈을 벌었는지 따지지 않고, 그 돈(화폐)의 가치는 동일하게 평가되고 다른 상품과 교환된다. 돈을 버는 방법과 수단, 소유한 사람이 누구인지와 전혀 관계없이, 돈은 사람들 밖에 객관적으로 존재하고 가치를 보유하기 때문이다. 오늘날 자본주의 사회에서는 돈만 있으면, 거의 모든 것들과—심지어 사람의 목숨과 사랑까지도—교환할 수 있게 되었다.

그래서 노동시장이나 결혼 시장, 사회적 관계에서 어떤 사람의 가치는 그가 버는 소득(재산)에 의해 평가된다. 사람의 능력은 곧 그가 버는 소득이나 재산에 의해 평가된다. 사람 그 자체가 아니라 그가 버는 돈이나 소득에 의거해 그 사람의 가치가 평가되는 현실이다.

하워드 프리드먼(H.S. Friedman, 2021)은 자본주의 사회에서 모든 대상에 가격이 매겨지고 거래되는 것처럼, 인간의 생명에도 가격/가치(value)가 매겨지는 현실을 여러 가지 사례를 통해 잘 보여주었다. 이처럼 오늘날 자본주의 사회는 사람의 생명도 화폐 가치로 계산하여 돈으로 대신 교환하는 것이 일반화되었다. 우리나라 민법 제752조는 "타인의 생명을 해한 자는 피해자의 직계존속, 직계비속 및 배우자에 대하여는 재산상의 손해 없는 경우에도 손해배상의 책임이 있다"라고 규정하고 있다.

나아가 돈은 경제 영역뿐만 아니라 대의 민주주의에서 선거를 통해 정치에도 개입하고 커다란 영향을 미치고 있다. 선거에 막대한 돈이 지출되기 때문에, 결국 기업(자본가)와 부자들의 돈이 선거에서 유력한 후보자에게 전달된다. 대통령, 국회의원 등 대표자는 당선된 이후에도 사무실과 직원을 유지하고 정치활동을 하는 데 많은 비용이 필요하다. 이런 선거 자금과 정치 비용을 자본가와 부자들이 후원한다. 그에 따라 대표자는 일반 국민의 이익과 공동체의 이익(공동선)이 아니라 정치 자금을 제공하는 자본가와 부자들을 위해 일하고 그들에게 유리한 법과 정책, 조세 제도를 만들게 된다.

우리나라의 경우 선거에서 대통령 후보자는 3억 원, 국회의원 후보자는 5천만 원을 후보자로 등록할 때 기탁금으로 내야 하고, 선거운동의 비용은 대통령이 5천억 원 이상, 국회의원은 20~30

억원 이상 지출한다. 미국의 경우 2016년 대통령 선거에서 힐러리 후보는 12억 9천만 달러(약 1조 3천억 원), 트럼프 후보는 7억 9천만 달러(약 8천억 원)을 선거 비용으로 지출했다. 이처럼 오늘날 대의 민주주의는 돈이 정치를 지배하고 자본가와 부자의 이익을 실현하는 '금권정치'(plutocracy)로 흐르게 된다(박상준, 2020: 131-135).

자료: 돈을 숭배하는 현대인의 모습(AI 그림)

이처럼 자본주의와 민주주의 사회에서 돈은 엄청난 힘을 지녔기 때문에, 짐멜(G. Simmel)이 지적했듯이 사람들이 돈을 신(神)으로 숭배하게 된다. 결국 돈이면 무엇이든지 살 수 있고, 모든 것을 할 수 있다는 '황금 만능주의'(mammonism)가 신앙처럼 퍼지고 있다. 현대 자본주의 사회에서 삶을 '사는 것'(live)은 곧 갖고 싶은 것을 마음껏 '사는 것'(buy)이다. 어떤 것을 사는 것은 곧 '돈'(money)이 있다는 것이다. 돈이 있다는 것은 자신의 능력과 힘이 많다는 것이고, 자신의 능력가 힘을 보여주는 방법이 바로 남들이 살 수 없는 것—명품 가방, 명품 시계, 고급 외제차 등—을 마음대로 사는 것(buy)이다.

그래서 머니 머니 해도 돈이 최고라는 가치가 널리 퍼져 있다. 조물주 위에 건물주라는 말이 유행하듯이, 요즘 젊은이들의 최고의 희망이 건물주라고 한다. '오징어 게임' 드라마에서 나타나듯이, 사람들이 많은 돈을 버는 것을 인생의 최고 목표로 삼고, 돈을 얻기 위해 목숨을 바치기도 하고, 심지어 다른 사람을 죽이기도 한다. 이것이 바로 돈의 마력이고, 돈의 노예가 되어 버린 현대인의 모습이다.

돈에 미친 현대 사회에서 돈의 노예로 살 것인가? 아니면 돈의 주인으로 살 것인가? 그것이 문제로다.

2. 돈 관련 글 읽고 분석하기

▣ 게오르그 짐멜, 「돈의 철학」(1900)

독일의 사회학자 게오르그 짐멜(Georg Simmel)은 최초로 자본주의 사회에서 돈의 의미와 역할 등에 대하여 철학적 · 사회학적으로 분석하였다. 짐멜은 '돈의 심리학에 대하여'(1889), '현대 문화에서의 돈'(1896), '삶의 속도에 대한 돈의 의미'(1897), '남녀관계에서 돈의 역할'(1898)의 논문을 발표하였고, 이런 연구들을 종합하여 「돈의 철학」을 출판하였다. 짐멜은 돈이 현대인에게 주는 의미와 역할, 돈의 가치 등을 철학적으로 분석하였고, 돈에 대한 통찰력을 제공해 준다.

❑ 짐멜의 돈 관련 글을 읽고 논증의 구조를 비판적으로 분석해 보자.

현대 문화에서 돈의 의미

독일의 역사에서 인격과 소유의 관계는 중세까지 두 가지 특징적인 형식으로 나타났다. 원시 시대에 토지 소유는 개인의 인격 그 자체에 귀속된 권한이었다. 그 후 10세기에는 이러한 소유의 인격성은 사라지고, 거꾸로 모든 인격적 권리는 토지 소유에 의존하게 되었다. 하지만 인격과 소유 지역의 결합은 밀접하게 유지되고 있었다. 예컨대 토지의 소유가 공동체의 완전한 구성원이 될 수 있는 자격(권한)을 의미하던 봉건 연합체에서는 개인이 소유한 토지가 공동체의 바깥에 존재할 때, 그는 토지를 소유하지 못한 사람과 동일하게 취급되었다. …

이처럼 인격과 소유의 관계는 화폐경제에 의해 해체된다. 화폐경제는 개인적 요소와 지역적 요소 사이에 존재하던 관계를 분리했는데, 이 분리는 내가 베를린에 앉아서 미국의 철도, 아프리카의 금광으로부터 나오는 수입을 받는 것에 이른다. 인격이 소유와 맺는 관계와 유사하게 인격이 사회적 결사체와 맺는 관계도 발전한다. …

화폐경제는 구성원에게 경제적인 기여를 요구하거나 경제적 이해관계를 추구하는 많은 연합체를 가능하게 했다. 화폐경제에서 개별 주체는 자신을 제약하는 공동체의 구속들로부터 해방된다. 개인은 더 이상 공동체와 인격적으로 결합되지 않고 원칙적으로 '돈'을 통해 교환하는 관계로 결합되기 때문이다. …

… 그러므로 화폐 거래가 초래하는 분리와 소외를 한탄할지라도 다음과 같은 사실을 잊어서는 안 된다. 돈과 확정된 가치를 교환해야 할 필요성으로 인하여, 돈은 경제 영역에서 다른 구성원들을 강력하게 연결한다. 돈은 돈을 받는 대가로 우리가 소비하고자 하는 것을 제공할 수 있는 다른 사람들과 우리를 연결한다. 그래서 현대인은 고대 자유인이나 평민과 비교할 수 없을 만큼 많은 공급자에 의존한다.

… 돈은 생산의 분업화를 가능케 함으로써 사람들을 결합시킨다. 봉

건적 결합의 시대와 비교할 수 없을 만큼 많은 사람들의 연결 관계를 만드는 것은 궁극적으로 '돈'이다. …

이처럼 돈으로 교환할 수 있는 대상의 범위가 커짐에 따라 화폐제도의 확산은 중요한 결과를 초래한다. 사람들은 다른 재화를 획득하기 위한 수단에 불과한 돈을 독립적인 재화로 받아들인다. 많은 현대인이 일생 동안 '돈의 획득'을 가장 중요한 목표로 추구하기 때문에, 삶의 모든 행복과 궁극적인 만족은 일정한 양의 돈을 소유하는 것과 밀접하게 연결되어 있다고 생각한다. …

그러나 이 목표가 달성되면, 매우 빈번하게 극단적인 지루함과 실망이 밀려온다. 돈이 가치있다고 생각하게 만든 상황이 사라지면, 돈은 아무 쓸모 없고 불충분한 수단에 불과하다는 본래의 모습을 드러내게 된다. 돈은 단지 최종적 가치에 이르는 다리(도구)에 불과하며, 사람은 그 다리 위에서 살 수 없다. …

돈을 통해 획득할 수 있는 대상들의 범위가 광범위하게 확대됨으로써, 돈이 차지하는 중요한 지위는 현대인의 삶의 다양한 특성들에서 나타난다. 돈은 개인에게 자신이 바라는 것을 더 완벽하게 충족시킬 수 있는 기회를 가져다 준다. 돈은 바라는 것은 한꺼번에 얻을 수 있는 가능성을 제공한다. 돈은 인간과 그가 소망하는 것 사이에 매개 단계로 작용한다. 하나를 얻음으로써 다른 많은 것들을 획득할 수 있기 때문에, 돈은 모든 것을 더 쉽게 획득할 수 있을 것이라는 환상을 불러일으킨다. …

… 그러므로 현대인의 삶의 특성은 동요하고 열광하며 휴식이 없다는 점인데, 돈은 이런 삶에 멈출 수 없는 수레바퀴를 달아준다. 이 수레바퀴는 결국 삶이란 기계를 영구적인 이동 수단으로 만든다. … 돈에 대한 열망은 화폐경제에서 인간의 영혼이 보여주는 항구적인 상태이다. 그래서 심리학자는 돈이 바로 우리 시대의 신(god)이라고 한탄하는 모습을 주목하게 된다. …

돈은 점점 더 모든 가치의 충분한 표현과 등가물이 됨으로써, 추상적 수준에서 모든 대상을 초월하게 된다. 이렇게 해서 돈은 신처럼 개별적인 것을 초월하여 서로 연결하고 교환할 수 있게 만들어 준다. … 돈의 소유가 허락해 주는 안전과 평온의 감정 그리고 돈에서 가치들이 교차한다는 확신은 돈이 우리 시대의 신이라는 한탄에 대해 보다 더 심층적인 근거를 제시하는 방정식이다. …

… 돈에 대한 성찰은 우리에게 다음과 같은 사실을 가르쳐준다. 경제적 삶의 구조가 시대의 정신적 · 문화적 상태에 커다란 결과를 초래하지만, 다른 한편 경제적 삶의 구조 자체는 역사적 삶의 통일적인 흐름으로부터 그 특성을 얻는다. 화폐제도는 결국 우리 문화의 모든 결실을 촉진하는 동일한 뿌리에서 자라난 것들 가운데 하나라는 사실을 보여준다. …

이로부터 사람들이 '돈에 대한 저주받을 탐욕'(auri sacra fames)—황금만능주의(mommonism)—과 화폐제도에 의한 삶의 황폐화를 한탄하는 것에 대해서 우리는 위안을 얻을 수 있다. 왜냐하면 우리의 인식이 문화의 동일한 뿌리에 접근하면 할수록 화폐경제와 문화의 어두운 측면들의 관계가 더 명백하게 드러날 것이기 때문이다. 그래서 위대한 역사적 요인들과 마찬가지로 '돈'은 자신이 낸 상처를 스스로 치유할 능력이 있는 신비의 창(Longinus's lance)을 닮을 수 있을 것이다.

출처: 게오르그 짐멜/김덕영 옮김(2014), 「돈이란 무엇인가」. 도서출판 길. '2. 현대 문화에서의 돈' 57-64, 72-77, 82-83쪽에서 발췌.

1. 짐멜의 글에 활용된 논증의 구조를 분석하시오.

주장	
근거/이유	
결론	

2. 짐멜 논증의 문제점을 비판적으로 평가하시오.

논증의 형식	논증의 형식 또는 구조에 적합하게 구성했는가?
근거의 타당성	근거는 참 또는 진실인가? 근거가 주장을 뒷받침하는 데 타당한가?
결론의 적합성	근거와 자료에 일치되도록 결론이 도출되었는가? 결론이 참신하고 실현 가능한가?

▣ 제프리 잉햄, 「돈의 본성」(2004)

영국의 제프리 잉햄(Geoffrey Ingham)이 쓴 「돈의 본성」(The Nature of Money)은 백 년 만에 나온 뛰어난 화폐 연구로 평가받는다. 잉햄은 사회학, 정치철학, 역사 등 다양한 사회과학적 관점에서 화폐의 개념부터 역사적 기원과 발달 과정, 정보통신기술의 발달에 따른 새로운 화폐의 미래에 대하여 총제적으로 접근하였다. 그는 짐멜의 「돈의 철학」, 베버의 「일반 경제사」 등을 검토한 후, 돈, 화폐(money)를 교환 매개체로서 정의하고, 화폐는 추상적 가치의 측정 수단(계산 화폐), 가치의 교환 매개 수단(지불 수단), 가치의 저장 수단이라는 고유한 특징에 대해 분석하였다. 또한 최근 ICT가 발달하면서 전자화폐가 확산되어 화폐의 종말을 가져올 것이라는 주장, 그리고 사회적 평등을 실현하기 위해 공동체 화폐를 사용해야 한다는 주장하는 비판적으로 분석하고, 여러 가지 이론 및 역사적 자료에 의거해 비판하고 있다.

❏ 잉햄의 새로운 화폐 관련 글을 읽고 논증의 구조를 비판적으로 분석해 보자.

정보 통신 기술과 새로운 화폐 공간

오늘날 정보통신기술이 국가 권력을 잠식하고 있다는 생각이 널리 받아들여지고 있다. 이 과정은 두 방향에서 동시에 진행되고 있다. 하나는 지구적 차원에서 이루어지고, 다른 하나는 국내에서 국지적 차원에서 이루어진다. …

1. 전자 지구화: 화폐의 종말과 민간 화폐

어떤 사람들은 정보통신기술(ICT)과 인터넷이 급속도로 발전하면서 이에 기반하여 물물교환-신용의 청산 시스템을 만들어 화폐가 없어도 작동하는 시장이 현실이 될 수 있다고 주장한다. … 영국은행의 부총재도 기술 혁신의 결과로 22세기가 되면 화폐의 종말이 오고 중앙은행이 사라질 수도 있다고 말했다. 개인뿐만 아니라 기업들도 교환을 결제할 때 하나의 전자 계정에서 다른 계정으로 직접 송금할 수 있게 된다는 것이다. …

하지만 이런 입장은 두 가지 오류에 의거하고 있다. 첫째, 경제적 가치란 절대 불변의 속성을 가진 것이 아니라 현실에서 사회적 · 경제적 권력의 배분에 따라 위아래로 오르내리고, 이것이 바로 시장 교환과 시장 가치에 앞서서 '계산화폐'가 선행되어야 하는 이유이다.

둘째, 어떤 하나를 가치 표준으로 삼아 계산화폐로 표준화하는 것은 일종의 권위(정부)가 존재할 때 확립될 수 있다. 교환의 가격을 화폐로 지불하겠다는 약속은 추상적인 것이고, 이것이 기능할 수 있는 이유는 그 약속이 시장 시스템을 벗어나 중앙은행이나 정부가 구매와 지불 약속을 하기 때문이다. ICT 발달에 따른 화폐의 종말을 말하는 논의는 미래학처럼 보이겠지만, 실제로는 19세기 자유주의자들이 통화 체제를 오해했던 바를 그대로 반복한 것이다. …

그렇다고 새로운 교환의 매개 수단과 송금 수단이 다양하게 나타날 수 있다는 것을 부인하는 것은 아니다. … 온라인 상거래가 널리 확산될수록 제한된 교환 수단이 지불과 최종 결제 수단의 기능도 하기 시작할 것이고, 결국 민간 화폐의 지위까지 얻을 수 있다. 대기업에서 발행한 카드의 경우에, 고객에서 포인트를 주는데, 이것이 제한된 교환 매개 수단으로 사용될 수 있다. 이런 교환 수단은 인터넷을 통해 1990년대 후반 이후 빈즈(beenz), 아이포인트(ipoints), 페이팔(PayPal) 같은

'사이버 통화' 형태로 생겨났다. …

이런 인터넷 화폐가 확산되어 마침내 기존의 국가 화폐에 도전하게 될 것이라는 주장이 제기되었다. 새로운 대안적 교환 수단에 기초한 새로운 지출 수단이 발전함에 따라 특정 국가의 전통적 결제 시스템을 사용하지 않게 될 수도 있다는 것이다. … 민간 기업들이 이런 기술을 사용하여 스스로 화폐를 발행할 수 있을 것이다. 다국적 기업들의 자산은 작은 국가의 자산을 능가하는 경우도 많으며, 기업이 내놓은 실물 재화와 서비스가 민간 화폐를 발행하는 것을 가능하게 한다. …

하지만 민간 기업이 발행한 화폐가 국가 화폐에 따르는 보조 화폐 이상이 될 수 있을지에 대해서 여러 의문이 제기된다. 우선 기업의 화폐 발행이 국가의 화폐 발행과 경쟁할 수 있으려면, 그 수명과 신뢰성이 매우 높아야 하는데 자본주의의 구조와 작동 방식은 거대한 기업이 실제로 출현하기에 너무 적대적인 환경이다. 실제로 미국의 최대 기업들 중에 25년 후 존속할 수 있는 비율은 3개 중 1개 정도이다. ……

따라서 근본적으로 ICT에 기초하여 새로운 화폐 공간이 나타날 것인지의 여부는 기술적 문제나 경제적 문제가 아니라 바로 '정치적 문제'이다. 한 국가(정부)의 권위는 계산 화폐와 최종 결제수단을 유지하는데 필수적인 역할을 한다. 또한 교환 수단이 발전하는 정도는 국가에 의해 좌우되기 때문이다. 예를들어 유럽중앙은행(ECB)은 민간 전자화폐도 기존 은행처럼 지급준비율의 감독을 받아야 하고, 전자화폐를 언제든지 유로화로 교환해 줄 법적 의무를 져야 한다는 입장을 취한다. 다른 한편 미국 국세청은 소득세를 '마일리지' 또는 '포인트'로 납부하는 것을 거부했다. ……

2. 공동체 교환 체계와 국지적 통화 공간

… 은행 체제와 통화 당국이 아니라 사용자가 직접 통제하는 공동체 화폐를 만들자는 주장은 20세기 이래로 사회주의, 공동체주의 저서에서 눈에 띄는 주제이다. …

대안적 화폐에는 두 가지 형태가 있다. 레츠(LETS: Logical Exchange Trading Schemes)와 국지적 통화—미국의 'Time Dollars'—이다. 레츠는 1983년 캐나다 벤쿠버에서 창립되어 선진국과 개발도상국에 2,500개 정도 비슷한 조직들이 있다. 영국에는 1985년 노워치에서 첫 레츠가 창설된 이래 450개가 되었다. 하지만 참가자는 3만 명 정도이고 연간 거래액은 겨우 220만 파운드에 머물렀다. 엄밀히 말하면, 레츠는 각 공동체가 내놓은 재화와 서비스를 서로 연결하는 물물교환-신용 네트워크이다. … 레츠에서 쓰는 매갤물은 추상적 가치의 저장 수단이나 지불 결제 수단이 아니라는 점에서 정상적인 화폐와 다르다.

타임 달러는 위싱턴의 애드거 칸이 1986년 고안한 것이다. 레츠와 달리, 타임 달러는 자유롭게 유통되는 것이 핵심이다. 대부분 미국 안에서 유통되지만, 최근 미국 밖으로 확장되고 있다. 이타카 아워스(Ithaca Hours)는 이타카 지역 인구의 2% 넘는 27,000명이 사용하고, 300개 넘는 업체가 사용하며, 1996년에 10억 5천만 달러의 거래가 이루어졌다. …

이런 국지적 통화를 써서 화폐경제와 대칭을 이룰 만큼 튼튼한 은행 체제의 기초를 마련하지 못한다면, 그것이 교환 매개체의 기능을 넘어설 수 없고 그것을 가진 이들도 자본주의 경제에서 상대적으로 수동적 역할만 할 수밖에 없다. …

ICT가 대안적 또는 보조적 화폐를 만들 수 있다는 것은 과장된 주장이다. … 이런 과장은 대부분 화폐를 교환의 매개 기능만 가지고 개념화한 결과이다. 19세기에 금속 화폐에서 종이 화폐(지폐)로 넘어가는 속도가 갈수록 빨라지는 탓에 많은 혼동이 생긴 바가 있는데, 오늘날 일어나는 '전자화폐'나 '공동체 화폐' 논쟁도 그와 비슷한 혼동에서 생겨난 것이다. …

작은 교환 집단이라면 그 인격적 관계에서 비롯된 신뢰에 바탕을 둔 자체 교환 매개 수단—공동체 화폐—를 유지할 수 있다. 하지만 신뢰의 기반이 내부의 경제적 교환 이외에 어떤 기초도 갖지 못한 상태라면,

그런 교환 매개는 제한적 목적의 화폐를 넘어서지 못한다. …

여러 가지 화폐가 서로 경쟁을 벌이다가 가장 경쟁력 있는 것이 화폐 자리를 차지하는 식으로 진화가 이루어졌을 것이라는 하이에크(Friedrich Hayek)식 주장과 마리 발라(Marie Walras) 같은 '화폐의 종말' 시나리오도 잘못된 주장이다. 이 두 이론 모두 오류임을 입증하는 근거는 이론적, 역사적으로 많이 찾을 수 있다.

출처: 제프리 잉햄/홍기빈 옮김(2011), 「돈의 본성」. 삼천리. '9. 새로운 화폐공간'의 '정보통신 기술과 새로운 통화 공간들' 370-391쪽에서 발췌.

1. 잉햄의 글에 활용된 논증의 구조를 분석하시오.

주장	
근거/이유	
결론	

2. 잉햄 논증의 문제점을 비판적으로 평가하시오.

논증의 형식	논증의 형식 또는 구조에 적합하게 구성했는가?
근거의 타당성	근거는 참 또는 진실인가? 근거가 주장을 뒷받침하는 데 타당한가?
결론의 적합성	근거와 자료에 일치되도록 결론이 도출되었는가? 결론이 참신하고 실현 가능한가?

3. 돈 관련 논술하기

■ '돈, 소득' 주제와 관련하여 글의 개요를 작성하고, 논리적으로 글쓰는 연습을 해보자.

▸ 글의 개요 작성하기

주장	
근거/이유	
자료수집	
결론	
제목	

▸ 글의 개요에 의거해 관련 자료를 찾아 글을 써 보자.

CHAPTER

09

불평등의 심화와 사회 정의

1. 정의에 대한 이해

■ 정의의 어원과 의미

정의(justice)는 고대 그리스어 '디카이오수네'(δικαιοσύνη, dikaiosunē)에서 유래하였다. 이 말은 문자적으로 어떤 것을 절반으로 공평하게 나누는 것을 의미했다. 공평하게 나누는 것은 너무 많은 것과 너무 적은 것 사이의 중용(mean)을 선택해서 관련 당사자에게 고르게 분배하는 것이다. 정의란 공평한 것 또는 옳은 것을 정하는 것이다. 나아가 사회적 차원에서 공평한 것이나 옳은 것을 정한 것이 바로 법이다. 옳은 법률을 공정하게 집행하는 것이나 법률을 지키는 것도 정의이다.

이런 다양한 의미의 정의는 고대 로마의 라틴어 '유스티티아'(Justitia)에 전래되었으며, 영어에도 그대로 반영되었다. 그래서 영어에서 정의(justice)는 정당함, 공정성, 법률의 의미도 갖고 있다. 또한 법무부(Department of Justice), 치안판사(justice of the peace)처럼, 법률을 공정하게 적용하고 판단하는 재판, 판사의 의미로 사용되기도 한다.

■ 정의론의 발달

고대 그리스에서 정의는 일반적으로 공평하게 분배하는 것으로 인식되었다. 아리스토텔레스는 「니코마코스 윤리학」에서 정의(*dikaiosunē*)란 공평하게 분배된 상태이고, 공평한 것은 너무 많은 것과 너무 적은 것 사이의 중간 상태(mean)라고 주장했다(아리스토텔레스, 2022: 제5권 3장 1131a10-15). 이러한 정의는 크게 분배적 정의와 교정적 정의로 분류된다.

분배적 정의(distributive justice)는 재화, 부, 권력 등 가치로운 것을 각자의 능력과 노력에 비례하여 공평한 몫을 분배하는 것이다. 여기서 각 사람에게 공평한 몫이 어느 정도인지는 정치에 의해 결정되고, 공평함은 각자의 능력에 맞추어 '기하학적 비례'에 따라 분배된다(아리스토텔레스, 2022: 제5권 3-4장 1131a25-1131b20).

교정적 정의(corrective justice)는 사람들이 교환할 때 발생한 이익이나 손해에 비례하여 공평하게 분배하는 것이다. 각 사람이 입은 이익과 손해에 비례하여 그만큼 상대방에게 되돌려줌으로써 원 상태와 비슷하게 교정하는 것과 관련된다. 이때 공평함은 '눈에는 눈, 이에는 이'처럼 산술적 비례에 따라 정해진다(아리스토텔레스, 2022: 제5권 3-4장 1132a1-35).

근대 유럽에서는 자유주의적 관점에서 개인의 자유를 평등하게 보장하는 것을 정의로 보았다. 영국의 철학자 밀(J. S. Mill)은 「공리주의」(1861)에서 모든 사람을 동등하게 대우하는 것을 정의라고 주장했다. 사회는 동등하게 대우받을 자격이 있는 사람을 모두 평등하게 대우해야 한다. 이것이 분배적 정의의 가장 높은 기준이고, 모든 사회제도는 이 기준을 충족해야 한다.

20세기에 들어오면서 개인적 차원의 정의를 넘어 사회적 차원에서 국가가 불평등을 줄이고 자유를 동등하게 누릴 기회를 만든다는 측면에서 사회 정의로 확대되었다. 1931년 교황 비오 11세가 사회 정의의 실현은 인간 존엄성의 증진에 달려있다고 말했다. 그 후 '사회 정의'라는 용어가 널리 알려졌고 유럽의 법률이나 정책에서 많이 사용되었다.

20세기 후반 미국의 정치철학자 존 롤스(John Rawls)는 「정의론」(1971)에서 최대 다수의 최대 이익을 추구하면서 소수의 희생을 정당화하는 공리주의적 정의 원칙을 극복하기 위해 사회계약론을 통해 새로운 정의의 원칙을 제시하였다. 롤스는 자유주의 관점에서 크게 두 가지 정의의 원칙을 제시했다. 정의는 모든 사람이 기본적 자유와 개방된 지위와 공직에 접근할 기회를 평등하도록 조정하는 것이다.

21세기에 들어오면서 국가 안에서 개인 간 또는 계층 간 그리고 지구촌에서 선진국과 개발도상국, 저개발국 간에 경제적 불평등이 심화되었다. 이런 글로벌 불평등을 해결하기 위하여 유엔은 '개방된 세계의 사회 정의: 유엔의 역할'(2006) 보고서에서 "사회 정의는 경제성장의 성과를 공정하고 자비롭게 분배하는 것으로 이해된다"라고 제시했다. 사회 정의는 공정한 분배 및 인권 보호 상태를 가리킨다.

요약하면, 현대 사회에서 정의는 기본적으로 인간의 존엄성을 보장하기 위해 국가 차원에서 불평등을 공정하게 분배하는 것으로 이해된다. 이런 점에서 오늘날 정의는 개인적 차원의 정의가 아니라 사회적 차원의 정의, 즉 사회 정의(social justice)로 이해된다. 다만 불평등의 원인이 무엇이고 불평등을 누가 어떤 방식으로 해결할 것인가에 대한 구체적인 해법은 철학적·정치적 입장은 따라 매우 다양하다.

■ 정의의 개념

정의는 공정한 분배 상태를 의미한다. 그래서 정의는 가치, 부, 기회 등의 불평등한 상태를 다시 공정한 분배 상태로 만드는 것이다. 무엇이 불평등한 상태인지, 무엇 때문에 불평등하게 분배되었는지, 그래서 어떤 방식으로 불평등을 해결해야 하는지에 대한 입장에 따라 정의가 무엇인가에 대한 개념 정의와 실현 방식이 달라진다.

오늘날 정의의 개념은 자유지상주의, 자유주의, 사회주의 등 다양한 관점에서 서로 다르게 제시되었다(Will Kymlicka, 2018).

자유지상주의(libertarianism)는 개인의 자유—특히 소유권—를 '최고의 가치'로 보고, 개인의 자유를 최대한 보장하는 상태를 정의로 규정한다. 이런 관점에서 노직(R. Nozick, 1974)은 개인이 각자의 능력과 노력에 의거해 정당하게 획득한 자유와 소유물에 대해서는 절대적 권리를 갖는다고 주장했다. 이런 개인의 자유와 소유권을 절대적으로 보장하는 것이 정의로 간주된다.

노직에 의하면, 개인의 '능력과 노력'에 따른 취득과 양도의 원칙이 지켜진다면, 그에 따라 나타난 부의 불평등과 빈부 격차는 자연스러운 일이고 문제가 되지 않는다. 자신의 자유와 소유물을 어떻게 사용하는가는 전적으로 개인의 자유로운 선택에 맡겨야 하고, 국가(정부)가 개인의 자유와 소유권을 침해해서는 안 된다.

개인의 자유를 중요시한다는 점에서 자유지상주의와 자유주의는 유사하다. 하지만 자유주의자는 자본주의 사회에서 부, 가치 등의 불평등한 분배로 인해 개인이 자유를 행사하는 데 제약이 가해지고, 기회가 불평등하다는 사실을 인정한다. 그래서 노직과 달리, 자유주의(liberalism)는 국가(정부)가 그런 불평등을 해소하여 모든 개인이 기본적 자유를 누릴 '기회'를 평등하게 만들어 주는 것을 정의로 간주한다.

이런 평등적 자유주의 관점에서 롤스(J. Rawls, 1971)는 모든 사람이 동등하게 기본적 자유를 누리는 것을 정의라고 보았다. 그래서 정의는 우선 각 사람에게 기본적 자유에 접근할 평등한 권리를 보장하는 것이고(자유 우선성의 원칙), 그다음 사회적·경제적 불평등을 해소하는 분배 방식이 최소 수혜자에게 최대의 편익이 되도록(차등의 원칙), 그리고 그런 분배에 결부되어 있는 공직과 지위는 모든 사람에게 개방되도록 조정하는 것이다(롤즈, 2003: 400-401).

다른 한편 롤스보다 더 나아가서 드워킨(R. Dworkin, 2000)은 자원의 평등한 분배를 주장했다. 롤스처럼 자유를 향유할 기회를 평등하게 만드는 제도와 조치만으로 사회적 약자가 강자처럼 실질적으로 자유를 누리기 어렵다. 롤스이 희망과 달리, 단지 차등의 원칙만으로 모든 사람이 동등한 자유를 행사할 기회를 진정으로 평등하게 만들 수 없다. 그러므로 국가(정부)는 불평등하게 분배된 자원을 세금이나 적극적 정책을 통해 재분배해야 한다.

반면에 사회주의(socialism)는 개인의 자유보다는 '평등'을 추구하고, 부의 평등한 분배를 정의로 간주한다. 마르크스(K. Marx) 같은 사회주의자는 자본가의 착취와 억압에 의해 부의 불평등이 발생했다고 보고, 국가가 개입하여 부의 불평등을 해결하여 각 개인의 필요에 따라 평등하게 분배하는 상태를 사회 정의로 간주한다.

이처럼 철학적 이론이나 관점에 따라 정의의 개념과 실현 방식은 다르게 제시되었다. 하지만 자유지상주의자와 신자유주의자를 제외하면, 인간의 존엄성과 기본적 권리를 보장하기 위해서 소득, 부, 지위 등의 불평등한 분배 상태를 공정하게 재분배하는 적극적 조치와 제도가 필요하고, 그런 책무가 현대 국가(정부)에 있다는 점에는 대부분 동의할 것이다.

■ 자유주의적 정의의 한계와 불평등의 심화

노직의 자유지상주의보다 평등한 분배와 정의에 한걸음 더 다가갔지만, 여전히 롤스의 정의 원칙은 자유주의적 관점에서 채택된 것이고, 능력주의에 기반하여 개인의 자유와 기회 균등을 우선시하는 한계를 지녔다. 능력주의는 사람들 사이의 신체적・지적 능력의 차이와 출발 조건의 차이를 고려하지 못함으로써 오히려 불평등을 심화시키고 결국 불공정한 사회를 만들게 된다. 마이클 샌델은 「공정하다는 착각」(2020)에서 미국 사회에 일반화된 능력주의의 환상은 불평등가 실패의 원인을 개인 탓으로 돌리고, 불평등이 심화되는 것을 어떻게 정당화하는지 잘 보여주었다.

또한 김동춘은 「시험 능력주의」(2020)에서 한국 사회에서 능력주의와 학벌주의가 시험 제도를 통해 오히려 불평등과 불공정을 강화하고 있다는 사실을 많은 자료를 통해 잘 보여주었다. 시험이 가장 공정하고 시험 성적은 개인 능력의 증거라는 생각(환상)이 우리 사회에 널리 퍼져 있다.

하지만 많은 통계자료와 현실이 보여주듯이, 학력과 학벌은 개인의 능력이나 노력보다는 부모의 사회・경제적 지위와 지원에 의해 커다란 영향을 받는다. 오늘날 부모의 사회・경제적 지위가 자녀의 성적이나 대학 입학에 커다란 영향을 미친다는 것은 일반화된 사실이다. 이처럼 개인의 능력과 시험 성적은 오로지 자신의 노력의 결과가 아니라 부모에 의해 큰 영향을 받기 때문에, 능력주의에 기반해 시험을 통해 사회적 가치와 지위를 배분하고 보상하는 것은 결코 공정하지 않으며, 오히려 불평등을 더 심화시키고 불공정을 미화시키는 결과를 초래했다.

▌소득 최상위 1%가 전체 소득에서 차지한 비중 변화(2007~2021)▐

국가	멕시코	한국	뉴질랜드	덴마크	미국	핀란드	독일
비중 변화(%)	8.7	3.3	2.8	2.2	0.6	0.2	-0.3
국가	일본	스위스	영국	캐나다	프랑스	노르웨이	아이슬란드
비중 변화(%)	-0.8	-1.9	-2.0	-2.4	-2.9	-4.4	-5.2

* 한국: 소득 최상위 1%가 전체 소득에서 차지한 비중이 3.3%포인트 증가.
최상위 10%의 비중이 34.4%로 2.5%포인트 증가.

자료: 세계불평등연구소(WIL)의 국가별 소득 불평등 데이터

출처: 한겨레, 2023.4.10.

자본이 새로운 부가가치와 소득을 창출하는 시장경제의 구조적 원리 때문에, 기회 평등의 원칙은 개인 간, 집단 간, 계층 간 소득

(부)의 불평등을 더 심화시켰다. 이렇게 불평등이 갈수록 더 심화되면서, 2011년 9월 17일 미국 월스트리트에서는 고학력 저임금 세대들이 '월가를 점거하라'(Occupy Wall Street) 시위를 했다. 이들은 "미국은 1%가 부자이고, 99%는 가난하다", "우리가 99%

▌2023 법치주의 지수(Rule of Law Index)▐

국가	법치지수	순위
덴마크	0.90	1
노르웨이	0.89	2
핀란드	0.87	3
스웨덴	0.86	4
독일, 뉴질랜드, 네덜란드	0.83	5
호주, 캐나다	0.80	11
일본	0.79	14
영국, 벨기에, 싱가포르	0.78	15
대한민국	0.74	19
프랑스, 우루과이	0.72	22
스페인	0.71	25
미국	0.70	26
칠레	0.66	36
인도	0.50	79
중국	0.47	95
필리핀	0.46	99
이집트	0.35	135

* 법치주의 지수는 세계 정의 프로젝트(World Justice Project)가 142개국의 권력기관에 대한 통제, 청렴도, 열린 정부, 기본권 보장, 질서와 안전, 시민권 보장, 형사사법제도에 대해 평가한 점수임.

자료: WJP, The 2024 WJP Rule of Law Index

이다" 등의 구호를 외치면서 불평등의 개혁을 요구하였다. 이 월가를 점령하라 시위는 10월 15일에 100개 도시로 확산되었다. 이에 정부가 경찰을 투입해 강제 진압하면서 시위는 끝났다(슬라보예 지젝 외, 2012; 시위자, 2012).

이처럼 고졸과 대졸, 남성과 여성, 정규직과 비정규직 간에 소득과 임금 격차가 심화되고, 세대 간 부의 대물림이 심해지는데, 정말 능력에 따라 노력하면 누구나 성공하고 잘 살 수 있을까? 그러면 이런 불평등과 출발선의 불공정을 누가 어떤 방식으로 공평하게 시정해야 하는가?

2. 정의 관련 글 읽고 분석하기

▣ 존 롤스, 「정의론」(1971)

이 책은 20세기 철학 분야에서 불후의 명저로 인정받고 있으며, 롤스는 사회계약론의 관점에서 정의가 철학적 진리나 신념이 아니라 사회적 합의의 산물임을 주장하면서 정의론의 새로운 패러다임을 제시했다. 롤스는 정의의 원칙에 대해 합의할 수 있는 공정한 조건으로서 원초적 입장과 무지의 베일이라는 가상의 상황을 만들었고, 그런 가상의 공정한 상황에서 합리적인 개인들이 합의할 수 있는 정의의 원칙 두 가지를 채택했다.

❑ 롤스의 정의 관련 글을 읽고 논증의 구조를 비판적으로 분석해 보자.

정의로운 사회와 정의 원칙의 합의

… 그런데 사회란 상호 간의 이익을 위한 협동체이지만, 이해관계의 일치뿐만 아니라 이해관계의 상충이라는 특성도 갖는다. 사람들은 자

신의 목적을 추구하기 위해 적은 몫보다 큰 몫을 원하기 때문에, 이해 관계가 상충한다. 그러므로 이득의 분배를 결정해 줄 사회체제를 선정하고 적절한 분배의 몫에 합의하는 데 필요한 원칙들의 체계가 필요하다. 이런 원칙들이 바로 사회의 정의의 원칙이고, 그 원칙은 기본적인 사회 제도 내에서 권리와 의무를 할당하는 방식을 제시하며 사회 협동체의 이득과 부담의 적절한 분배를 결정해 준다. …

그래서 상이한 정의관을 가진 사람들이 개인 간에 기본적 권리와 의무를 할당할 때 부당한 차별이 없을 경우에, 그리고 사회생활의 이익에 대해 상충되는 요구를 적절하게 조정해 줄 규칙들이 있을 경우에 사회 제도가 정의롭다는 점에 합의할 수 있다. 사람들이 정의의 개념 속에 포함되어 있는 부당한 차별과 적절한 조정이라는 관념을 각자 받아들이는 정의의 원칙들에 맞추어 해석할 여지가 있기 때문에, 사람들은 정당한 제도에 대한 설명에 합의할 수 있다. …

… 우리에게 정의의 일차적 주제는 사회의 기본 구조, 즉 사회의 주요 제도가 권리와 의무를 배분하고 사회 협동체에서 생긴 이익의 분배를 정하는 방식이 된다. 여기서 주요 사회제도는 정치의 기본법이나 기본적인 경제적 · 사회적 체제를 말한다. …

이런 식으로 사회 제도로 인해 어떤 출발점에는 다른 출발점보다 더 유리한 조건이 부여된다. 이런 것들은 뿌리 깊은 불평등이라 할 수 있다. 사회 정의의 원칙들이 제일 먼저 적용되어야 할 부분은 사회의 기본 구조 속에 있는 불가피한 불평등이다. …

나의 목적은 로크, 루소, 칸트로 알려져 있던 사회계약론을 고도로 추상화함으로써 일반화된 정의관을 제시하는 것이다. 핵심이 되는 생각은 사회의 기본 구조에 대한 정의의 원칙들이 원초적 합의의 대상이라는 점이다. 그것은 자신의 이익 증대에 관심을 가진 자유롭고 합리적인 사람들이 평등한 최초의 입장—원초적 입장—에서 조직체의 기본 조건을 규정하는 것으로 채택할 원칙들이다. 정의의 원칙들을 이렇게 규정하는 방식을 나는 '공정으로서 정의'(justice as fairness)라고 부른다. …

공정으로서 정의에 있어서 평등한 원초적 입장(original position)은 전통적인 사회계약론에서 자연상태에 해당한다. 이 원초적 입장을 역사상 실재했던 상태도 생각해서는 안 된다. 그것은 일정한 정의관에 이르도록 규정된 순수한 '가상 상황'으로 이해된다. 이런 가상 상황이 갖는 본질적 특성에는 아무도 자신의 사회적 지위나 계층 상 위치를 모르고, 누구도 자신이 어떤 소질, 능력, 지능, 체력 등을 갖는지를 모른다는 것이다. 당사자들은 자신의 가치관이나 특수한 심리적 성향까지 모른다고 가정된다. …

이런 상황에서 정의의 원칙들은 무지의 베일 속에서 선택된다. 그 결과 원칙들을 선택함에 있어서 아무도 타고난 우연의 결과나 사회적 여건의 우연성으로 인해 유리하거나 불리해지지 않는다는 점이 보장된다. 모든 이가 유사한 상활 속에 처하게 되어 아무도 자신의 특정 조건에 유리한 원칙들을 구상할 수 없기 때문에, 정의의 원칙들은 공정한 합의의 결과가 된다. …

내가 주장하는 것은 원초적 입장에서 사람들은 다음과 같은 두 원칙을 채택할 것이라는 것이다. 첫째 원칙은 기본적 권리와 의무의 할당에 있어 평등을 요구하는 것이며, 둘째 원칙은 사회적 · 경제적 불평등을 허용하되 그것이 사회의 최소 수혜자에게 그 불평등을 보상할 만한 이익을 가져오는 경우에만 정당한 것임을 주장하는 것이다. 다른 사람의 번영을 위해 일부가 손해를 입는다는 것은 편리할지 모르나 정의롭지는 않다. 그러나 불운한 사람의 처지가 더 향상될 수 있다면, 소수자가 더 이익을 취한다고 해도 부정의한 것은 아니다. …

계약론적 설명 방식이 갖는 장점은 정의의 원칙들은 합리적인 사람들에 의해 선택되는 원칙들로 생각될 수 있고, 그런 식으로 정의관이 설명되고 정당화될 수 있다는 사상을 나타낸다는 점이다. 정의론은 합리적 선택 이론의 일부이고, 그것도 가장 중요한 부분으로 생각된다. ……

이제 나는 제도상의 정의의 두 가지 원칙에 대한 최종적인 진술을 하고자 한다. 이런 정의의 원칙들은 다음과 같다.

제1원칙

각자는 모든 사람의 자유 체계와 양립 가능한 동등한 기본적 자유의 광범위한 체계에 대하여 평등한 권리를 가져야 한다.

제2원칙

사회적 · 경제적 불평등은 다음 두 가지 방식으로 조정되어야 한다. 즉,

a) 그런 불평등이 정의로운 저축의 원칙과 양립하면서 최소 수혜자에게 최대의 편익이 되도록 조정되고,
b) 그런 조정에 결부된 공직과 지위는 모든 사람에게 개방되도록 조정되어야 한다.

제1우선성 규칙(자유의 우선성)

정의의 원칙들은 '축차적 서열'로 이루어져야 하고, 따라서 기본적 자유는 자유를 위해서만 제한될 수 있다. 두 가지 경우가 있는데,

a) 덜 광범위한 자유는 모든 사람이 공유하는 자유의 전 체계를 강화해야 하고,
b) 덜 평등한 자유는 보다 작은 자유를 가진 사람들에게 받아들여질 수 있어야 한다.

제2우선성 규칙(효율성과 복지에 대한 정의의 우선성)

정의의 제2원칙은 서열상 효율성의 원칙이나 이익 총량의 극대화 원칙에 우선해야 하며, 공정한 기회는 차등의 원칙에 우선해야 한다. 여기에 두 가지 경우가 있는데,

a) 기회의 불균등은 보다 적은 기회를 가진 사람들의 기회를 증대해야 하고,

b) 과도한 저축률은 그런 노력을 치르는 사람의 부담을 경감시켜야 한다.

출처: 존 롤즈/황경식 옮김(2003). 「정의론」. 이학사. 1장 1-3절 36-52쪽, 5장 46절 400-401쪽에서 발췌 및 일부 번역 수정함.

1. 롤스의 글에 활용된 논증의 구조를 분석하시오.

주장	
근거/이유	
결론	

2. 롤스 논증의 문제점을 비판적으로 평가하시오.

논증의 형식	논증의 형식 또는 구조에 적합하게 구성했는가?
근거의 타당성	근거는 참 또는 진실인가? 근거가 주장을 뒷받침하는 데 타당한가?
결론의 적합성	근거와 자료에 일치되도록 결론이 도출되었는가? 결론이 참신하고 실현 가능한가?

▣ 마이클 샌델, 「공정하다는 착각」(2020)

이 책의 원제목은 「능력주의의 폭정(The Tyranny of Merit」이고, 2020년 출판되면서 큰 화제가 되었다. 마이클 샌델은 현대 민주사회에서 능력주의의 문제점을 비판적으로 분석하였다. 샌델에 의하면, 현대 자유 민주주의 사회가 공정하다고 착각하거나 환상을 갖지만, 실제로는 능력주의라는 환상이 지배하면서 매우 불공정하고 불평등한 사회가 되었다. 능력주의(meritocracy)는 개인의 노력과 능력에 따라 성공할 수 있다는 환상을 제공하지만, 실제로는 사회적·경제적 조건에 의해 성공의 기회 자체가 제한된다. 그럼에도 능력주의는 자유와 기회균등이라는 미명 하에 불평등을 정당화하고 더 심화시키고 있다. 또한 부유한 가정의 자녀는 더 좋은 교육 환경, 사교육, 자원에 접근할 수 있기 때문에, 더 높은 학력과 능력을 얻게 된다. 결국 현대의 교육제도는 기회의 불평등을 심화시키고 능력주의의 폐해를 정당화시켜주는 도구로 전락하였다. 그럼에도 불구하고 능력주의는 성공을 개인의 능력과 노력의 결과로 간주함으로써, 능력주의는 승자에게는 오만함을, 패자에게는 굴욕감을 심어준다. 이런 능력주의의 해결 방안으로 샌델은 사회적 연대와 공평한 기회 제공을 통해 공동선을 실현할 것을 제안했다.

❑ 샌델의 정의 관련 글을 읽고 논증의 구조를 비판적으로 분석해 보자.

능력주의, 공정하다는 착각

서론: 2019년 3월 미국 연방 경찰은 33명의 부유층 학부모들이 자녀를 명문 대학에 입학시키기 위해 입시 부정을 저질렀다고 발표했다. … '공정성'(정의) 관점에서 보면 대학 입학에 뒷문과 옆문을 구분하기는 어렵다. 둘 다 부유층 부모를 둔 학생이 이 더 좋은 지원자로 만들었고 능력보다 돈이 앞선 사례이기 때문이다. 능력에 근거한 대학 입시는 정문이다. 정문은 "누구나 자신의 능력에 따라 노력한 만큼 할 수 있다"는 것을 의미한다. 이런 방식을 대부분의 사람들이 공정하다고 생각한다(착각한다). …

그러나 실제로 그렇지 않다. 돈은 뒷문뿐만 아니라 정문 앞에도 영향을 미친다. 사실 실력(학력)은 경제적 우위와 구별하기 어렵다. 실제로 SAT 점수와 학생 부모의 소득이 비례 관계를 나타낸다. 부자 부모는 자녀를 SAT 모의시험 과정에 참여시키고 고액의 사설 입시 상담가를 고용해 입시 스펙을 높여주고, 명문대 입학에 필요한 음악, 체육 같은 특기 교육을 시키고, 해외 봉사활동에 참여시킨다(2018년 방송된 한국

드라마, 'SKY 캐슬'은 이런 상황을 극적으로 묘사했다.) …

그 결과 2017년 세대 간 사회이동 자료에 의하면, 아이비리그 대학생의 3분의 1 이상이 상위 20% 이상의 가정 출신인 사실은 놀랄 일이 아니다. 프린스턴과 예일 대학교에는 하위 60% 출신의 학생보다 상위 1% 출신의 학생이 더 많다. 이런 엄청난 입학 불평등은 부잣집 학생은 날개를 달고 대학 정문으로 날아들어 갈 수 있기 때문이다. …

왜 그럴까? 입시 부정은 아니지만, 부모들이 사설 입시 컨설턴트를 고용하고, 모의 입시를 통해 자녀의 명문대 입학 기회를 높이고, 자녀가 대학 진학을 위해 고급 교과 과정을 이수하고, 이력서를 잘 꾸미고 과외 활동에 참여하는 데 왜 수천만 원을 지출하고 지원하는 것일까?

… 50년 전 대학 입학은 그렇게 치열하지 않았다. 4년제 대학에 입학생은 5명 중 1명도 안 되었고, 대부분 집에서 가까운 대학을 선호했다. 대학 입시에 전 사회가 매달리는 현상은 최근 수십 년 동안 점점 불평등이 늘어난 것에서 발생된다. 불평등이 늘어나면서 대학 졸업자와 고졸자의 소득 격차가 크게 벌어지면서 출신 대학이 중요해졌다. 누가 어떤 대학에 입학하느냐에 따라 취업, 소득 등 많은 것이 결정되는 세상이다. 학생들도 소수의 명문 대학을 선호한다. …

빈부 격차가 심해지면서 부유한 부모는 자녀가 중산층 이상의 여유 있는 삶을 살기를 바라는 마음의 결과물이다. 명문 대학의 졸업장은 함께 지내온 계층하고만 어울리고 싶은 상류층의 경직성에 대한 합법적인 최고의 대응 방안으로 여겨진다. 또한 이것이 상류층 부모들이 자녀의 명문 대학 입학에 모든 것을 투자하게 만드는 요인이기도 하다. …

능력주의에 기반한 대학 입학이 갖는 문제는 분명하다. 많은 스펙으로 입학한 학생은 그것이 '자기 스스로' 노력한 결과라고 생각할 것이다. 그러나 사실 거기에 문제가 있다. 그들이 입학하도록 도와준 부모와 교사의 노력은 무엇인가? 그의 능력과 성적이 오직 자기 노력만으로 성공을 이룬 것인가? 재능을 개발하고 보상하는 사회에 태어난 행운은 아닌가? ……

(이런 능력주의는 과도한 입학과 성공 경쟁을 부추기고, 입시 실패를 개인 잘못으로 돌리면서 실패자라는 낙인과 좌절감을 심어준다). 이것은 청소년들에게 지나친 부담이고, 시민의 감수성에도 해롭다. 사람이 자신의 노력으로 스스로 성공했다고 생각할수록 겸손과 감사를 배우기 어렵다. 그런 감성과 태도가 없다면, 공동선에 대한 배려도 어렵다. … 대학 입시만이 능력주의의 유일한 문제는 아니다. 모두가 원하는 것이나 사회적 지위, 직업을 놓고 경쟁할 때, 정말 모두가 공정한 기회를 갖는가? …

능력주의에 대한 의견 불일치는 공정성(정의) 문제에 그치지 않는다. 우리가 성공과 실패 또는 승자와 패자를 어떻게 정의하는가 그리고 자신보다 성공하지 못한 사람들에 대해 승자가 어떤 태도를 취해야 하는가도 중요한 문제이다. 오늘날 진보-보수, 중상층-하층 등으로 양극화된 정치 환경을 극복할 방법을 찾으려면 능력주의의 장·단점을 따져볼 필요가 있다. 우리는 능력주의의 원칙을 더 믿고 따를 것인가? 아니면 불공정한 경쟁을 넘어 공동선을 찾을 것인지 자문해야 할 때이다.

결론: 미국의 전설적인 흑인 야구 선수 행크 애런(Henry Louis Hank Aaron)의 일화는 능력주의가 "모든 사람이 자기 재능과 노력에 따라 성공할 기회를 보장하는 세상이다"라고 믿도록 하는 것처럼 보인다. … 그러나 그것은 잘못된 생각이다. 행크 애런 이야기가 의미하는 것은 능력주의를 선호해야 한다는 것이 아니라 오직 최고의 홈런과 타점을 올려야 벗어날 수 있는 불평등한 인종주의 제도를 거부해야 한다는 것이다. '기회의 평등'은 교정적 원칙일 뿐이며 좋은(정의로운) 사회를 만드는 데 적합한 이상은 아니다. …

기회의 평등의 유일한 대안은 흔히 억압적인 결과의 평등이라고 생각한다. 그러나 또 다른 대안이 있다. 많은 부를 쌓거나 높은 자리에 앉지 못한 사람도 존엄한 삶을 살 수 있는 '조건의 평등'을 만드는 것이다. 그런 평등은 사회적 존경을 받는 일에서 역량을 발휘하며, 널리 보급된 학습 문화를 공유하고, 동료 시민과 공적 문제에 대해 숙의하는 것 등으로 이루어진다. …

1931년 제임스 애덤스(J. T. Adams)가 「미국의 서사시」 책의 결론에서 '아메리칸 드림'(American dream)이란 말을 처음 제시했다. 그는 아메리칸 드림을 "미국에서는 출생이나 지위와 관계없이 모든 사람이 자신의 능력과 성취에 따라 더 좋고 더 부유하고 더 온전한 삶을 살아갈 기회가 주어진다"는 의미로 사용했다. …

그러나 오늘날 우리 사회는 조건의 평등을 별로 갖추지 못했다. 40년 동안 시장 주도적 세계화가 소득과 부의 불평등을 가져오면서 우리는 각자 다른 생활방식을 갖게 되었다. 부자와 가난한 자는 종일 서로 마주칠 기회가 없다. 각자 다른 장소에서 살며 다른 공간에서 일하고 쇼핑한다. 아이들도 각기 다른 학교에 다닌다. 능력주의에 기반한 인재 선별 시스템에 따라 꼭대기에 오른 사람은 자신이 그 성공의 대가를 온전히 누릴 자격이 있다고 여기고 아래에 있는 사람도 모두 자업자득이라고 생각한다. …

그러나 능력주의에 기반한 자유의 비전은 공동의 민주적인 일에 대한 우리의 책임을 회피하도록 만들었다. … 민주주의는 공동의 삶의 성격에 관심을 가져야 한다. 서로 다른 삶의 영역에서 온 시민들이 서로 공동의 공간과 장소에서 만나는 것을 필요로 한다. 이로써 우리는 다른 의견에 대해 타협하고 다름(다양성)과 함께 더불어 살아가는 법을 배울 수 있다. 이것이 우리가 '공동선'을 기르는 방법이다. …

"왜 성공한 사람이 그렇지 못한 사람들에게 무엇을 나눠주어야 하는가? 이 질문에 대답은 (부정의한 사회 시스템 속에서) 능력에 따라 최선의 노력을 해도 결코 모두가 성공할 수 없다는 사실을 깨닫느냐에 달려있다. 부정의한 사회 속에 사는 사람들의 모습을 발견하는 것이 필요하며, 그리고 사회가 각자의 능력에 준 보상은 행운의 덕이지 순수하게 우리의 능력과 노력의 덕이 아님을 아는 것이 필요하다. 우리 운명의 우연성을 제대로 인식하면 겸손이 생긴다. 그런 겸손함은 우리를 갈라놓는 가혹한 성공 윤리(착각)에서 돌아설 수 있게 해 준다. 그것은 능력주의의 폭정(tyranny of merit)을 넘어서 보다 덜 악의적이고 보다 더 관대한 공적 삶으로 이끌어갈 것이다.

출처: 마이클 샌델/함규진 옮김(2020). 「공정하다는 착각」. 와이즈베리. '서론' 27-38, '결론' 347-353쪽에서 발췌.

1. 샌델의 글에 활용된 논증의 구조를 분석하시오.

주장	
근거/이유	
결론	

2. 샌델 논증의 문제점을 비판적으로 평가하시오.

논증의 형식	논증의 형식 또는 구조에 적합하게 구성했는가?
근거의 타당성	근거는 참 또는 진실인가? 근거가 주장을 뒷받침하는 데 타당한가?
결론의 적합성	근거와 자료에 일치되도록 결론이 도출되었는가? 결론이 참신하고 실현 가능한가?

3. 정의 관련 논술하기

■ '정의' 주제와 관련하여 글의 개요를 작성하고, 논리적으로 글 쓰는 연습을 해보자.

▸ 글의 개요 작성하기

주장	
근거/이유	
자료수집	
결론	
제목	

▸ 글의 개요에 의거해 관련 자료를 찾아 글을 써 보자.

CHAPTER
10

자유의 발전과 세 가지 유형

1. 자유에 대한 이해

■ 자유의 개념

자유(自由)는 타인이나 외부에 의한 간섭이나 통제 없이 자신이 원하는 것을 할 수 있는 상태이다. 자유는 외부의 간섭 없이 개인이 행동할 수 있는 것과 자신의 목표를 추구할 기회와 자원에 접근하는 것을 모두 포함한다.

하지만 사람은 공동체 안에서 다른 사람들과 관계를 맺으며 살기 때문에, 한 개인의 자유는 다른 사람의 자유와 권리를 부당하게 침해하지 않는 범위 내에서 행사될 수 있다. 그래서 개인의 자유에는 다른 사람의 자유와 권리를 보장하면서 행사할 책무가 수반된다. 또한 자유는 하고 싶은 것을 무제한적으로 하는 것이 아니라 다른 사람의 자유와 권리에 의해 제한을 받는다.

이런 측면에서 로크(J. Locke)는 「통치에 관한 두 가지 논문(통치론)」(1689)에서 "모든 사람이 원하는 것을 하고, 원하는 대로 살며, 어떤 법률에도 제한받지 않는 것은 자유가 아니다"라고 주장했다. 로크에 따르면, 자연상태뿐만 아니라 정치사회 또는 국가에서 자유는 모두 법률에 의해 제약을 받는다. 자연상태에서 자유는 자연법에 의해 제한을 받고, 사회에서 자유는 정부가 만든 법률에 의해 제약을 받는다. 사회 안에서 개인은 법이 금지하지 않은 일에 있어서 자신의 의사에 따라 행할 자유가 있고 다른 기관이나 사람들의 자의적인 의지에 제약을 받지 않고 행동할 권리를 가진다. 이와 비슷한 의미에서 밀(J. S. Mill)은 「자유론」(1859)에서 자유는 외부의 강압이 없는 상태이고, 행동의 자유라고 주장했다.

■ 자유의 3가지 유형

고전 철학자들의 자유에 대한 논의를 검토한 후 자유주의적 관점에서 자유의 의미를 체계적으로 잘 정리한 학자가 이사야 벌린(I. Berlin)이다. 벌린은 '자유의 두 가지 개념' 논문(1958)에서 자유를 간섭과 통제의 측면에서 소극적 자유와 적극적 자유로 구분해 설명했다. 소극적 자유(negative liverty)는 개인의 행동을 제약하는 인위적인 장애가 없는 상태이다. 자유는 법률이나 제도 또는 다른 사람의 간섭에 의해 제약받지 않고 스스로 할 수 있는 상태이다. 즉, 소극적 자유는 불간섭의 상태(non-interference)이다. 이런 의미에서 소극적 자유는 '~로부터의 자유'(freedom from ~)이다.

반면에 적극적 자유(positive liverty)는 자신의 의지/의사에 따라 목표를 추구하고 달성할 수 있는 상태이다. 적극적 자유는 개인이 능동적 존재로서 자기 삶의 주인이 되어서 스스로 결정하고 자율적으로 행동하는 상태이다. 즉, 적극적 자유는 자기 통제 또는 자율 상태(mastery over self)이다. 이런 의미에서 적극적 자유는 '~에로의 자유'(freedom to~)이다(이사야 벌린, 2006: 339-380).

그러나 최근 쿠엔틴 스키너(Quentin Skinner), 필립 페팃(Philip Pettit) 같은 공화주의자들은 벌린의 두 가지 자유 개념이 지닌 한계를 비판하면서 세 번째 자유 개념을 추가해야 한다고 주장했다(Skinner, 2002; 페팃, 2012). 페팃은 벌린이 제시한 소극적 자유와 적극적 자유 개념은 현실적으로 존재하는 자유의 제약을 파악하지 못한다고 지적했다(페팃, 2012: 63-72).

예컨대, 민주주의 사회에서 개인의 자유를 보장하는 법률과 제도가 만들어졌더라도, 그 법률이나 제도를 시행하는 사람 또는 문화, 관습, 관례 등에 의해 실제적으로 개인의 자유가 제한되는 경우가 매우 많다. 예컨대, 법률에 출산 휴직과 육아 휴직이 보장되어 있지만, 실제로 출산이나 육아 휴직을 사용하기 위해서 상급자 또는 대표에게 허락을 받는 과정에서 보이지 않는 제약과 비난 등으로 인해 휴직을 자유롭게 사용할 수 없는 경우가 많다. 이런 문화적·관례적 제약으로 인해 자신의 생각이나 의사를 사전에 스스로 검열하여 자유를 행사하지 못하는 경우가 많다.

이처럼 민주주의 사회에서도 소극적 의미의 '불간섭으로서 자유'(liberty as non-interference)만으로는 충분하지 않다. 타인의 자의적인 지배 또는 문화적·관례적 제약을 받지 않고 자유롭게 생각하고 행동할 수 있는 새로운 차원의 자유가 요구된다. 이런 측면에서 페팃은 자유의 세 번째 개념으로 '비지배로서의 자유'(liberty as non-domination)를 제시했다(페팃, 2012: 73-98). 비지배로서 자유는 타인의 자의적 간섭에 잘 견딜 수 있으면서 동시에 사람들 사이에서 안전하게 삶을 영위할 수 있는 사회적 상태이다.

■ 21세기 현실: 비지배로서의 자유의 제한

그러나 공화주의자들이 지적한 것처럼, 21세기에도 많은 나라들—민주주의 국가—에서도 여전히 자유가 억압되거나 비지배로서 자유가 실질적으로 보장되지 못하는 것이 현실이다. 많은 노동자가 자유의사에 반하여 강제 노동에 내몰리고 있다. 온라인 쇼핑몰이나 택배회사는 많은 배달 노동자에게 로켓 배송, 새벽 배송, 주말 배송 같은 강제노동을 강요하고 있다. 또한 플랫폼 노동자들은 낮은 수수료, 야간 초과 근무 등을 강요받고 있다.

근로기준법 제50조는 근로 시간을 1일 8시간, 주당 40시간을 초과할 수 없다고 규정하고 있음에도 불구하고, 윤석열 정부는 2023년 노동시장을 개혁한다며 주당 69시간 노동을 법제화하고 추진했다. 하지만 그런 시도는 야당과 노동계의 반대로 무산되었다.

저개발국과 개발도상국에서는 아동이 생존을 위해 강제노동에 내몰리고 있다. 국제노동기구가 2021년 발표한 "아동 노동: 2020년 글로벌 추계, 동향과 나아갈 길' 보고서에 의하면, 2020년 아동 노동 인구는 1억 6,000만 명으로 전 세계 아동(5~17세)의 9.6%에 달했고, 그중에 건강이나 안전에 위험한 노동을 하는 아동이 7천 900만 명으로 나타났다. 아동 노동자는 사하라 이남 아프리카 국가가 8천 666만 명(23.9%)로 가장 많았고, 라틴 아메리카 국가 6.6%, 아시아 태평양 국가 5.6%를 차지했다.

▌2023 세계 자유 지수(Freedom in the World)▐

국가	정치적 권리 (40점)	시민적 자유 (60점)	자유 지수 (100점)
노르웨이, 핀란드, 스웨덴	40	60	100
뉴질랜드	40	59	99
캐나다	40	58	98
덴마크	40	57	97
아일랜드, 네덜란드	39	58	97
스위스, 벨기에	39	57	96
일본, 우루과이	40	56	96
호주, 포르투갈	39	56	95
독일, 칠레	38	56	94
영국	39	54	93
프랑스	38	51	89
대한민국	33	50	83
미국	32	51	83
브라질	31	42	73
인도	33	33	66
필리핀	25	33	58
튀르키예	16	16	32
베트남	4	15	19
중국	−2	11	9
북한	0	3	3
남수단, 시리아	−3	4	1
티벳	−2	3	1

* 세계 자유 지수는 미국의 프리덤 하우스가 각 국가의 정치적 권리(40점)와 시민적 자유(60점)를 등급으로 판정해 점수로 환산한 것임.

자료: Freedom in the World 2013-2023 Raw Data

21세기에도 여전히 미국, 유럽 등 선진국에서 흑백 인종 차별이 발생하고 있다. 미국에서는 1992년 인종 차별로 인해 로스앤젤레스 폭동이 발생했고, 2020년 5월 조지 플로이드 시위(Black Lives Matter)가 일어났다. 영국에서는 2011년 8월 흑인 차별에 저항해 여러 도시에서 폭동이 발생했고, 2024년 7월에는 반이민 시위 폭동이 발생하였다. 프랑스에서는 2005년 아프리카계 이민자 차별로 인해 소요 사태가 발생했고, 2023년 6월 알제리계 청소년들에 의한 폭력 시위가 발생했다.

또한 대부분의 나라에서 교육, 취업, 임금, 승진 등에서 여성 차별과 유리천장이 존재한다. 특히 개발도상국이나 이슬람 국가에서는 여성 차별과 억압이 심각한 수준이다. 중동과 북아프리카 이슬람 국가에서 여성은 집 밖으로 나갈 때, 히잡(Hijab), 아바야(Abaya), 니캅(Niqab), 또는 부르카(burka), 차도르(Chador)를 착용해야 한다. 2022년 5월 아프가니스탄의 탈레반 정권은 여성이 외출 시 부르카 착용을 의무화하고, 위반할 경우 본인과 가족을 처벌하는 정책을 시행했다. 사우디아라비아는 여성의 자동차 운전을 금지했다가 2019년에 들어와서 허용했다.

이처럼 법률과 제도에서 자유와 기회 평등을 보장하고 있지만, 현실적으로 문화, 관습, 종교 등의 이유로 인해 많은 아동, 여성, 흑인, 외국인 노동자, 빈곤 계층 등이 성인 남성, 백인, 상류층 집단과 동등한 자유를 누리지 못하고 있다.

2. 자유 관련 글 읽고 분석하기

▣ 이사야 벌린, '자유의 두 가지 개념'(1958)

이 논문은 1958년 이사야 벌린(Isaiah Berlin)이 옥스퍼드 대학에 취임할 때 강연을 보완한 것이다. 자유의 개념을 철학적으로 분석한 뛰어난 논문으로 인정받고 있다. 벌린은 홉스, 로크, 벤담, 밀 등 영국 고전 철학자들의 자유에 관한 논의를 종합하여, 자유주의의 관점에서 현대적인 자유의 두 가지 개념을 체계적으로 잘 정리했다. 벌린은 자유를 간섭과 통제를 기준으로 소극적 자유와 적극적 자유로 구분하였다. 소극적 자유는 개인의 행동을 제약하는 인위적인 장애가 없는 상태이다. 즉, 간섭의 부재, '불간섭'으로서의 자유이다. 적극적 자유는 개인이 능동적 존재로서 자기 삶의 주인이 되어서 스스로 결정하고 자율적으로 행동하는 상태이다. 즉, '자기 통제' 또는 '자율'로서의 자유이다.

❑ **벌린의 자유 관련 글을 읽고 논증의 구조를 비판적으로 분석해 보자.**

자유의 두 가지 개념

행복, 선과 같이 '자유'라는 용어는 매우 다양한 의미를 갖고 있어서 역사적으로 다양하게 해석되어 왔다. 그러나 나는 자유의 두 가지 의미를 검토하고자 한다. 나는 첫 번째 의미를 '소극적 자유'(negative liberty)라고 부르기로 한다. 이것은 다음 질문의 답에 함유되어 있다. "한 사람이 다른 사람의 간섭 없이 스스로 할 수 있는 것을 할 수 있도록 방임되어야 할 영역은 무어인가?" 나는 두 번째 의미를 '적극적 자유'(positive liberty)라고 부르고자 한다. 이는 다음 질문의 답에 함축되어 있다. "한 사람이 이것 말고 저것을 하도록, 또는 이런 사람이 아니라 저런 사람이 되도록 스스로 결정할 수 있는 지배 및 간섭의 근원이 누구인가?" …

고전 철학자들은 어떤 이유이든지 침해되지 않아야 할 개인 자유의 최소 영역이 있어야 한다고 생각했다. 영국의 로크, 밀 그리고 프랑스의 콩스탕, 토크빌이 이것을 특히 강조했다. … 즉, 각 개인이 타고난 능력을 최소한이라도 발현할 수 있는 영역이 허용되지 않으면, 사람은 어떤 종류의 목표를 추구하는 것이 불가능하기 때문이다. 이러한 고려는 사생활의 영역과 공적 권위의 영역 사이에 경계선을 그어야 한다는 생각으로 이어졌다. …

어떤 개념이나 원칙을 근거로 자유의 불가침의 영역을 구획하든지, 이런 방식으로 지지되는 자유는 언제나 '~로부터의 자유'(freedom from)이다. 그 경계선을 긋는 사람마다 다를 수 있지만, 그 경계선이 어디에는 존재해야 한다는 것은 항상 변함이 없다. 또한 그 경계선이 침범되어서는 안 된다는 것이 이런 소극적 의미에서 파악되는 자유의 핵심 요소이다. 이런 입장을 대표하는 밀(J. S. Mill)에 의하면, "이름에 합당한 자유는 우리 자신의 방식대로 자신의 목표를 추구하는 자유이다." …

고대 세계에는 정치적 이상으로서 '개인'의 자유에 관한 의식적 논의가 거의 없었다. 고대 로마와 그리스인들의 법의식에는 '개인'의 권리라는 관념이 들어 있지 않았다. 이런 사실은 유대 사회 및 중국을 비롯해 고대 사회에서 마찬가지였다. … 하지만 침해받지 않으려는 욕구, 개인 생활의 공간을 확보하려는 욕구는 개인에게 있어서 또는 공동체에 있어서 고도로 발달된 문명을 표시하는 지표이다. 사생활이라는 관념 자체 또는 개인적 관계의 영역을 신성한 것으로 인식하는 태도 등의 연원이 자유의 개념인 것은 사실이다. 그런 '개인'의 자유의 개념이 지금처럼 세련된 형태를 띤 것은 르네상스 또는 종교개혁 이후의 일이다. …

적극적 의미의 자유는 "내게 어떤 사람이 될 자유 또는 어떤 일을 할 자유가 있는가?"와 같은 질문을 할 때 부각되는 것이 아니고, "나를 지배하는 이는 누구인가?" 또는 "이런 사림이 되어야 한다, 저런 일을 해야 한다고 내게 말하는 주체가 누구인가?"와 같은 질문을 할 때 드러나기 때문이다. … 소극적 개념에 집착하는 사람들이 보기에 가면 뒤에 숨은 압제에 불과한 것이 실제로는 적극적 의미의 자유, 즉 '로부터의 자유'가 아니라 '~에로의 자유'(freedom to)인 경우가 종종 있기 때문이다. …

자유의 적극적 의미는 자신의 주인이 되기를 원하는 각 개인의 소원에 뿌리를 둔다. 나는 내 인생과 결정이 외부의 힘에 의존하기를 원하지 않고 나 자신에 의해 좌우되기를 원한다. 나는 객체가 아니라 주체가 되고 싶다. 나는 외부에서 내게 주는 원인(힘)에 따라 움직이는 것이 아니라 나 자신으로부터 나오는 이유 및 목적에 따라 움직이기를 원한다. 나는 무엇을 지향할 것인지 스스로 결정하고 그에 따라 행동하기를 원한다. …

스스로 자기 삶의 주인이 됨을 구성 요소로 하는 자유(적극적)와 내가 선택한 행동을 다른 사람 때문에 방해받지 않음을 구성 요소로 하는 자유(소극적)는 겉으로 보면 별로 구별되는 개념이 아닌 것처럼 보일 수도 있다. 역사적으로 자유에 관한 소극적 그리고 적극적 관념은 매우 다양한 관점에서 다양한 방향으로 발전되어 왔다. …

이처럼 합리주의에 담긴 자유의 개념은 아무도 나를 방해하지 않는 빈 공간을 상정하는 소극적 개념이 아니라 적극적 의미에서 '자기 지향' 또는 '자율(self-mastery)'의 개념이다. 나는 내가 스스로 의지하는 것을 할 수 있다. 나는 합리적 존재이기 때문이다. …

자유 개념의 본질은 '적극적' 의미와 '소극적' 의미에서 모두 내 마당(영역)을 침범하거나 내게 무슨 권위(간섭)을 행사하려는 타인들 또는 두려움, 강박관념 등과 같이 어떤 방해나 전횡을 행사하려고 쳐들어오는 사람이나 장애물을 막는 것에 있다. …

그러나 한 사람이 스스로 원하는 대로 살 수 있는 자유를 얼마나 누려야 할지는 자유 말고 또 다른 가치—평등, 정의, 안전, 사회 질서 등—를 향한 요구에 견주어 경중을 따져야 한다. 그렇기 때문에 자유에는 제한이 있어야 한다. "강한 자의 자유는 제한되어야 한다"는 사실을 상기시킨 토니(R. H. Tawney)의 말은 옳다. 이 경구는 존중을 촉구하는 데, 선험적 규칙에 따라 촉구하는 것이 아니라 정의의 원칙에 대한 존중 또는 심각하게 불평등한 조치에서 느끼는 치욕감에 대한 존중이 자유를 향한 욕구만큼 사람들에게 기본적이기 때문이다. 우리가 모든 것을 가질 수 없다는 것은 진리이다. …

출처: 이사야 벌린/박동천 옮김(2006). 「이사야 벌린의 자유론」. 아카넷. '자유의 두 개념' 논문 343-358, 360-380, 401, 418쪽에서 발췌.

1. 벌린의 글에 활용된 논증의 구조를 분석하시오.

주장	
근거/이유	
결론	

2. 벌린 논증의 문제점을 비판적으로 평가하시오.

논증의 형식	논증의 형식 또는 구조에 적합하게 구성했는가?
근거의 타당성	근거는 참 또는 진실인가? 근거가 주장을 뒷받침하는 데 타당한가?
결론의 적합성	근거와 자료에 일치되도록 결론이 도출되었는가? 결론이 참신하고 실현 가능한가?

▣ 필립 페팃, 「신공화주의」(1997)

이 책은 1990년대 자유주의와 공동체주의 논쟁에 대해 공화주의적 대안을 제시한 최초의 저서로 높이 평가된다. 필립 페팃(Philip Pettit)은 책 1부에서 이사야 벌린의 2가지 자유 개념—불간섭의 자유와 자율—의 한계를 비판하고, 공화주의 관점에서 제3의 개념으로서 '비지배의 자유'를 철학적으로 설득력 있게 설명하였다. 2부에서는 자의적인 지배와 간섭으로부터 개인을 보호하고 비지배의 자유를 증진하기 위해 필요한 입헌주의 및 민주주의 제도와 정책을 제시했다. 나아가 공화주의 국가가 공공선과 비지배 자유를 실현하기 위해서 시민사회와 시민적 교양이 필요하다고 주장하였다.

페팃에 의하면, 불간섭의 자유와 자율을 보장하더라도 현실에서 '간섭 없는 지배'와 '지배 없는 간섭'이 발생한다. 따라서 제3의 개념으로서 비지배의 자유가 필요하다. '비지배의 자유'는 불간섭의 상태를 넘어서 강자로부터 안전을 확보함으로써 타인의 '자의적인 권력(지배)'에 의한 간섭이 없는 상태이다. 페팃은 공동체 삶 속에서 비지배의 자유를 증대시키기 위해서 상호 권력 전략과 헌법 규정 전략을 제시했다. 상호 권력 전략은 지배자와 피지배자의 자원을 평등하게 만드는 것이다. 헌법 규정 전략은 헌법적 권위와 법률을 도입함으로써 어떤 사람도 타인을 자의적으로 지배하지 못하게 하는 방법이다.

❑ 페팃의 '비지배 자유' 개념 관련 글을 읽고 논증의 구조를 비판적으로 분석해 보자.

제3의 자유 개념 : 비지배의 자유

제3의 개념(비지배 자유): 비지배의 자유(liberty as non-domination)를 소개하는 최선의 방법은 벌린이 소극적 자유와 적극적 자유로 분류한 것이 제3의 자유의 가능성을 배제하고 있다는 점을 보여주는 것이다. 벌린이 분류한 간섭의 부재(소극적 자유)와 자율(적극적 자유)이 동일한 결과에 도달할 수 없다. …

지배의 대표적 예는 주인과 노예(하인)의 관계이다. … 지배와 간섭의 차이는 '간섭 없는 지배'와 '지배 없는 간섭'이 가능하다는 사실에서 나타난다. 예컨대, (성경에 나오는 요셉처럼)[1], 노예인 나는 선택에서

1) 필자의 주석 추가: BC 1900년경 유대인 요셉은 이집트 왕의 친위대장에게 노예로 팔렸다. 그러나 주인은 노예인 요셉을 신뢰하여, 요셉이 자신의 모든 소

아무런 간섭을 받지 않지만, 타인에 의해 지배받을 수 있다. 내 주인이 친절한 사람이어서 간섭하지 않을 수 있고, 내가 처세술이 뛰어나 요령껏 마음대로 할 수도 있다. 그래서 나는 주인의 지배를 받지만, 간섭을 받지 않고 자유롭게 행동할 수 있다.

반대로 지배 없이 간섭당할 수 있다. 의뢰인과 변호사의 관계처럼, 타인 또는 기관의 간섭이 내 이익을 증진할 때 그리고 그 경우 내가 그들의 의견에 자발적으로 따를 것이라는 조건을 만족시킬 경우, 간섭할 수 있다고 가정해 보자. 이런 경우 타인은 나에게 간섭하지만, 자의적인 근거나 힘에 의거해 간섭하는 것은 아니기 때문에, 그런 간섭을 지배의 행사로 볼 수 없다. …

… 간섭의 유무와 지배의 유무에 따라 4가지 경우가 있는데, 지배와 간섭이 모두 없는 경우, 불간섭과 비지배라는 이상(ideal)이 모두 성취될 수 있다. 반대로 간섭과 지배가 모두 있는 경우, 두 이상은 모두 성취될 수 없다. 간섭하지 않는 주인처럼, 지배는 있지만 간섭이 없다면, 비지배 자유에 의해서만 그런 상황을 비판할 수 있다. 반대로 지배하지 않는 간섭자처럼, 간섭은 있지만 지배하지 않는다면, 불간섭의 자유에 의해서만 비판할 수 있다. …

불간섭의 자유를 누리는 것은 현실 세계에서 강제를 피하는 것이다. 현실적인 선택의 적절한 범위 내에서 누구도 이런 방식을 선택하라고 강요하지 않는다. 나는 어떤 방해나 협박, 처벌 없이 스스로 결정할 수 있다. 그렇다면 이런 불간섭의 세상을 비지배의 세상으로 만들기 위해서 무엇이 필요한가? … 우연에 의해서가 아니라 강자로부터 안전을 확보함으로써 '자의적인 권력'(지배)에 의한 불간섭의 세상이 되어야 한다. …

우리가 강자에게 호의를 얻지 못하거나 운이 나쁘거나 아첨하는 능

유물을 주관하도록 위탁했고, 자기가 먹는 음식 이외에 전혀 간섭하지 않았다(성경 창세기 39장 2-6절). 즉, 요셉은 주인의 지배를 받지만 간섭을 받지 않았기 때문에, 노예였지만 '불간섭의 자유'를 누렸다.

력이 없는 경우에 강자의 자의적인 지배가 뒤따를 수 있다. 강자는 많은 방식으로 우리를 강요하기 시작한다. 이런 경우에도 우리는 강자로부터 불간섭의 자유를 누린다고 말한다. … 하지만 불간섭의 자유가 이런 우연성을 내재하고 있어서, 비재배의 자유는 그것을 거부한다. 비지배는 단순히 불간섭을 누리는 것과 중요하게 다른 점은 어떤 개인도 타인에 대해 '자의적 권력'을 갖고 행사(지배)하지 못한다는 사실이다. …

불간섭의 자유를 주장하는 사람들(자유주의자)은 지배와 관계없이 "내가 간섭받지 않고 선택할 수 있다"는 사실에 가치를 부여한다. 이들은 선택의 종류와 질은 상관하지 않고 선택할 수 있는 양에 초점을 맞춘다. 그러나 비지배 자유를 수용하는 사람들(공화주의자)은 자신이 선택할 수 있다는 자체가 아니라 자신의 선택권이 자의적 권력에 의해 지배받지 않는다는 사실에 가치를 부여한다. 이들은 자의적인 지배를 받지 않는 선택이라는 선택의 질에 관심을 갖는다. …

지배: 어떤 행위자가 다른 사람에 대해 자의적인 간섭을 할 수 있는 권력을 갖고 있는 경우에 한해서, 그를 지배한다고 말한다. … 모든 지배의 관계에는 ① 간섭할 수 있는 능력을 갖고, ②자의적으로 ③ 타인의 선택에 대해 강요 또는 종속시키는 요소가 포함된다. …

권력을 갖고 자의적으로 지배를 하는 사례를 살펴보자. 자신의 말을 따르지 않는다고 아내를 때리는 남편, 자기 마음에 들지 않는 노동자를 해고하지만 아무런 죄책감을 느끼지 않는 고용주, 교육이라는 명분하에 사소한 구실로 학생을 벌하는 교사, 수감자를 몰래 괴롭히면서 태연한 교도관, 이들은 모두 자신에게 종속된 사람에 대해서 높은 수준의 자의적 권력을 행사한다. 현대 민주주의 사회에서도 이런 사람들이 과거 노예 소유주 또는 전제 군주처럼 낯설지 않게 발견된다. …

비지배 : 공화주의 전통에서 지배의 부재 상태는 어떤 사람도 우리를 자의적으로 지배하지 않는 사람들 속에서 사는 상태와 관련된다. 비지배의 실현은 무인도 상태가 아니라 많은 사람들이 함께 사는 공동체를 전제하는 사회적 이상이다. …

그러면 사회를 어떻게 디자인해야 비지배의 증진에 기여할 수 있는가? 하나는 상호 권력(reciprocal power) 전략이고, 다른 하나는 헌법 규정(constitutional provision) 전략이다. 상호 권력 전략은 지배자와 피치자의 자원을 평등하게 만드는 것이다. 이를 통해 지배자의 어떠한 간섭에 대해서도 피치자가 스스로를 방어할 수 있다. 만약 개인이 다른 사람이 행사할 수 있는 간섭에 대해서 효과적으로 자신을 보호할 수 있다면, 누구도 타인에 의해서 자의적인 지배를 받지 않게 될 것이다. 어떤 사람도 타인이 가하는 자의적 간섭의 가능성에 영구히 종속(지배)되지 않을 것이다. …

헌법 규정 전략은 (자의적인) 지배 자체를 없애는 것을 목표로 한다. 자의적 간섭에 대해 피지배자가 자신을 방어하거나 자의적인 간섭자를 단념하게 하는 것이 아니라 그런 자의적인 지배와 간섭 상황에 대해 선출된 대표자와 법률 같은 헌법적 권위를 도입함으로써 자의적 지배를 없애는 방법이다. … 비지배는 단지 간섭의 부재가 아니라 자의적인 권력에서 가해지는 간섭의 부재 또는 안전과 연관되어 있다.

공화주의의 비지배 자유 개념(법, 자유): 자유인과 노예 사례처럼, 간섭 없이도 자유가 상실될 수 있다. 의뢰인과 변호사 관계처럼, 자유의 상실이 없더라도 간섭이 일어날 수 있다. 간섭이 자의적이지 않고 지배 형태로 나타나지 않을 때, 즉 간섭받는 사람의 이익과 의견에 의해 통제되고 그들의 의견에 따르는 동시에 그들의 이익에 기여할 때, 그런 간섭은 자유의 상실 없이도 발생한다. …

다른 한편 적절하게 제정된 법률에 대한 공화주의적 강조에서 '지배 없는 간섭'이라는 주제가 나온다. 즉, 사람들의 일반적 이익(공공선)과 생각에 대응하여 만들어진 법률은 사람들의 행위를 간섭하지만, 사람들의 자유를 근본적으로 훼손시키지 않는다. 이 경우 법은 지배하지 않는 간섭자이다. … 공화주의 전통에서 자유는 적합한 법적 정치체제 하에서만 존재하는 상태로 여겨진다. 통치자가 누리는 권위가 법에 의해 만들어지는 것처럼, 시민들이 공유하는 자유 역시 법이 만들어낸다. …

법은 사람들의 공통된 이익과 생각을 존중하고 이상적인 법의 이상을 따를 때, 즉 법이 어떤 개인 또는 집단의 자의적인 의지(권력)의 도구가 아닐 때에만 그런 역할을 한다. 독재자가 법을 자기 권력의 도구로 사용할 경우에 시민들은 자의적인 권력에 의해 지배를 당하게 되고 자유를 누리지 못하게 된다. …

적절한 대표 선거, 공직의 순환, 권력의 분립 등 헌법의 민주적 메커니즘이 적절하게 작동할 때, 공화주의는 지배자가 적절하게 제한되고 타인에 대한 자의적 권력을 갖지 못하게 될 것이라고 본다. … 법과 관습이 타인에게 자의적인 권력을 휘두르는 사람들을 강제하기에 충분하다고 가정해 보자. 그리고 그런 법과 관습이 자의적 권력을 발생시키지 않는다고 가정해 보자. 이런 상황에 사는 사람들을 진정 자유롭다고 말하고, 자유로운 정치체제라고 할 수 있다.

출처: 필립 페팃/곽준혁 옮김(2012). 「신공화주의」. 나남. '1장-2. 제3의 개념: 비지배 자유'와 '1장-5. 공화주의 비지배 자유 개념'의 73-79, 98-100쪽, '2장 1. 지배~2. 비지배'의 151-153쪽에서 발췌.

1. 페팃의 글에 활용된 논증의 구조를 분석하시오.

주장	
근거/이유	
결론	

2. 페팃 논증의 문제점을 비판적으로 평가하시오.

논증의 형식	논증의 형식 또는 구조에 적합하게 구성했는가?
근거의 타당성	근거는 참 또는 진실인가? 근거가 주장을 뒷받침하는 데 타당한가?
결론의 적합성	근거와 자료에 일치되도록 결론이 도출되었는가? 결론이 참신하고 실현 가능한가?

3. 자유 관련 논술하기

■ '자유' 주제와 관련하여 글의 개요를 작성하고, 논리적으로 글 쓰는 연습을 해보자. 해보자.

▸ 글의 개요 작성하기

주장	
근거/이유	
자료수집	
결론	
제목	

▸ 글의 개요에 의거해 관련 자료를 찾아 글을 써 보자.

CHAPTER

11

민주주의의 위기와 미래

1. 민주주의에 대한 이해

■ 민주주의의 어원

민주주의 또는 민주 정치는 고대 그리스어 '데모크라티아'(δημοκρατία, dēmokratía)에서 유래했다. 데모크라티아는 그리스어 민중(demos)과 권력, 지배(kratos)가 결합된 말로서 일반 민중이 국가 권력을 갖고 지배하는 정치체제를 의미했다. 고대 아테네의 정치가 페리클레스는 전쟁 이후 한 연설에서 아테네의 정치에 대해 국가의 최고 권력이 소수의 사람이 아니라 '민중 전체'에게 있는 정치 체제를 민주주의라고 불렀다(박상준, 2020: 28).

> "… 우리 정치 체제가 민주주의(δημοκρατία)로 불리는 이유는 권력이 소수 사람이 아닌 모든 시민의 손에 있기 때문이다. … 어떤 사람에게 공직을 맡길 때 특정한 신분이 아니라 그가 가진 재능을 고려한다. 누구든지 국가에 봉사할 능력이 있으면 가난 때문에 정치적으로 기회를 얻지 못하는 일은 없을 것이다. … 우리는 스스로 우리의 정책을 결정하거나 토론에 회부한다."
>
> (투키디데스, 2011: 145-147)

■ 민주주의의 개념

고대 아테네 이후 유럽에서 근대 시민혁명 이후 유럽에서 다시 민주주의가 채택되었다. 민주주의는 국가의 권력을 특정한 사람, 계급이 아니라 사회 구성원 전체에게 부여하는 정치체제를 가리켰다. 정치체제로서 민주주의는 왕, 귀족, 부자 등의 지배에 반대되는 것으로 '민중에 의한 지배'(government by the people)를 의미하고, 또한 왕, 황제, 독재자 등 한 사람의 지배에 반대되는 것으로 '다수에 의한 지배'(government by the many)를 의미했다.

왕 한 사람이 국가 권력을 갖고 통치하는 '군주 정치', 소수 귀족 계급이 국가 권력을 갖고 지배하는 '귀족 정치'와 구별하여, 민주 정치는 '다수의 민중들'이 국가 권력을 가지고 지배하는 정치체제를 가리킨다. 국가의 중요한 정책을 결정하고, 고위 공직자를 선출하며, 법률을 만들거나 예산을 정하는 국가 권력이 왕, 귀족이 아니라 '일반 민중' 다수에게 있는 정치체제가 바로 민주주의이다(박상준, 2020: 29).

요약하면, 민주주의는 시대와 사회에 따라 다양하게 이해되었지만, '정치체제로서 민주주의'는 몇 가지 공통된 특성을 지니고 있다(박상준, 2020: 31).

- 왕, 귀족, 부자 계급이 아니라 일반 시민이 주권을 갖고 지배하는 정치 체제.
- 소수가 아니라 '다수 또는 전체' 시민이 지배하는 체제.
- 통치자의 임기와 연임을 제한함으로써 독재와 권력 남용을 방지하는 체제.

• 국가 권력의 목적이 개인의 기본적 권리 보장, 사회의 공공선과 정의의 실현을 목적으로 하는 체제.

■ 민주주의와 다른 정치체제의 구분

정치체제 또는 정치형태(polity)는 군주정, 귀족정, 민주정, 공화정, 혼합정 등 매우 다양하게 분류될 수 있다. 학자들마다 정치체제를 다양하게 분류했지만, 아리스토텔레스와 루소는 '지배자의 수'를 기준으로, 몽테스키외는 '주권의 소유자와 통치의 근거'를 기준으로 정치체제를 명료하게 분류했다.

아리스토텔레스(Aristotle)는 「정치학」에서 "누가 국가 권력을 갖는지(누가 지배하는지)"와 "지배의 목적이 무엇인지"를 기준으로 정치체제를 군주정(basileia), 귀족정(aristokratia), 민주정(politeia)으로 구분했다. 그에 의하면,

> "정부는 국가의 최고 권력 기구이다. 한 사람, 소수, 다수가 공공의 이익(공공선)을 위해 통치하는 정부는 올바른 정부이다. 그러나 사적 이익을 위해 통치하는 정부는 잘못된 정부이다. …… 한 사람이 공공의 이익을 위해 통치하는 정부는 '군주정'이라 부르고, 소수가 공공의 이익을 위해 통치하는 정부를 '귀족정'이라 부른다. …… 다수가 공공의 이익을 위하여 통치하는 정부를 '민주정'이라 부른다." (아리스토텔레스, 2010: 3권 7장 151-152)

▌아리스토텔레스의 정치체제 분류▐

분류 기준	올바른 정치 체제		왜곡된 정치 체제	
누가 국가 권력을 갖는가? (지배자의 수) 국가의 목적은 무엇인가? (지배의 목적)	군주정	'**왕 1인**'이 권력을 갖고 '공동의 이익'을 위해 지배하는 정치 체제(1인 지배 체제)	참주정	'독재자 1인'이 '자신의 이익'을 위해 통치하는 정치 체제
	귀족정	'**소수 귀족**'이 권력을 갖고 '공동의 이익'을 위해 지배하는 정치 체제(소수 지배 체제)	과두정	'소수 부자'가 권력을 갖고 '부자의 이익'을 위해 통치하는 정치 체제
	민주정	'**다수 민중 또는 시민 전체**'가 권력을 갖고 '공동의 이익'을 위해 지배하는 정치 체제(다수 지배 체제)	중우정	'다수 빈민'이 권력을 갖고 '빈민의 이익'을 위해 통치하는 정치 체제

출처: 박상준, 2020: 34. 재인용.

아리스토텔레스와 유사하게, 루소(J. J. Rousseau)도 「사회계약론」(1762)에서 정부(지배 체제)를 구성하는 사람의 수, 즉 '지배자의 수'를 기준으로 정치형태를 군주정, 귀족정, 민주정으로 분류했다. 루소에 따르면,

> "앞 장에서 정부(government)의 종류와 형태가 '정부'를 구성하는 사람의 수'에 따라 구별되는 이유를 살펴보았다. …… 주권자가 정부(지배)를 '국민 전체' 또는 '다수의 국민'에게 위임하여 개인으로서 시민보다는 행정관으로서 시민이 더 많게 할 수 있다. 이러한 정치형태를 '민주정'이라고 한다. 또는 행정관보다 일반 시민이 더 많도록 정부를 소수의 손에 제한할 수 있는데, 이런 정치형태를 '귀족정'이라고 부른다. 정부 전체를 한 사람의 손에 집중시키고 그로부터 사람들이 권력을 얻게 할 수 있다. 이런 정치형태

를 '군주정' 또는 '왕정'이라 부른다"

(루소, 2018: 3권 3장 81~83)

아리스토텔레스, 루소와 달리, 몽테스키외(C.L.S. Montesquieu)는 「법의 정신」(1748)에서 "누가 주권을 갖는지(주권의 소유자)"와 "지배가 무엇에 근거해 어떤 방식으로 이루어지는지(지배의 근거와 방식)"를 기준으로 정치체제를 분류했다. 몽테스키외는 귀족정과 민주정을 '공화정'으로 묶어서, 정치체제를 공화정, 군주정, 전제정 세 가지로 분류했다. 그에 따르면,

> "정치체제에는 공화정, 군주정, 전제정 세 가지가 있다. … 공화정은 국민 전체 또는 국민의 일부가 주권을 가진 정치 체제(정체)이다. 군주정은 한 사람이 법에 의거해 지배하는 정체이다. 전제정은 통치자가 법이나 규칙 없이 자신의 의지나 뜻에 따라 모든 것을 끌고 가는 정체이다. … 공화정에서 국민 전체가 주권을 가지면 민주정이고, 주권이 국민의 일부 손에 있으면 '귀족정'이라 부른다. 민주정에서 국민은 어떤 면에서는 군주(지배자)이고, 다른 면에서는 신하(피지배자)이다. 국민은 주권자의 의사 표시인 투표를 통해서만 지배자가 될 수 있다. 따라서 투표권을 정하는 법이 민주정에서 매우 중요하다."
>
> (몽테스키외, 2017: 2편 1-2장 29-31)

▌몽테스키외의 정치체제 분류▐

<table>
<tr><th>분류 기준</th><th colspan="3">정치 체제의 구조</th><th>정치의 원리</th></tr>
<tr><td rowspan="4">누가 주권을 갖는가?
(주권의 소유자)

통치가 무엇에 근거해 어떤 방식으로 이루어지는가?
(통치의 근거와 방식)</td><td rowspan="2">공화정</td><td>귀족정</td><td>'소수 귀족'이 주권을 갖고 '법에 근거해' 지배하는 정치 체제</td><td>귀족의 절도</td></tr>
<tr><td>민주정</td><td>'다수의 일반 사람들'이 주권을 갖고 '법에 근거해' 지배하는 정치 체제</td><td>시민의 덕성</td></tr>
<tr><td colspan="2">군주정</td><td>'왕'이 주권을 갖고 법에 근거해 통치하는 정치 체제</td><td>왕의 명예심</td></tr>
<tr><td colspan="2">전제정</td><td>'한 사람'이 주권을 갖지만, 통치자가 자신의 의사나 감정에 따라 '자의적으로' 지배하는 정치 체제</td><td>국민의 공포심, 두려움 조성</td></tr>
</table>

출처: 박상준, 2020: 38. 재인용.

몽테스키외에 따르면, 근대 국가에서는 인구수가 증가하고 영토가 확대되면서 민주정에서 일반 시민들은 '선거'를 통해 자신을 대표할 의원과 통치자를 선출하는 방식으로 주권을 행사한다. 그래서 민주정에서는 무엇보다 선거권의 부여와 선거 방식을 정하는 법률을 만드는 것이 중요하다. 또한 대표자의 선출 방법과 탄핵 방식을 정하는 법률도 필요하다.

그다음 주권자인 시민만이 법률을 만들 수 있다는 것이 민주정의 가장 중요한 법이다. 민주정에서 기본적인 법은 시민의 선거권 부여, 대표자의 선출과 탄핵 방식, 시민의 법률 제정권을 규정하는 것이다. 민주정이 공공의 이익을 위해 성공적으로 작동하기 위해서는 주권을 행사하는 시민과 정치가가 여러 가지 '덕성'을 갖추는 것이 필요하다. 그래서 지혜, 용기, 관용, 정의 같은 여러 가지 '시민의 덕성'이 민주정의 원리이다.

■ 민주정과 공화정의 구분

우리나라는 민주정과 공화정을 결합하여 '민주공화국'를 채택했는데, 그러면 민주정과 공화정은 어떻게 다른가? 민주정과 공화정은 서로 비슷한 특성을 갖지만, "다수가 국가 권력을 공동 소유하고 함께 지배하는가", "통치자가 세습이 아니라 선출되는가"를 기준으로 구분될 수 있다.

공화정치는 누가 주권을 갖는지와 관계없이 국가 권력을 독점하는 왕(王)이 존재하지 않고, '2인 이상'의 사람이 권력을 '공동 소유하며 함께 지배하는(共和)' 정치체제를 모두 통틀어 공화정치라고 한다. 법률 제정과 예산 결정의 권력은 원로원(오늘날 '상원')과 켄투리아회(오늘날 '하원')에서 그리고 법률과 예산 집행의 권력은 집정관 2명(오늘날 '대통령, 부통령/총리' 등)이 나누어 소유하고 함께 지배한다. 그러기 위해서 통치자는 세습이 아니라 선거를 통해 주기적으로 선출한다. 국가 권력의 공동 소유와 공동 지배, 통치자의 선출이 공화정치의 원리이다(박상준, 2020: 54-55).

이런 측면에서 공화정치의 반대는 왕이나 황제 같은 통치자가 혈통에 의해 대물림되는 '세습 군주정'이다. 그리고 국가는 모든 시민이 공동으로 소유하는 것이고, 국가 권력은 특정한 사람의 사적 이익이 아니라 '공공의 이익', 즉 공공선(公共善)을 위해 행사한다는 생각이 공화정치 안에 포함되어 있다.

공화정치 중에서 '소수 귀족이나 부자 계급'이 국가 권력을 소유하여 지배하면 귀족정치가 되고, '다수 또는 전체 시민'이 권력을 소유하고 지배하면 민주정치가 된다. 민주정치는 왕이나 소수 귀족이 아니라 다수의 일반 사람들이 주권을 가지고 지배하는 정치체제이다. 민주정치에서 시민은 누구나 법률의 제정과 예산안의 결정, 법률 및 예산의 집행, 재판 등에 '평등하게 참여'할 수 있고, 공직자는 모든 시민 중에서 주기적으로 뽑기 때문에 '번갈아 가며' 지배에 참여할 수 있다. 이것이 민주정치의 원리이다. 이런 점에서 민주정치의 반대는 왕 한 사람이 국가 권력을 소유하고 지배하는 군주정치이다(박상준, 2020: 55-56).

하지만 고대 로마 공화정이나 중세 베네치아 공화정과 달리, 근대 시민혁명 이후 등장한 프랑스 공화국이나 미국 연방 공화정에서 소수의 지배 집단들은 자신의 권력과 지배의 정당성을 확보하기 위해 다수 시민들의 동의와 위임이 필요했다. 시민의 동의와 위임을 얻는 방법으로 만들어낸 것이 바로 '선거'였다. 20세기 중반 이후 모든 성인 남녀로 투표권을 확대하는 보통 선거 제도가 정착되면서, 선거로 소수 대표자를 선출해 주권과 지배를 위임하고, 대표자가 대신 지배하는 정치체제가 등장하는데, 이를 '대의 민주주의'라고 부른다. 그래서 오늘날 공화정치 대신에 대의 민주주의란 말이 일반적으로 사용되고 있다(박상준, 2020: 52-53).

■ 민주주의의 형태: 시민의 직접·간접 지배 방식

민주주의에서 시민이 주권을 행사하는 방식, 즉 지배에 참여하는 방식에 따라 직접 민주주의와 대의 민주주의로 구분될 수 있다. 직접 민주주의는 일정 자격을 갖춘 시민이 정치적 의사결정에 직접 참여하여 결정하는 형태이다. 대의 민주주의는 시민이 선거를 통해 대표자를 선출하여 입법, 정책 결정 등 중요한 정치적 의사결정을 대표자에게 위임하는 형태이다. 선출된 대표자를 통해 국가 권력이 간접적으로 행사된다.

고대 아테네는 전체 인구가 약 10만~15만 명 정도였고(노예 제외), 정치에 참여할 수 있는 성인 남성 시민의 수가 3만~4만 명 정도였다. 그래서 시민들이 민회에 모여 법률안, 예산안 등 국가의 중요한 일을 직접 토론해 결정할 수 있었다. 민회에서 결정한 법률이나 예산을 집행하는 행정관, 500인회의 평의원, 배심원 등은 무작위 '추첨'으로 뽑았다. 공직자를 추첨으로 뽑은 이유는 시민은 누구나 이성적으로 판단하고 공직을 수행할 능력에 있어서 평등하다고 믿었기 때문이다.

이러한 '정치적 평등' 원칙에 기초하여 시민은 누구든지 공직에 지원할 수 있었고, 지원자 중에서 무작위로 '추첨'하여 1년간 공직을 맡겼다.[1] 시민이라면 누구든지 일생에 한두 번은 공직을 맡아 지배에 직접 참여할 수 있었다. 이런 점에서 고대 아테네는 직접 민주주의(direct democracy)를 실시했다(박상준, 2020: 63).

오늘날에도 스위스의 일부 주(Kanton)에서 란츠게마인데(Landsgemeinde), 즉 주민 총회를 통해 직접 민주주의를 실시하고 있다. 스위스 연방 헌법은 각 칸톤의 주권과 자치권을 인정하고 있

1) 이런 이유에서 어떤 학자들은 고대 아테네의 민주주의를 '추첨 민주주의'라고 부른다(이지문, 2015: 18-27).

다. 그러나 최근 인구 증가와 주민 총회의 효율적 운영 등의 문제로 2019년 글라루스와 아펜첼이너로덴 2개의 칸톤에서 란츠게마인데가 시행되고 있다. 글라루스의 란츠게마인데는 2007년부터 16세 이상의 남녀가 참여할 수 있다. 2018년 기준으로 유권자는 약 2만 7천여 명인데, 란츠게마인데에 참여하는 시민은 보통 6천~7천 명(20~25%) 정도이다.

란츠게마인데는 매년 5월 첫째 주 일요일 오전 9시 30분에 개최된다. 주지사가 개회를 선언한 후 주요 공직자를 선출하고, 내년도 세율을 결정한다. 그다음 각 시민이 제안한 정책이나 법률안을 설명하고 그에 대해 토론한 다음 거수투표로 결정한다. 각 시민은 일정한 인원의 서명을 받아 안건을 제안할 수 있다(박상준, 2020: 63-64).

그러나 현대 국가들은 대부분 영토가 확장되고 인구가 몇 백만 명 또는 수천만 명 이상으로 증가했기 때문에, 그리스의 아테네나 스위스의 글라루스처럼 직접 민주주의를 실시하기 어려워졌다. 그래서 대부분의 민주주의 국가들은 시민들이 선거를 통해 자신을 대신할 대표자 를 선출하여 지배를 위임하는 방식을 채택하고 있다. 시민들은 자신을 대표해 법을 제정할 의원을 그리고 법의 집행 및 행정을 담당할 대통령을 선출하고, 또한 2~6년마다 선거를 통해 대표자를 교체한다. 시민의 주권은 주로 대표자를 선출하는 투표로 행사되기 때문에, 선거를 통해 지배자와 피지배자의 연결이 이루어진다. 이처럼 오늘날 민주주의 국가들은 대의 민주주의(representative democracy) 또는 간접 민주주의를 실시하고 있다(박상준, 2020: 64).

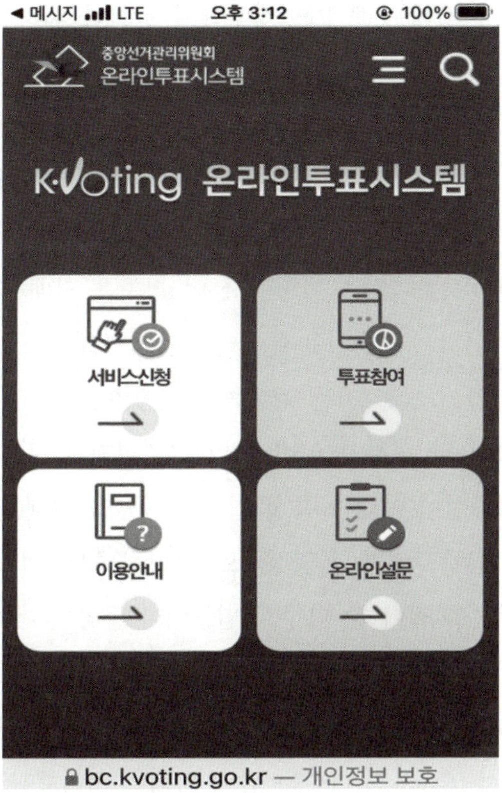

■ 대의 민주주의의 위기

오늘날 대의 민주주의는 여러 가지 위기에 직면했다. 첫째, 대의 민주주의는 '금권정치'(plutocracy)로 전락하고 있다. 주권자인 국민이 2~6년마다 주기적으로 선거를 통해 대표자를 선출/교체하여 주권의 행사를 위임한다. 그런데 선거 과정에 막대한 비용이 지출되기 때문에, 선거 자금을 후원하는 대기업과 부유층의 돈이 선거 결과와 정치를 좌우하는 '금권정치'(plutocracy)로 전락하는 위기에 부딪혔다.

금권정치의 폐해는 트럼프 정부에서 장관과 대사의 임명에서 노골적으로 나타났다. 트럼프는 2017년 대사 19명 중 14명을 존슨 앤 존슨 창업자의 상속자 로버트 우드 존슨(영국 대사), 광산업자의 부인 켈리 크래프트(캐나다 대사), 증권회사 창업자 조지 글래스(포르투갈 대사) 등 거액의 선거 자금 기부자를 임명했다(박상준, 2020: 133-134). 이처럼 돈이 정치를 지배하는 대의 민주주의에서 선거는 '1인 1표제'에서 '1달러 1표제'로 바뀌었다고 조지프 스티글리츠(2020)는 강하게 비판했다.

둘째, 대표자와 정부가 일반 국민과 괴리되어 군림하고, 다수 국민이나 공공선이 아니라 특정 집단의 이익을 위해 정치를 하게 된다. 대의 민주주의가 금권정치로 전락하면서, 선거로 선출된 대표자는 자신을 뽑아 준 다수 국민들이나 공공의 이익보다는 대기업, 부자 등 특정한 집단의 이익을 위해 법과 정책을 만든다. 트럼프는 2017년 법인세율을 35%에서 21%로, 소득세 최고세율을 39.6%에서 37%로 인하하는 감세 정책을 실시했다. 하지만 감세의 혜택은 주로 대기업과 부유층에 돌아갔다. 반면에 중국이나 남미 등에 부과한 관세 폭탄은 물가를 인상시켰으며 결국 다수의 중산층과 하층 소비자에게 커다란 경제적 부담을 안겨 주었다(박상준, 2020: 134-135).

선거에서는 다수 유권자의 표를 얻기 위해 여러 가지 공약을 제시하지만, 일단 당선되면 일반 국민과는 거리가 멀어지고 법률이나 정책 추진 등 막강한 국가 권력을 합법적으로 독점 행사하기 때문이다. 또한 정치활동의 자금은 일반 국민이 아니라 대기업이나 부자로부터 후원받기 때문이다.

대의 민주주의에서 선거는 주권자(시민)와 대표자(지배자)의 지위를 뒤바꾸고, 소수 대표자가 주권과 국가 권력을 독점적으로 행사하는 것을 정당화하는 절차에 불과하다. 2~3주 정도의 선거 운동 기간에만 대통령, 국회의원, 지방자치단체장, 지방의원 후보자들은 일반 시민들을 찾아다니며 90도로 허리 숙여 인사하고, 시민들의 요구를 정치에 반영하겠다고 약속한다. 그러나 선거에서 당선되고 나면, 일반 시민을 찾아오지 않고, 시민들이 대표자를 찾아가도 만나기 어렵다. 그에 따라 대통령, 국회의원 등은 선거 전에는 일반 국민을 찾아 다니며 폴더 인사를 하고 공약을 남발하지만, 당선 후에는 국민 위에 군림한다. 이런 대의 민주주의의 선거 제도가 지닌 폐해를 이미 2백 년 전에 루소가 신랄하게 비판했다(박상준, 2020: 130).

> "영국 사람들은 자신이 자유롭다고 생각한다. 그것은 큰 착각이다. 그들은 오직 대표자(하원 의원)를 선출하는 동안만 자유롭다. 선거가 끝나면, 즉시 모든 사람은 다시 (대표자의) 노예가 되고, 아무것도 아닌 존재와 마찬가지이다. 자유를 갖는 짧은 기간에 자유를 사용하는 것을 보면, 사람들이 자유를 잃어버리는 것은 당연하다." (루소, 2018: 3권 15장, 117-118쪽)

셋째, 참정권이 법률에 기본적 권리로 보장되어 있지만, 최근 정치에 대한 불신과 무관심이 증가하면서, 대의 민주주의는 참여의 위기를 맞고 있다. 중앙선거관리위원회의 선거 자료에 따르면, 대통령 선거의 투표율은 점차 하락하고 있다. 제3대 대선

(1956)의 투표율은 94.4%, 제4대 대선(1960)은 97.0%로 시민 대다수가 투표에 참여했다. 하지만 그 이후 투표율이 점차 감소했고 제16대 대선(2002)에서는 70.8%로, 제17대 대선(2007)에서는 63.0%로 떨어졌다. 2017년 촛불집회와 대통령 탄핵 이후 실시된 제19대 대선(투표율 77.2%)을 제외하면, 대통령 선거의 투표율은 1950~1960년대에 비해 2010년대에 20~30% 정도 낮아졌다(박상준, 2020: 137).

국회의원 선거의 투표율은 더 크게 하락했다. 1948년 첫 총선거부터 제4대 총선(1958)까지는 96~88%로 매우 높은 투표율을 나타냈다. 하지만 제6대 총선(1963)부터 제11대 총선(1981)까지 투표율이 72~78%로 낮아졌다. 그 후 제16대 총선(2000)에서는 57.2%로 낮아졌고, 제18대 총선(2008)에서는 46.1%로 크게 떨어졌다. 국회의원 선거의 투표율은 1950년대에 비해 2010년대에 30~40% 정도 낮아졌다.

넷째, 낮은 투표율과 정치 참여는 대표성의 위기를 가져온다. 투표율이 2분의 1 이하로 낮아지고 실질 득표율 3분의 1 이하로 당선된 후보자가 많아지면서, 과연 국민을 대표하는 당선자가 맞는지, 그 대표성에 의문이 제기된다. 그리고 낮은 투표율로 인해 대표자의 도덕성과 능력이 부족한 후보자가 당선되면서, 정치에 대한 불신도 더 커지고 있다(박상준, 2020: 137-138).

실제로 총선 결과를 분석해 보면, 제18대 총선에서 245개 선거구 중 43명의 후보자가 유권자 3분의 1 이하의 지지를 얻고 당선되었다. 실질 득표율 15% 미만으로 당선된 후보자가 6명이고, 15~20%로 당선된 후보자는 30명, 21~35%로 당선된 후보자는 7

명이었다. 제19대 총선에서도 246개 선거구 중 41곳에서 유권자 4분의 1의 지지도 얻지 못한 당선자가 나왔다. 실질 득표율 17~20% 미만으로 당선된 후보자가 5명이었고, 20~25%로 당선된 후보자가 36명이었다.

▌민주주의 지수(Democracy Index) 변화▐

정치 체제	연도 국가	2010	2012	2014	2016	2018	2021	2023
충분한 민주주의 (8.01~10.0)	노르웨이	9.80	9.93	9.93	9.93	9.87	9.75	9.81(1)
	뉴질랜드	9.26	9.26	9.26	9.26	9.26	9.37	9.61(2)
	핀란드	9.19	9.06	9.03	9.03	9.14	9.27	9.30(5)
	스위스	9.09	9.09	9.09	9.09	9.03	8.90	9.14(8)
	독일	8.38	8.34	8.64	8.63	8.68	8.67	8.80(12)
	캐나다	9.08	9.08	9.08	9.15	9.15	8.87	8.69(13)
	호주	9.22	9.22	9.01	9.01	9.09	8.90	8.66(14)
	일본	8.08	8.08	7.92	7.81	7.99	8.15	8.40(16)
	영국	8.16	8.21	8.31	8.36	8.53	8.10	8.28(18)
	대한민국	8.11	8.13	8.06	7.92	8.00	8.16	8.00(22)
	프랑스	7.77	7.88	8.04	7.92	7.80	7.99	8.07(23)
결점 있는 민주주의 (6.01~8.00)	칠레	7,67	7.54	7.80	7.78	7.97	7.92	7.98(25)
	미국	8.18	8.11	8.11	7.98	7.96	7.85	7.85(29)
	포르투갈	8.02	7.92	7.79	7.86	7.84	7.82	7.75(31)
	이탈리아	7.83	7.74	7.85	7.98	7.71	7.68	7.71(33)
	인도	7.28	7.52	7.92	7.81	7.23	6.91	7.18(41)
	필리핀	6.12	6.30	6.77	6.94	6.71	6.62	6.66(53)

* 민주주의 지수는 영국의 이코노미스트에서 167개국의 선거 절차 및 다원주의, 시민의 권리, 정부의 기능, 정치 참여, 정치 문화 5개 범주에 대한 평가를 합산한 것임.
자료: https://www.eiu.com/n/campaigns/democracy-index-2023 / ( )는 순위
표: 박상준, 2020: 99-100. 인용.

2. 민주주의 관련 글 읽고 분석하기

▣ 마이클 샌델, 「당신이 모르는 민주주의」(2023)

이 책의 원제목은 「민주주의의 불복(Democracy's Discontent)」이고, 정의, 공정, 공공선, 자유주의, 공동체와 자치 등 샌델이 썼던 정치철학의 종합 세트이다. 샌델(M. J. Sandel)은 1990년대 신자유주의 흐름으로 인해 미국의 민주주의가 직면한 위기를 분석하고 공동체주의적 관점에서 해법을 제시하였다. 1990년대 이후 신자유주의 세계화로 인해 빈부 격차와 사회 분열이 심화되었다. 또한 트럼프 대통령의 미국우선주의 정책의 여파와 대선 결과의 불복 및 의사당 난입 폭동 등은 미국 민주주의의 근본 토대를 흔들어 놓았다. 선거는 대기업과 부유층의 돈이 정치를 좌우하는 금권정치가 합법적으로 민주주의를 독점하도록 만들었다. 이러한 민주주의 위기를 극복하기 위한 대안을 샌델은 공공선, 사회적 연대 등 공동체적 가치와 자치의 회복으로 제안하고 있다.

❑ 샌델의 민주주의 위기 관련 글을 읽고 논증의 구조를 비판적으로 분석해 보자.

1990년대 이후 민주주의 위기

불평등과 과두정치: 돈은 미국 정치에서 오랜 세월 중요한 역할을 해왔다. 1980년대 중반 이후 미국에서 상원이나 하원 의원에 선출되는데 필요한 비용은 두 배 넘게 증가했다. 대부분의 정치 자금은 기업이나 노동조합 등이 만든 정치활동위원회(PAC)를 통해 전달된다. 1978년부터 2018년까지 기업 PAC가 지출한 후원금은 네 배 이상 늘었다. 선거 후원금의 경우에 1978년 노동조합 PAC는 기업만큼 지출했지만, 2018년 기업 PAC는 노동조합보다 세 배 이상 후원했다. …

2010년 연방대법원이 선거 후원금의 상한제를 폐지한다고 결정한 이후, 대통령 선거운동에 막대한 자금이 후원되었다. 2012년 연방 차원의 선거에 사용된 비용의 40% 이상을 0.01%의 최상위층 부자가 지불했다. 2016년 대통령 선거운동 기간에 양당 대선 후보자에게 기부된 돈의 절반이 158명의 부유한 가문에서 나왔다. …

공화주의적 이상에서 보면, 돈으로 정치를 지배하는 것이 합법적이지만, 일종의 부패임은 분명하다. 대의정치가 과두정치로 전락한 것이 부패의 증거라고 말하는 이유는 정부가 공공선에서 멀어지고 또한 시민들은 자신이 통치받는 방식에 대해 의미있는 발언을 할 기회를 박탈당했기 때문이다. …

대중과 부자의 의견이 다를 때, 부자의 의견이 채택된다. 벤저민 페이지(B. Page)와 마틴 길렌스(M. Gilens)는 1981년부터 2002년까지 여러 분야에서 제안된 2천 개의 정책 변화를 분석하여, 이익집단, 부자, 일반 시민 중 어느 집단이 최종 결과에 영향을 미쳤는지를 조사했다. 이 조사 결과에 의하면, 일반 시민 중 3분의 1정도만 자신의 의사를 관철했다. 하지만 그들의 견해가 부자의 견해와 일치했을 때에만 가능했다. … 이처럼 최근 수십 년 동안 심화된 개인의 자치 권한의 박탈 현상이 민주주의에 대한 불만의 핵심이다. 이것은 금융 주도의 세계화가 낳은 소득과 부의 엄청한 불평등이 초래한 부정적 결과들 중의 하나이다.

불평등과 능력주의: 불평등 확대의 두 번째 결과는 과두정치 못지않게 시민의 삶을 갉아먹는다. 이것은 어떻게 하면 함께 공존해 살고, 서로를 민주 시민으로 여기는가의 문제이다. 최근 양극화된 정치는 승자와 패자 사이에 놓인 분열의 깊은 골을 반영한다. 이런 분열은 경제적 불평등에서 발생하기도 하지만, 또한 성공을 바라보는 태도를 반영하기도 한다. …

실제 현실에서는 '능력주의'(meritocracy)의 이상을 찾기 어렵다. 실제로 기회가 전혀 평등하지 않기 때문이다. 저소득 가정의 아이는 성인이 되어도 가난의 굴레에서 벗어나지 못하는 경향이 있다. 소득과 재산에서 인종적 격차가 계속 이어지고 있다. 모든 사람은 대학 교육을 받을 기회가 주어지지만, 실제로 가정 환경에 따라 제한된다. 100개 대학에 입학한 학생의 72%가 부유층 가정의 출신이고, 겨우 3%가 저소득층 출신이다. …

최근 수십 년 동안 신자유주의적 세계화가 불평등을 심화시켰지만, 여전히 성공에 대한 능력주의적 사고방식이 공적 담론에서 뚜렷하게 나타나고 있다. 세계화의 승자들은 지난 40년 동안 이어졌던 규제 완화, 금융화, 신자유주의 경제 정책이 가져온 많은 소득과 부 중에서 자신들이 많은 몫을 받을 자격이 있다고 믿었다. … 이런 믿음에 대해 막스 베버(M. Weber)는 「프로테스탄트 윤리와 자본주의 정신」에서 자본주의 사회에서 부의 축적 또는 성공은 하나님이 내린 은총의 표시이고, 고통은 하나님이 죄를 물어 내린 벌의 표시라는 주장으로 정당화하고자 했다. 그 후 한 세기가 지난 후 신자유주의 세계화의 지지자들은 시장에서 거둔 성공은 개인의 우수한 능력이 입증된 결과라고 보았다. …

신분과 계층의 상승이라는 말은 겉보기에 평등주의적이지만, 소득 불평등을 해결할 과제로 인식하기 보다는 바꿀 수 없는 조건으로 본다는 점에서 한계를 지녔다. 1990년대와 2000년대 임금이 정체되고 일자리가 해외로 빠져나가는 현실에 좌절한 노동자들에게 미국의 엘리트 집단은 고등교육을 통한 상승 이동을 해결책으로 제안했다. 즉, "세계화의 경쟁에서 성공하고 싶으면, 대학에 가라. 대학에 가라." "당신도 노력하면 성공할 수 있다." …

그러나 현실은 달랐다. 많은 노동자들이 능력주의를 말하는 엘리트에게 등을 돌린 것은 당연한 결과이다. 미국인의 3분의 2 정도의 사람들이 4년제 대학 학위가 없다. 대학 졸업장이 품위 있는 일자리와 우아한 삶의 필수 조건이 되는 자유 경제를 만든다는 주장은 어리석은 것이었다. …

오늘날 미국 정체에서 가장 심각한 정치적 분열 중 하나는 대학 학위를 가진 사람과 못 가진 사람들 사이의 분열이다. 20세기의 상당 기간 진보 정당은 교육을 덜 받은 사람들의 지지를 받았고, 보수 정당은 교육받은 사람들의 지지를 받았다. 그런데 능력주의 시대에는 그 양상이 뒤바뀌었다. 지금은 대학 교육 이상 받은 사람들이 중도 진보 정당에 투표하고, 교육 덜 받은 사람들이 보수 정당에 투표한다.

토마스 피케티(T. Piketty)는 이런 역전 현상이 미국, 영국, 프랑스 등에서 비슷한 양상으로 전개되고 있음을 보여주었다. 피케티는 1990년대 이후 진보 정당이 노동자 정당에서 지식인과 전문 엘리트 정당으로 변모한 사실을 지적하며, 진보 정당이 최근 수십 년 동안 심화된 불평등에 대응하지 못했던 과정과 이유를 설명할 수 있다고 보았다. …

학력주의 풍조가 자리잡은 뒤로 지금의 대의제 정부에는 노동자 출신이 거의 없다. 미국 사회는 노동력의 절반이 육체 노동, 서비스 산업, 사무직으로 규정되는 노동자 계급 일자리에서 일한다. 그러나 의원으로 선출되기 전에 노동자 직종에 일했던 의원은 2%도 안 된다. 상원과 하원 의원의 95%가 4년제 대학 이상 학위를 갖고 있으며, 상원의원의 절반 이상과 하원의원의 3분의 1 이상이 변호사이다. 이런 사실은 능력주의의 단적인 예이다. …

이런 자유 시장경제와 능력주의에 대한 신념이 미국 정치의 특성을 결정지었다. 신자유주의적 자본주의는 사람들을 부자와 빈자로 나누었지만, 능력주의는 승자와 패자로 갈라놓았다. 이런 소득 불평등과 분열이 못 가진 사람들에게 굴욕감을 안겨주었다. 트럼프를 비롯한 극우 포퓰리스트들은 이런 굴욕감을 자신의 정치적 목적에 악용했으며 큰 효과를 보았다. …

팬데믹 이후 정치: … 이런 상황에서 정책 제안만으로는 충분하지 않다. 변혁적 정치 프로젝트를 추진하기 위한 조건이 필요하다. 즉, 노동자 계층이 요구하는 내용에 부합하고 자치 사업에 호의적인 경제 체제를 만들도록 압박하는 사회운동이 활기차게 전개되어야 한다. 진보와 보수의 포퓰리즘 시위가 격화되는 가운데 자본주의와 민주주의 사이의 관계 조건은 재협상을 통해 새롭게 규정되어야 한다. 불평등이 만연하고 팬데믹이 기세를 올리는 상황에서 자유 시장의 마법은 이미 매력을 잃었다. 또한 마찰 없는 세계 경제가 효율성과 번영, 상호 이해를 보장

할 것이라는 믿음도 무너졌다. …

정치는 필요한 것과 가능한 것 사이에 일어나는 지속적인 협상의 과정이다. 코로나 팬데믹에서 드러났듯이, 어떤 사건이든 둘 사이의 경계선 위치를 바꿀 수 있다. … 한때 자연의 불변적 진리로 보였던 것이 지금은 자치의 대상이 되었다. 필요성과 가능성 사이의 경제는 우리의 발아래서 이동하고 있다. 우리의 삶을 지배하는 여러 힘들의 형태를 새롭게 구성하려는 시민적 열망은 이제 우리에게 여름이 지나면 과연 가을이 올 것인지를 놓고 진지하게 토론하고 판단하라고 말한다.

출처: 마이클 샌델/이경식 옮김(2024). 「당신이 모르는 민주주의」. 와이즈베리. '7장 무엇이 잘못되었을까?—1990년대 이후의 자본주의와 민주주의' 366-390쪽에서 발췌.

1. 샌델의 글에 활용된 논증의 구조를 분석하시오.

주장	
근거/이유	
결론	

2. 샌델의 논증의 문제점을 비판적으로 평가하시오.

논증의 형식	논증의 형식 또는 구조에 적합하게 구성했는가?
근거의 타당성	근거는 참 또는 진실인가? 근거가 주장을 뒷받침하는 데 타당한가?
결론의 적합성	근거와 자료에 일치되도록 결론이 도출되었는가? 결론이 참신하고 실현 가능한가?

▣ 박상준, 「역사와 함께 읽는 민주주의」(2020)

이 책은 전문가들의 심사를 통해 교양 부문의 우수 도서로 인정되어 '2020 세종도서'에 선정되었다. 박상준은 민주주의의 숨겨진 불편한 진실을 많은 역사적 자료와 통계를 통해 잘 보여주고 있다. 이 책은 우리가 잘못 알고 있는 민주주의에 대하여 질문을 통해 쉽게 잘 설명해 준다. 다수결이 왜 민주주의의 원리가 아닌지, 선거가 민주주의를 위해 만들어진 제도가 아닌지, 미디어가 민주주의를 어떻게 위태롭게 만드는지 등 역사적 자료와 통계를 통해 잘 분석하였다.

또한 우리나라가 왜 민주주의 국가가 아니라 '민주 공화국'인지, 뉴라이트 단체의 건국절(1948. 8. 15.) 주장과 관련해 대한민국이 언제 건국된 것인지 많은 역사적 자료와 증거를 통해 명쾌한 해답을 제시하였다. 나아가 오늘날 민주주의는 정치 영역을 넘어 산업과 직장, 일상생활로 확장되고 있으며, 디지털 기술이 발달하면서 디지털 직접 민주주의를 도입해야 한다고 주장하고 있다.

❑ **박상준의 민주주의 미래 관련 글을 읽고 논증의 구조를 비판적으로 분석해 보자.**

민주주의의 미래와 방향

18세기 후반 근대 시민혁명 이후 어떤 정치체제를 새로 만들 것인지에 대해 논의할 때, 많은 인구수와 넓은 영토로 인해 시민들이 한자리에 모여 토론하는 것이 어렵고 모든 시민이 정치에 참여하면 시간과 비용이 많이 든다는 주장이 제기되었다. 이런 주장에 따라 시민이 가진 주권을 소수 대표자에게 위임해 지배를 맡기는 공화 정치 또는 대의 민주주의 체제가 만들어졌다.

로버트 달(R. A. Dahl)은 민주주의의 형태와 방식을 정하는 데 인구수와 영토 크기가 중요하다고 보았다. 그는 민주주의에서 토론을 통해 정책을 결정할 때, '시간과 수의 법칙'이 존재한다고 주장했다. 그의 분석에 따르면, 1만 명의 시민이 어떤 문제를 토론하는 경우에, 각자 10분씩 발언하면 총 10만 분이 필요하고 그래서 하루에 8시간씩 회의한다고 해도 208일이 걸린다. 만약 각 시민이 30분씩 발언하면 총 30만 분, 625일이 필요하다. 이처럼 인구수가 증가하면 시민들이 직접 모여 토론하는 시간이 급증하기 때문에, 시민의 수가 몇백 만 명 이상으로 증가한 현대 국가에서는 직접 민주주의가 실시되기 어렵다.

전화기도 없고 온라인 공론장이 형성되지 못했던 18세기 상황에서는 이 법칙과 주장이 설득력을 지녔다. 인구수와 영토 규모에 근거해 만들어진 대의 민주주의에서 시민은 3~5년마다 대표자를 선출할 때 주권을 한 번 행사할 수 있을 뿐이고, 선거 이후 주권은 소수 대표자의 손으로 넘어간다. 그래서 루소는 대의 민주주의에서 시민들은 선거 동안만 주권을 행사하고 자유를 누릴 수 있으며, 선거가 끝나면 대표자의 노예가 된다고 비판했다.

대의 민주주의에서 소수 대표자들은 시민의 의사를 법률 제정이나 정책 결정에 반영하지 않았으며, 정부도 시민의 이익과 공공선을 위해 법과 정책을 집행하는 데 부족했다. 그에 따라 민주주의 국가에서도 정부의 신뢰도는 매우 낮은 수준에 머무른다. OECD가 2017년 회원국의 시민 1000명을 대상으로 정부 신뢰도를 설문 조사한 결과에 따르면, 35개국 중 정부 신뢰도가 50%를 넘는 국가는 주로 서유럽의 8개국(22.9%)에 불과했고, 대부분 국가의 정부 신뢰도는 절반 이하 수준이었다. 우리나라의 정부 신뢰도는 24%(32위)로 매우 낮은 상태를 나타냈다.

그렇다면 이제 21세기 디지털 기술 시대에는 법률안, 예산안 등 국가의 중요한 일을 대표자에게 맡기지 말고, 시민이 주권자로서 스스로 결정하는 '직접 민주주의'를 실현해야 한다. 4차 산업혁명으로 인공지능, 정보통신 기술, 블록체인 기술 등이 발달하여 시간·공간의 제약받지 않고 수백만 명이 하나의 가상공간에 접속해 쌍방향으로 토론하고 직접 투표하는 것이 가능해졌다. 더 이상, 인구수가 많아 직접 토론하여 결정할 수 없으므로 소수 대표자에게 주권을 위임해야 한다는 주장은 설득력이 없어졌다.

실제로 디지털 기술과 소셜 미디어의 발달은 시간·공간 및 기술의 제약으로부터 시민을 해방시켰고, 주권자로서 국가의 중요한 일을 직접 결정할 수 있게 만들었다. 2010년 튀니지의 재스민 혁명, 2014년 홍콩의 우산혁명, 2016년 우리나라의 촛불혁명, 2019년 홍콩의 송환법 반대 시위에서 디지털 기술과 소셜 미디어는 사람들이 실시간 쌍방향으로 소통하면서 정보를 공유하고 집회의 방향을 함께 정하면서 시위를 성공시키는 데 크게 기여했다.

4차 산업혁명으로 디지털 기술이 빠르게 발달하면서 정부와 공공기관의 운영 방식과 시민의 정치 참여 방식도 새롭게 전환되고 있다. 많은 국가들이 디지털 기술과 정보 통신망을 융합해 행정 서비스를 제공하는 전자 정부(E-government)를 실시하고 있다. 또한 최근에는 디지털 기술과 정보통신망을 활용해 시민이 법률이나 정책을 직접 결정하는 디지털 직접 민주주의가 시도되고 있다. 뉴질랜드의 벤저민 나이트(B. Knight) 등은 공동체 문제에 대해 토론하고 투표를 통해 결정할 수 있는 '루미오(Loomio)' 플랫폼을 개발했다. 루미오는 토론할 주제를 정하고, 그 주제에 대해 토론할 사람이 가입하고, 각자 다양한 찬반 의견을 얘기하고, 가장 좋은 대안에 투표하는 방식으로 이루어진다. 웰링턴 시의회는 루미오에 주류 제한 정책을 제시하고, 주류업체, 술집 운영자, 시민, 학생, 사회단체, 전문가 등 다양한 사람들을 초대해 토론하는 장을 열었다. 사람들은 시간과 장소에 제한받지 않고 어디서나 자유롭게 루미오에 접속하여 주류 제한에 대한 찬반 의견을 토론하면서 더 좋은 대안에 투표했다.

요나스 페카넨(J. Pekkanen)은 시민들이 직접 법안을 제안하고 일정한 사람의 지지를 얻으면, 법률로 제정할 수 있는 '오픈 미니스트리'(Open Ministry) 플랫폼을 만들었다. 이 플랫폼을 이용하여 핀란드는 각 시민이 자유롭게 법안을 제안하고 6개월 안에 '5만 명'의 지지를 받으면, 그 법안은 국회에 자동적으로 회부되는 제도를 만들었다. 이와 비슷하게 스페인의 마드리드시는 2015년 시민이 직접 정책을 제안할 수 있는 '디사이드 마드리드(decide.madrid.es)'라는 플랫폼을 만들었다. 16세 이상의 시민은 자유롭게 정책을 제안하고 그 정책안이 시 인구의 2%(약 6만 명) 이상의 동의를 얻으면, 시의회에 자동으로 상정되어 투표로 처리된다. 이 온라인 플랫폼은 바르셀로나 등 20여 개 도시로 확산되고 있다.

2014년 1월 스페인에서는 디지털 기술을 활용해 직접 민주주의를 실현해 가는 정당이 등장했다. 소셜 미디어의 토론과 시민의 참여에 기초하는 포데모스(PODEMOS) 정당이 만들어졌다. 이 정당은 집행부와 유럽의회 후보를 정할 때, '아고라 투표' 시스템을 통해 시민이 직접 선출하고, 누구나 정책을 제안할 수 있으며, 시민과 정치인이 직접 토론하는 온라인 플랫폼을 만들어 운영한다. 이렇게 직접 민주주의 원리에 따라 운영되는 포데모스 정당은 창당 1년 만에 총선에서 의회 350석 중 69석을 얻어 제3당으로 성장했다.

이처럼 디지털 기술과 소셜 미디어의 발달은 18세기 소수 대표자에 위임했던 시민의 주권을 되찾아서 대의 민주주의가 아닌 직접 민주주의로 바꿀 수 있게 만들었다. 인공지능, 생체인식 기술, 블록체인에 기반한 온라인 투표 시스템이 구축되면, 많은 시간과 비용을 들여 종이 투표로 대통령, 국회의원, 시 · 도지사, 시 · 도의원 등을 뽑아 우리의 주권을 맡길 필요가 없어진다. 인공지능이 공직 후보자 관련 빅 데이터를 분석해 공직자로서의 도덕성과 능력에 대한 정보를 제공하면, 그에 기초해 시민은 온라인 투표 시스템에서 직접 투표로 선출하면 된다. 그리고 공직자의 임기를 2~3년 정도로 제한하고 연임을 금지하면, 더 많은 시민들이 공직자로서 지배에 참여하여 번갈아 가며 지배하고 지배받는 '직접 민주주의'가 가능해진다. 그렇게 함으로써 주요 공직자와 국가기관을 시민이 직접 평가하고 주기적으로 교체할 수 있고, 국가 권력이 남용되는 것을 방지할 수 있으며, 나아가 개인의 자유와 권리를 최대한 보장할 수 있다.

그러므로 21세기 미래 사회에서 시민이 주권자로서 법률안이나 예산안을 스스로 결정하는 '디지털 직접 민주주의' 시스템을 만들어 다음 세대에 물려주는 것이 우리 세대가 해야 할 일이다. 헌법 제1조 제2항에 규정한 대로, 대통령, 국회의원, 시 · 도지사, 시 · 도의원 등에 맡겼던 주권을 되찾아서 시민이 스스로 결정하는 직접 민주주의 시스템을 만들어야 한다.

출처: 박상준(2020). 「역사와 함께 읽는 민주주의」. 한울. '14장. 민주주의의 미래와 나아갈 방향' 239-246쪽에서 발췌.

1. 박상준의 글에 활용된 논증의 구조를 분석하시오.

주장	
근거/이유	
결론	

2. 박상준 논증의 문제점을 비판적으로 평가하시오.

논증의 형식	논증의 형식 또는 구조에 적합하게 구성했는가?
근거의 타당성	근거는 참 또는 진실인가? 근거가 주장을 뒷받침하는 데 타당한가?
결론의 적합성	근거와 자료에 일치되도록 결론이 도출되었는가? 결론이 참신하고 실현 가능한가?

3. 민주주의 관련 논술하기

■ '민주주의' 주제와 관련하여 글의 개요를 작성하고, 논리적으로 글쓰는 연습을 해보자.

▸ 글의 개요 작성하기

주장	
근거/이유	
자료수집	
결론	
제목	

▸ 글의 개요에 의거해 관련 자료를 찾아 글을 써 보자.

CHAPTER
12

디지털 사회와 인권의 발달

1. 인권에 대한 이해

■ 인권의 개념

인권이란 용어는 1789년 프랑스의 '인간과 시민의 권리에 관한 선언'과 토머스 페인(T. Paine)의 책 「인간의 권리」(rights of man)(1791)에서 유래되었다. 인권의 주체와 보호 범위는 바로 인간이다. 동물권이나 생물권과 달리, 인권(人權)은 인간이기 때문에 누리는 기본적 권리, 즉 '인간의 권리'(human rights, droits de l'homme, Menschenrechte)이다(박상준, 2024: 43).

인간의 기본적 권리로서 인권은 도덕적 옳음과 권리 자격(entitlement)의 의미를 지닌다(Donnelly, 2003: 7, 10). 사람이 어떤 것을 할 권리를 가졌다고 말할 때, 그것은 도덕적으로 옳은 것을 전제한다. 어떤 것이 도덕적으로 옳은 것이기 때문에, 기본적 권리로 인정된다. 도덕적 옳음은 올바른 행위에 초점을 맞춘 것이고, 권리는 옳은 것을 향유할 자격을 가진 사람에 초점을 맞춘다. 모든 사람은 인간으로 태어났기 때문에 인권을 향유할 자격을 부여받았고, 인간다운 삶을 살기 위해 기본적 인권을 누릴 수 있다는 권리 자격을 가졌다.

이러한 인권의 정의 속에 포함된 중요한 요소를 살펴보면 인권의 의미가 더 명확해진다. 첫째, 인권을 누리는 주체는 인간이다. 인권은 인류 구성원으로서 모든 인간이 동등하게 누리는 기본적 권리이다. 성별, 인종, 지위, 장애 등과 관계없이 단지 인간이기 때문에 누리는 권리가 인권이다. 둘째로 인권은 국가에서 법률로 보장하는 모든 종류의 권리가 아니라 인간으로서 존엄과 가치를 실현하며 인간다운 삶을 위해 요구되는 기본적 권리이다. 요약하면, 인권이란 인간으로 태어나면서 자연적으로 부여된 권리이고, 인간다운 삶을 위해 필요한 기본적 권리이다.

■ 인권의 특성

▸ 인권의 보편성

인권의 주체로서 인간은 생물학적 종으로서 '인류'(Homo sapiens)의 구성원 모두를 의미한다. 생물학적 인간으로 태어난 존재는 모두 동등하게 인권을 향유하는 주체이다. 어떤 것이 인권이라면, 특정한 시대와 사회, 국가와 관계없이 인류 구성원 모두가 '보편적 권리'(universal rights)로 누릴 수 있어야 한다. 다른 조건이나 이유와 관계없이 모든 사람이 '동등한 권리'(equal rights)로 똑같이 누린다는 점에서 인권은 보편적 특성을 지녔다(박상준, 2024: 44-45).

이처럼 인권의 주체와 대상이 특정한 사람이나 집단이 아니라 인류 구성원 모두라는 점에서 인권은 보편적이다. 성별, 인종, 장애, 나이 등에 따라 차별하지 않고 인간으로 태어난 '모든 사람'이 동등하게 누리는 '기본적 권리'(basic rights)라는 점에서 인권은 보편적이다. 모든 시대와 사회에서 모든 사람의 기본적 권리를 보호한다는 의미에서 인권은 보편적 속성을 지녔다.

인권의 보편성은 인간의 도덕적 평등을 기초로 한다. 각 사람은 신체적·정신적·지적 능력에 있어서 서로 다르고 사회적·경제적 지위가 다르지만, 인간으로서 존엄과 가치에 있어서 동등한 존재라는 사실을 전제한다. 모든 인간은 자신의 삶을 스스로 결정하고 자율적으로 영위할 가치와 자격을 동등하게 지녔다는 사실은 인류 구성원 모두에게 보편적으로 적용되는 것이다.

이러한 인권의 보편성은 '세계인권선언'(1948)과 '비엔나 선언 및 행동계획'(1993)에 잘 나타나 있다(박상준, 2024: 45). 세계인권선언은 전문에서 "회원국들은 인권과 기본적 자유의 '보편적' 존중과 준수를 증진할 것을 스스로 서약했으며, … 권리와 자유가 '보편적인' 인정과 준수를 확보하기 위하여 모든 사람과 모든 국가가 성취해야 할 공통의 표준으로서 세계인권선언을 선포한다."라고 제시하였다. 이러한 인권의 보편성을 인정하여, 2024년 10월 현재 '시민적·정치적 권리에 관한 국제규약'은 180개국이, 그리고 '경제적·사회적·문화적 권리에 관한 국제규약'은 185개국이 비준하였다.

그리고 비엔나 선언 및 행동계획 제1조는 "세계인권대회는 각국이 국제연합헌장, 기타 인권 관련 법규와 국제법에 따라 모든 인권과 기본적 자유에 대한 '보편적인' 존중 및 준수와 보호를 진전시킬 의무를 다해야 한다는 약속을 재확인한다. 이러한 권리와 자유의 '보편적' 본질은 의문의 여지가 없다"라고 정했다. 또한 제63조는 "세계인권대회는 모든 인권과 기본적 자유는 '보편적'이란 것을 재확인한다"라고 규정했다.

▸ 인권의 우선성

인권은 삶에 필요한 모든 것이 아니라 인간으로서 존엄하게 살기 위해 기본적으로 필요한 것과 관련된다. 예컨대 생명을 유지하기 위해 최소한의 음식을 섭취하는 것은 기본적 권리이지만, 와규 스테이크, 알마스 캐비어를 먹는 것은 기본적 권리가 아니다. 어떤 사람이 그 음식의 가격을 지불하고 먹을 권리를 가질 수 있지만, 그런 음식의 섭취는 모든 사람이 똑같이 누려야 할 '기본적' 권리, 즉 인권은 아니다(박상준, 2024: 45-46).

이처럼 인권은 인간다운 삶을 위해 모든 사람에게 보편적으로 필요한 기본적 권리이다. 인권이 기본적 권리이기 때문에, 다른 법적 권리들보다 우선적으로 보장되어야 한다. 인권은 국가 수준의 실정법에 의해 규정되는 것에 의존하지 않고 인간의 본성에 의거해 보편적으로 정당화되기 때문에, 다른 법적 권리보다 우선성(priority)을 갖는다(Nickel, 2007: 35-36). 또한 인권은 법적 권리의 구체적 내용을 형성하고 평가하는 기준이 된다는 점에서 법률에서 보장하는 일반적 권리보다 우선하는 특성을 지닌다.

예컨대, 세계인권선언 제26조와 대한민국헌법 제31조 제1항에 의하면, 학생과 보호자는 교육받을 권리, 즉 교육기본권을 가진다. 반면에 초중등학교 교사는 초중등교육법에 근거해 학생을 교육할 권리, 즉 교육권을 가진다. 학교에서 학생의 교육기본권과 교사의 교육권이 충돌하는 경우, 기본적 인권으로서 학생의 교육기본권이 법적 권리로서 교사의 교육권보다 우선시된다(박상준,

2024: 46).

그래서 헌법재판소는 “교원의 수업권을 내세워 학생의 수학권을 침해할 수 없고 국민의 수학권 보장을 위하여 교사의 수업권은 일정 범위 내에서 제약받을 수밖에 없다”고 결정하였다(헌법재판소, 1992.11.12. 선고. 89헌마88). 이와 같은 취지에서 대법원은 “교원의 수업권은 학생의 학습권 실현을 위하여 인정되는 것이므로, 교원의 수업 거부 행위는 학생의 학습권과 상충하고, 교원이 고의로 수업을 거부할 자유는 어떤 경우에도 인정되지 아니하며, 교원은 계획된 수업을 지속적으로 성실히 이행할 의무가 있다”고 결정했다(대법원, 2007.9.20. 선고. 2005다25298).

자료: 인권의 보편성과 상호의존성(AI 그림)

▸ 인권의 상호 연관성과 상호 의존성

인간은 사회적 존재로서 공동체 속에서 다른 사람들과 사회적 관계를 맺으며 살아간다. 그런데 공동체 생활에 필요한 가치와 자원은 제한되어 있고, 또한 인간의 삶은 시·공간의 제약을 받는다. 이러한 가치와 자원의 희소성으로 인해 모든 사람이 원하는 것을 모두 충분하게 가질 수 없다. 그리고 분업화된 사회에서 내가 생활하는 데 필요한 것을 얻기 위해서 다른 사람들의 경제 활동에 의존한다. 이런 이유에서 나의 인권 보장은 다른 사람들의 인권과 상호 연결되어 있으며, 상호 의존 관계에 놓여 있다(박상준, 2024: 46-47).

이러한 인권의 상호 의존성은 1966년 유엔이 채택한 '시민적·정치적 권리에 관한 국제규약'과 '경제적·사회적·문화적 권리에 관한 국제규약'에 잘 드러난다. 유엔은 두 개의 규약으로 제시했지만, 실제로 그 권리들은 분리된 것이 아니라 각 권리를 실현하기 위해서 서로 연결되어 있으며 상호 의존하고 있다는 원칙을 여러 차례 확인하였다.

또한 '비엔나 선언 및 행동계획' 제5조는 "모든 인권은 보편적이고 불가분적이며 '상호 의존'되어 있으며 '상호 연결'되어 있다"라고 규정했으며, 제8조는 "민주주의, 발전, 인권 및 기본적 자유의 존중은 '상호 의존적'이고 '상호 보완적'이다"라고 제시했다. 이처럼 인권은 상호 연관성과 상호 의존성을 지녔기 때문에, 공동체 생활에서 나의 인권만 주장할 것이 아니라 다른 사람의 인권을 존중하고 보호하려는 책임 의식과 태도가 필요하다.

인권의 상호 연관성과 상호 의존성 측면에서 보면, 학생의 교육받을 권리는 교원의 가르칠 권리와 밀접하게 연결되어 있으며 서로 의존하는 관계에 있다. 학생의 학습권을 실현하기 위해서는 교원의 수업권을 보장하는 것이 수반되어야 한다. 학교 교육은 사회적 관계에서 교사－학생의 상호작용을 통해 이루어지기 때문에, 학생의 권리 보장은 교사의 권리 행사 또는 책임 이행과 연결되고 의존한다. 거꾸로 교사의 권리 보장은 학생의 권리 행사 또는 책임 이행과 서로 연결되고 의존한다. 그러므로 학교 구성원들은 각자 자신의 권리 행사에 따른 책임 이행의 중요성을 인식하고 다른 구성원의 권리를 보호하도록 노력해야 한다(박상준, 2024: 47).

■ 인권의 기본 원칙

앞에서 살펴본 것처럼, 인권은 기본적이고 보편적인 권리이지만 공동체 안에서 상호 의존성을 갖기 때문에, 인권을 행사하거나 보호할 때 몇 가지 준수해야 할 원칙이 있다. 그래서 세계인권선언은 인권 보장의 기본 원칙을 몇 가지 제시했다(박상준, 2024: 47-48).

첫째, 자유와 권리의 동등성이다. 세계인권선언의 전문과 제1조에 규정된 것처럼, 모든 사람은 천부적으로 이성과 양심을 부여받았기 때문에, 모든 인간은 태어날 때부터 자유롭고, 존엄성과 권리의 향유에 있어서 동등한 존재이다. 모든 사람은 기본적 자유와 권리를 동등하게 누린다. 마찬가지로 학생은 재학생 신분 때문이 아니라 '한 인간으로서' 다른 사람들과 동등하게 기본적 자유와 권리를 누릴 수 있다.

둘째, 비차별이다. 세계인권선언 제2조와 제7조에 규정된 것처럼, 모든 사람은 인종, 성별, 언어, 종교, 민족, 사회적 신분, 재산, 출생 등에 따라 차별받지 않고 자유와 권리를 동등하게 누릴 자격이 있다. 그래서 모든 사람은 법 앞에 평등하고, 어떤 불합리한 차별을 받지 않고 공정하고 동등한 대우를 받을 권리를 가진다.

셋째, 공동체에 대한 의무(duties to the community)이다. 모든 인간이 태어날 때부터 기본적인 자유와 권리를 갖지만, 인권의 상호 연관성과 상호 의존성으로 인하여 나의 자유와 권리를 행사할 때는 다른 사람의 동등한 자유와 권리를 존중해야 하고, 민주사회의 공공질서, 일반 복리를 위하여 법률에 정해진 제한을 받는다. 이런 측면에서 세계인권선언 제29조는 "모든 사람은 그 안에서만 자신의 인격이 자유롭고 완전하게 발전할 수 있는 공동체에 대하여 의무를 가진다."라고 규정했다.

마찬가지로 학생은 인간으로서 기본적 권리를 보장받지만, 학교 공동체에서 교육받거나 생활할 때 교육적 목적이나 공공 복리 등을 위하여 법령으로 제한받을 수 있다. 또한 학생의 권리는 교원의 권리와 서로 연결되고 의존하기 때문에, 학생은 교원의 권리를 존중할 책임이 있고, 교원도 학생의 권리를 보호할 책무를 가진다.

넷째, 최소한의 표준(minimal standard)이다. 전문에서 선포한 것처럼, 세계인권선언에 규정된 자유와 권리는 정치적 이념이나 제도와 관계없이 모든 사회와 국가가 실현해야 할 최소한의 공통 표준이 된다. 그 이유는 인권이란 인간다운 삶에 필요한 기본적인 것을 보편적으로 보호하는 것이기 때문이다. 인권은 명품 옷과 가방, 파인 다이닝, 고급 주택 등을 향유하는 것이 아니라 인간다운 삶을 위해 필요한 최소한의 표준과 관련된다. 또한 인권은 민주사회에서 인간의 주체성과 자기 결정권을 보장하려는 최소한의 기준이 되고, 세계 여러 나라들에서 보편적으로 실행하도록 요구할 수 있는 최소한의 표준이기 때문이다. 이런 이유에서 인권은 모든 사회와 국가가 법과 제도를 통해 달성해야 할 최소한의 공통 표준이 된다.

2. 인권의 발달

1979년 카렐 바삭(Karel Vasak)은 인권을 3세대로 구분할 것을 제안했다. 인권의 3세대 구분은 프랑스혁명의 세 가지 이념인 자유, 평등, 박애를 따른 것이다(박상준, 2023: 356-358; 양해림, 2021: 221-246).

1세대 인권은 시민의 자유와 정치에 참여와 관련된 권리와 연관된다. 1세대 인권은 생명권, 평등, 시민적 자유, 공정한 재판받을 권리, 투표권 등을 포함한다. 이 권리는 영국 권리장전(1689), 프랑스 인권선언(1789), 미국헌법(1791)에 제시되었다. 그 후 세계인권선언의 제3조에서 제21조까지, 그리고 유엔의 '시민적 · 정치적 권리에 관한 국제규약'(1966년)에 반영되었다. 유럽에서는 유럽인권협약(1953)에 반영되었다.

2세대 인권은 제2차 세계대전 이후 인정되기 시작했다. 2세대 인권은 노동권, 식량 · 주택 · 교육 · 의료 등에 대한 권리, 사회보장 및 실업 급여의 권리 등을 포함한다. 이 권리는 독일 바이마르 헌법(1919)에 최초로 규정되었고, 그 후 세계인권선언의 제22조부터 제28조까지, 그리고 유엔의 '경제적 · 사회적 · 문화적 권리에 관한 국제규약(1966)에서 구체화되었다.

주로 '개인적 차원'에서 누리는 1~2세대 인권과 달리, 3세대 인권은 개인 차원을 넘어 '집단이나 공동체' 차원에서 누리는 권리와 관련된다. 이런 측면에서 3세대 인권은 집단권, 연대권이라고 부르기도 한다. 3세대 인권은 어떤 집단이나 공동체의 자기 결정권, 소수민 권리, 평화의 권리, 개발권 등을 포함한다. 3세대 인권은 '모든 이주 노동자와 가족의 권리 보호에 관한 국제협약'(1990), '민족적·종족적·종교적·언어적 소수집단의 권리에 관한 선언'(1993), '환경과 발전에 관한 리우 선언'(1992), '토착민 권리 선언'(2007) 등에 반영되었다.

그러나 1993년 세계인권대회는 시민적·정치적 권리(1세대 인권)와 경제적·사회적·문화적 권리(2세대 인권)의 구별에 반대하면서, "모든 인권은 보편적이고 불가분하며 상호 의존적이고 상호연관되어 있다"고 선언하였다. 이 내용은 비엔나 선언과 행동계획 제5조와 제8조에 반영되었다.

인터넷과 디지털 기술이 발달하면서, 현실 세계와 다른 차원의 디지털 세계 또는 가상 세계(metaverse)가 형성되고 있다. 그에 따라 가상 세계에서 활동하는 가상 인간이 누려야 할 기본적 권리(인권)들이 새롭게 등장하고 있다. 예컨대, 가상 인간의 초상권, 디지털 저작권, 디지털 정보의 자기 결정권, 잊혀질 권리 또는 불법적인 정보의 삭제권 등이 디지털 세계에서 인권으로 보장되어야 한다는 주장이 제기되고 있다. 이런 디지털 세계 또는 가상 세계에서 가상 인간의 인권을 기존의 현실 세계에서 실제 인간의 인권과 구별하여 '4세대 인권'으로 분류해야 한다고 일부 학자들이 주장하기도 한다.

| 2023 글로벌 성 격차(Global Gender Gap) 지수 |

국가		순위
아이슬란드	0.935	1
핀란드, 노르웨이	0.875	2
뉴질랜드	0.835	4
스웨덴	0.816	5
독일	0.810	7
스페인	0.797	10
영국, 덴마크	0.789	14
스위스	0.785	20
프랑스	0.781	22
호주	0.780	24
필리핀	0.779	25
멕시코	0.77	33
네덜란드	0.775	28
캐나다	0.761	36
미국	0.747	43
베트남	0.715	72
이탈리아	0.703	87
대한민국	0.696	94
중국	0.684	106
일본	0.663	118
인도	0.641	129

* 글로벌 성 격차 지수는 세계경제포럼(WEF)이 146개국의 성 격차를 경제, 정치, 보건, 교육 분야에서 성 격차를 조사해 평가한 지수임.

자료: https://www3.weforum.org/docs/WEF_GGGR_2024.pdf

우리나라의 경우 2023년 9월 과학기술정보통신부가 「디지털 권리장전」을 발표했다. 이 권리장전은 디지털 심화 시대에 맞는 국가적 차원의 기준과 원칙을 제시하고, 디지털 질서 규범의 기본 방향을 제시하고자 했다(과학기술정보통신부, 2023.9.25. 보도자료).

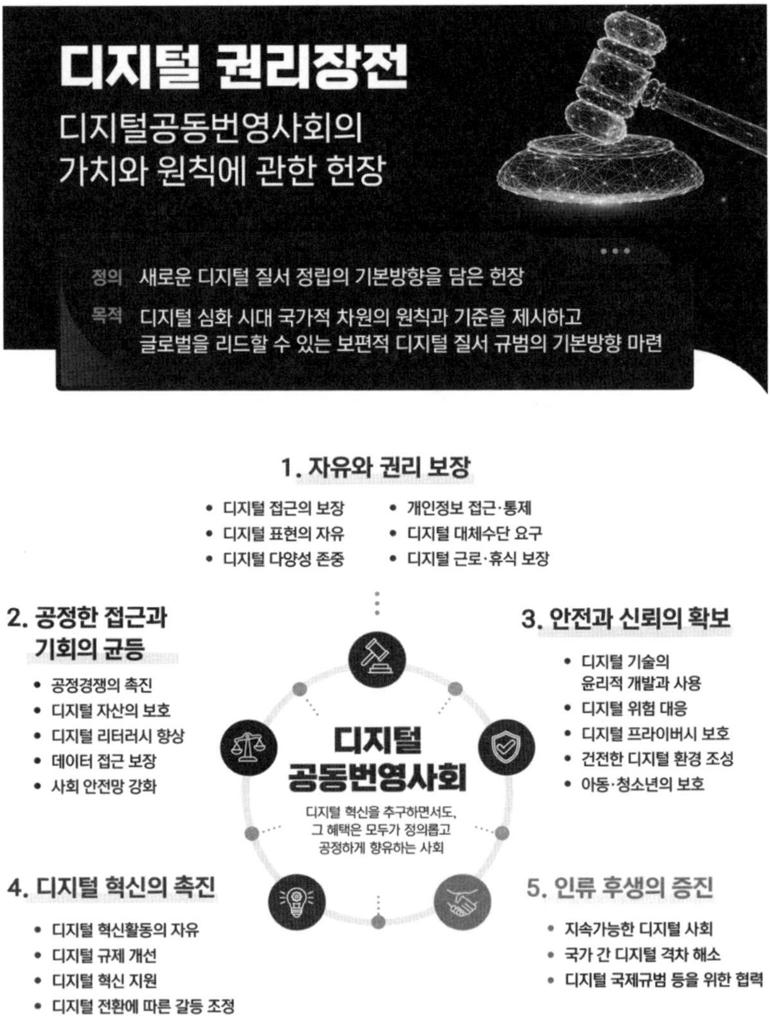

자료: 과학기술정보통신부, 디지털 권리장전 인포그래픽. 2023

이 권리장전의 제1장은 '디지털 공동 번영 사회'를 구현하기 위한 기본 원칙을 5가지 제시했고, 제2장에서는 '디지털 접근의 보장', '디지털 표현의 자유', '디지털 다양성 존중', '개인정보의 접근 · 통제', '디지털 근로 · 휴식의 보장'을 제시했다. 제3장에는 '공정 경쟁의 촉진', '디지털 자산의 보호', '디지털 리터러시 향상', '사회안전망 강화'가 규정되었고, 제4장에는 '디지털 기술의 윤리적 개발과 사용', '디지털 위험 대응', '디지털 프라이버시 보호', '건전한 디지털 환경 조성', '아동 · 청소년의 보호'가 규정되었다. 제5장에는 '디지털 혁신활동의 자유', '디지털규제 개선', '디지털 혁신 지원', '디지털 전환에 따른 갈등 조정'이 규정되었으며, 제6장에는 '지속 가능한 디지털 사회', '국가 간 디지털 격차 해소', '디지털 국제규범 등을 위한 협력'이 규정되었다.

3. 인권 관련 글 읽고 분석하기

▣ 미국 독립선언문(1776)

1776년 7월 4일 당시 영국의 식민지 상태였던 13개의 주의 대표자들이 필라델피아 인디펜던스 홀에서 독립을 선언하였다. 당시 영국 왕 조지 3세와 의회는 인지세법(1765년), 타운젠드법(1767년) 등을 통해 미국 식민지에 대한 압박을 강화하였는데, 이런 과세와 압박 정책은 미국인들의 불만과 반발을 초래했다. 13개 식민지 대표자들은 대륙 회의를 구성하여 영국 정부와 화해를 도모했다. 그러나 1775년 4월 렉싱턴 콩코드에서 전투가 발생하였고, 제2차 대륙 회의부터 미국 독립전쟁이 시작되었으며, 1776년 7월 마침내 독립선언을 하였다. 이 독립선언문은 자연법 사상에 근거해 인간의 생명, 자유, 행복 추구를 신이 부여한 자연적 권리(인권)라고 규정하였고, 로크의 국민 저항권에 기초하여 영국에 저항하여 미국 식민지의 독립과 새로운 정부 수립을 정당화하고 있다.

❑ 미국 독립선언문을 읽고 논증의 구조를 비판적으로 분석해 보자.

미국 13개 주의 독립선언문(1776. 7. 4.)

인류의 역사에서 한 나라가 다른 나라와의 정치적 결합을 해체하고 세계의 여러 나라 사이에서 자연법과 신(God)의 법이 부여한 독립, 평등의 지위를 차지하는 것이 필요하게 되었을 때, 인류의 신념에 대한 엄정한 고려는 우리로 하여금 독립을 요청하는 여러 원인을 선언하지 않을 수 없게 한다.

우리는 다음의 진리를 자명한 것으로 여긴다. 즉, 모든 인간은 평등하게 창조되었으며, 창조주(Creator)가 그들에게 양도할 수 없는 특정한 권리를 부여했으며, 이러한 권리에는 생명(Life), 자유(Liberty), 행복의 추구(pursuit of Happiness)가 있다. 이 권리를 보장하기 위해 국민들 사이에 정부가 설립되었으며, 정부의 정당한 권력은 피지배자의 동의에서 나온다. 어떤 형태의 정부가 이러한 목적을 파괴할 때마다, 국민은 그 정부를 바꾸거나 폐지하고, 그런 원칙—정부의 권력은 피치자의 동의에서 나옴—에 기초하고 그런 형태로 정부 권력을 조직하여 국민의 안전과 행복을 가장 잘 실현할 새로운 정부를 설립할 권리가 있다. ……

그러나 오랜 기간의 학대와 찬탈이 동일한 목적을 추구하면서 그들을 절대적인 전제 정치로 몰아넣으려는 의도를 보일 때, 그런 정부를 전복하고 미래의 안전을 위해 새로운 보호 장치를 제공하는 것은 국민의 권리이자 의무입니다. 이것이 이 식민지 사람들이 참아온 고통이었다. 그리고 이것이 지금 국민이 이전의 정부 시스템(영국 식민지)을 변경할 수밖에 없는 필요성이다. 현재 대영 제국 국왕의 통치는 반복된 침해와 찬탈의 역사이며, 그 모든 것은 미국의 주(state)에 대한 전제 정치를 수립하는 것을 직접 목표로 한다.

영국의 국왕은 대중의 이익을 위해 가장 건전하고 필요한 법률에 대한 동의를 거부했다. ……

국왕은 우리를 자신의 보호에서 제외시키고, 우리에 대한 전쟁을 선포함으로써 이곳에서의 정부 지위를 포기했다.

국왕은 우리 바다를 약탈하고, 우리 해안을 파괴하고, 우리 마을을 불태우고, 우리 국민의 삶을 파괴했다.

국왕은 이미 시작된 잔혹함과 배신, 그리고 죽음과 황폐화, 그리고 폭정을 완성하기 위해 외국 용병으로 구성된 대규모 군대를 수송하고 있다. 이런 잔혹함과 배신은 가장 야만적인 시대에도 유례가 없으며 문명국가의 수장으로서는 전혀 어울리지 않는다.

국왕은 바다에서 포로로 잡힌 우리 동포들에게 조국에 대항해 무기를 들거나 친구와 형제를 처형하거나, 그렇지 않으면 그들의 손에 죽임을 당하도록 강요했다.

국왕은 우리 사이에 국내 반란을 선동하였고, 국경 지방의 주민들을 무자비한 인디언 야만인으로 몰아내려고 했다. 그들의 전쟁 규칙은 연령, 성별, 신분에 관계없이 모든 사람을 무차별적으로 파괴하는 것이다. …

억압의 모든 단계에서 우리는 가장 겸손한 용어로 시정을 청원했다. 우리의 반복적인 청원은 반복적인 손해로만 응답되었다. 폭군의 행위로 특징지어지는 성격을 가진 군주는 자유로운 사람들의 통치자가 될 자격이 없다.

또한 우리는 영국 형제들에게 주의를 기울이는 데 부족함이 없었다. 우리는 때때로 그들의 의회가 우리에게 부당한 관할권을 확대하려는 시도에 대해 경고했다. 우리는 그들에게 우리의 이주와 정착 상황을 상기시켰다. 우리는 그들의 토착 정의와 관대함에 호소했고, 우리의 공통된 혈족의 유대감을 통해 이러한 찬탈을 부인하라고 간청했다. 이러한 찬탈은 불가피하게 우리의 연결과 소통을 방해할 것이다. 그들 역시 정의와 혈연의 목소리에 귀 기울이지 않았다. 따라서 우리는 우리의 분리 독립의 필요성에 동의해야 하며, 나머지 인류를 대하는 것처럼 그들을 전쟁에서는 적으로, 평화에서는 친구로 여겨야 한다.

그러므로 우리는 미합중국의 대표자로서, 총회에 모여 세계의 최고 재판관에게 우리 의도의 정당성을 호소하며, 이 식민지의 선량한 국민의 이름과 권한으로 엄숙하게 발표하고 선언한다. 이 연합 식민지는 자유롭고 독립적인 주이며, 마땅히 그래야 하며, 영국 왕에 대한 모든 충성에서 해방되며, 그들과 대영 제국 사이의 모든 정치적 관계는 완전히 해소되어야 하며, 자유롭고 독립적인 주로서 전쟁을 일으키고, 평화를 체결하고, 동맹을 맺고, 통상을 수립하고, 독립 국가가 당연히 할 수 있는 모든 행위와 일을 할 전적인 권한을 가지고 있다. 그리고 이 선언을 뒷받침하기 위해 신성한 섭리의 보호에 대한 확고한 신념으로, 우리는 서로에게 우리의 생명, 우리의 재산, 그리고 우리의 신성한 명예를 걸고 맹세한다.

출처: '미국 독립선언문'의 원문 내용을 발췌해 번역함.
http://www.ushistory.org/declaration/index.htm

1. 미국 독립선언문에 활용된 논증의 구조를 분석하시오.

주장	
근거/이유	
결론	

2. 미국 독립선언문 논증의 문제점을 비판적으로 평가하시오.

논증의 형식	논증의 형식 또는 구조에 적합하게 구성했는가?
근거의 타당성	근거는 참 또는 진실인가? 근거가 주장을 뒷받침하는 데 타당한가?
결론의 적합성	근거와 자료에 일치되도록 결론이 도출되었는가? 결론이 참신하고 실현 가능한가?

▣ 미셸린 이샤이, 「세계 인권 사상사」(2004)

이 책은 인권의 역사를 방대한 역사적 자료에 근거해 연구한 것으로 2004년 전미 논픽션 부문 10대 도서에 선정되었다. 이샤이는 인권의 기원과 발달에 대한 서구 중심적 인식의 오류를 역사적으로 밝혀내고 세계 여러 나라에서 시대별로 인권의 개념과 내용이 역사적으로 발전해 온 과정을 많은 자료에 의거해 잘 설명하였다. 인권이 서구 사회의 근대 정신의 산물이라는 상식과 달리, 실제로 인권은 이미 고대 사회에서도 정신적 가치로 자리 잡고 있었다. 함무라비 법전, 유대법, 힌두교와 불교의 사상, 그리스 로마 사상, 그리스도교 사상, 이슬람 사상 등에 자유, 평등, 정의, 박애 등이 중요시되었다는 사실을 잘 드러냈다. 또한 오늘날 인권 사상은 근대 서구 사회의 계몽주의와 자유주의에서만 비롯된 것이 아니라 20세기 비서구 세계에서 진행된 사회주의 투쟁과 경험이 커다란 영향을 미쳤다는 사실을 보여주었다.

다른 한편 21세기 들어와서 자국의 이익, 독재 등을 이유로 인권 유린과 폭력이 자행되고, 인권 투쟁의 장이 사라지면서 다시 중세시대로 돌아가는 현실을 지적하였다. 이런 인권 유린의 현실을 해결하기 위한 대안으로 각 국가와 전 세계의 시민사회 차원에서 각 주체들 간의 연대를 구축하고 통합된 인권 운동을 전개할 것을 제안했다.

❏ 인권 사상 관련 글을 읽고 논증의 구조를 비판적으로 분석해 보자.

인권에 대한 6가지 역사적 쟁점

1) 인권의 기원: 인권의 역사를 탐색할 때 제일 먼저 만나는 문제는 "인권의 역사가 어디에서 시작되었는가"라는 질문이다. 인권의 기원에 대해서는 세계관이나 관점에 따라 다양하게 해석될 수 있다. …
인권의 기원과 발전 과정을 추적하는 것은 그와 유사한 논란을 일으킬 수 있다. 서구 문명이 이룬 성취에 회의적인 사람들이 현대의 도덕관념을 유럽 역사와만 결부시킬 수 없다고 지적하는 것은 적절하다. 실제로 현대의 윤리는 전 세계에 존재하는 다양한 세속적 전통과 종교적 전통의 소산이다. 예컨대, 고대 바빌로니아의 함무라비 법전에는 정의와 형벌에 관한 비례적인 개념이 제시되었다. 힌두교와 불교의 교리에는 생태계를 존중하는 이념이 제시되었다. 유교 전통은 대중 교육을 장려했다. 고대 그리스와 로마 사상은 신의 자연법을 숭상하고 모든 개인의 이성적 능력을 믿었다. …
2) 인권의 계몽주의적 유산: 과거에 중국과 인도, 무슬림 사회의 문명과 윤리적 공헌이 중세 유럽의 그것보다 월등했던 것이 사실이라면, 오늘날 우리가 인권을 이해할 때 유럽 계몽주의의 유산이 다른 문명의 유산보다 크다는 점을 부정할 수 없다. 과학 혁명, 중상주의, 대항해 탐사, 국민국가의 공고화, 중산층의 성장 같은 계몽주의의 필요조건이 합해져서 유럽의 중세는 종말을 맞았다. 이런 변화는 현대적인 인권 개념이 발전할 것이라는 희망을 일깨웠고 동시에 서구 세력의 확장을 자극하였다. 또한 그런 변화는 봉건주의를 소멸시켰고 왕권에 도전하여 민주주의를 발전시켰다. …
오늘날 인권 개념이 유럽 계몽주의로부터 시작되었다는 점은 재론의 여지가 없지만, 이 시대의 유산이 긍정적인 것인지에 대해서는 여러 가지 논란이 있다. 많은 사람들이 계몽주의는 보편적 인권 약속을 완수하지 못했다고 본다. 예컨대 19세기 초까지 노예제도가 유럽과 북아메리카에서 시행되었다. 20세기 초반까지 유럽이 지배했던 사회에서 여자는 남자와 동등한 권리를 갖지 못했고, 노동자 계급은 투표권과 다른 정치적 권리를 갖지 못했으며, 아동의 권리는 무시되었으며, 20세기 중반까지 성적 기호를 스스로 결정할 권리는 고려의 대상이 되지 않았다. …

현재도 국가가 기본권을 수호하는 역할을 하는지, 인권을 침해하는 것인지를 놓고 우리는 여전히 고민하고 있다. 근대나 오늘날이나 국가와 보편적 인권에 대한 이중적인 기준이 유지되고 있으며, 인권의 의무를 보장하려는 시도가 국익에 종속되는 결과를 낳았다. 나아가 우리는 자유 시장이 민주주의 제도와 지구적 평화를 보장하는 데 가장 좋은 방식인지 논쟁하고 있다. …

3) 인권에 대한 사회주의의 공헌: 사회주의가 인권 담론의 발전에 중요한 공헌을 했지만, 서구사회는 오늘날 인권 유산의 사회주의적 전통을 부정한다. 그러나 이 책은 보통 선거권, 사회 정의, 노동자의 권리를 위한 투쟁이 사회주의적 기원을 갖고 있음을 밝혀냄으로써 역사적 사실을 바로잡으려고 한다. 실제로 영국 챠티스트 운동의 참여자와 유럽 대륙의 노동자 정당은 투표권과 사회권의 확보를 위한 투쟁에서 커다란 역할을 했다. 정치과정에서 배제되었던 노동자 계급이 정치적 발언권 없이는 산업 자본가와 노동자의 경제적 격차를 시정할 수 없다는 사실을 인식했다. 그에 따라 보통 선거권을 위한 역사적 투쟁은 차티스트를 비속한 사회운동 세력에 의해 시작된 것이다. … 자유주의자가 자유에만 관심을 쏟는 동안에 챠티스트와 사회주의자들은 경제적으로 불평등하면 자유가 공허한 개념이 될 수 있다는 것에 주목하였다. 이런 믿음은 당시 형성되던 도시 노동자 계급 사이에서 큰 반향을 일으켰다. … 사회주의자는 자유주의적 의제를 수정하여 경제적 평등, 노동자의 권리, 아동의 복지, 보통 선거권, 노동시간 단축, 교육의 권리, 기타 사회 복지를 확대하라고 요구했다. 이런 사회주의적 원칙 대부분이 1966년 '경제적 · 사회적 · 문화적 권

리에 관한 국제협약'에 포함되었다.

4) 문화 상대주의 대 보편주의: 자유주의적 인권관과 사회주의적 인권관을 묶어서 단일한 철학적 전통 아래 융합하려는 노력은 오늘날 제3세계에서 서구의 문화적 가치에 대해 비판하는 바를 그대로 답습하거나 서구 대 비서구라는 대립 구도로 세상을 파악하는 입장을 추종하는 것이 된다. … 네루(J. nehru), 상고르(L. Senghor), 호치민(Ho Chi Minh) 등 많은 반식민-민족해방운동 지도자들이 서구에서 교육받고 서구의 다양한 인권 전통에서 영감을 얻었다. …
자유주의적 인권 담론과 개발도상국의 인권 담론 사이의 분열은 서구적 가치가 주로 개인의 시민적 · 정치적 권리와 관련되지만, 개발도상국의 사람들은 문화적·종교적 전통에 부합하는 집단의 복지 같은 권리를 강조한다는 가정에 기반을 두고 있다. 그러나 이런 문화적 권리를 옹호하는 사람은 19세기 유럽—특히, 이탈리아와 독일—에서 문화권을 강조했다는 사실을 제대로 파악하지 못한 것이다. …

5) 안보와 인권 사이의 긴장: 이 책은 역사 속의 시련과 모순을 이겨낸 인권의 논리가 계급, 소수 민족, 성별의 차이를 초월하는 보편적 인권의 합의된 총체를 만들어간다고 주장할 것이다. 실제로 인권이 역사는 진보가 분명히 이루어져 왔다. 노예제도가 폐지되었고, 전 세계 대부분의 국가에서 여성이 투표권을 획득했으며, 노동자는 사회적 · 경제적으로 좋은 조건에 놓여 있다. 18세기 선구적인 여성과 노예들이 19세기 여성 참정권 운동가와 노예 폐지 운동가에게 영감을 주었던 것처럼, 18세기 노동자 계급이 1848년과 1871년 챠티스트 운동의 주체로 발전했던 것이 좋은 예이다. …

6) 지구화가 인권을 촉진하는가: 지구화가 인권의 전망을 촉진하는가 또는 저해하는가?, 국가 내에서 그리고 국가들 사이에서 빈부 격차가 심화되는 경향이 지구화의 진전과 함께 발생하는 증거가 분명히 존재한다. 하지만 지구화 그리고 독립 이후 개발도상국의 인권 목록에 환경에 대한 권리, 지속 가능 발전의 권리, 문화적 권리, 이주의 권

리, 정치적 망명의 권리 등 새로운 인권이 추가되고 있다. …
따라서 역사 속에서 변화의 주체였던 국가, 시민사회, 사적 영역이 역할을 검토하면, 미래 인권의 전망을 최적화하는 방안을 찾는 데 시사점을 받을 수 있다. 이 책은 중세, 계몽주의, 산업혁명, 반식민 투쟁, 지구화 시대 등 역사의 중요한 순간마다 인권의 동학이 공간적으로 또는 제도적으로 상호작용을 한 변화상을 대략 살펴보고 어떤 역사적 결론을 찾고자 한다.

출처: 미셸린 이샤이/조효제 옮김(2005), 「세계 인권 사상사」. 길. '서론' 41-51쪽에서 발췌.

1. 이샤이의 글에 활용된 논증의 구조를 분석하시오.

주장	
근거/이유	
결론	

2. 이샤이 논증의 문제점을 비판적으로 평가하시오.

논증의 형식	논증의 형식 또는 구조에 적합하게 구성했는가?
근거의 타당성	근거는 참 또는 진실인가? 근거가 주장을 뒷받침하는 데 타당한가?
결론의 적합성	근거와 자료에 일치되도록 결론이 도출되었는가? 결론이 참신하고 실현 가능한가?

4. 인권 관련 논술하기

■ '인권' 주제와 관련하여 글의 개요를 작성하고, 논리적으로 글 쓰는 연습을 해보자.

▸ 글의 개요 작성하기

주장	
근거/이유	
자료수집	
결론	
제목	

▸ 글의 개요에 의거해 관련 자료를 찾아 글을 써 보자.

CHAPTER
13

기후 변화와 기후 정의

1. 기후 변화에 대한 이해

■ 기후 변화의 개념

기후 변화(climate change)는 지구 온난화로 인한 지구 평균 기온의 지속적인 상승으로 지구 기후 시스템에 광범위한 변화가 나타나는 현상이다. 기후 변화의 주요 원인은 산업화 이후 이산화탄소(CO_2), 메탄(CH_4) 등 탄소 가스의 배출 증가로 인한 지구 온난화이다. 지구 온난화로 지구 평균 기온이 단기간에 지속적으로 상승하면서 극지방의 빙하가 녹고 해수면이 상승하며, 각종 기상 이변이 발생하고 있다.

이런 기후 변화는 인류뿐만 아니라 지구의 모든 생물과 생태계 전체에 커다란 영향을 미치고 있다. 그래서 기후 변화는 세계적인 불평등, 생태계 파괴, 빈곤과 기아, 전쟁과 난민 문제와 함께 전 세계가 당면한 주요 과제이다. 또한 기후 변화는 전 세계의 모든 나라들에 영향을 미치기 때문에, 이에 대응하기 위해서는 국가 간 소통과 협력이 중요하다. 기후 변화는 화석연료의 사용 등 경제적 문제일 뿐만 아니라 온실가스 배출 감소, 생태계 보호 등을 결정하는 정치와 법, 사회 문화와 밀접한 연관을 맺고 있다(매슬린, 2023: 18-19).

그래서 기후 변화에 대응하는 방안은 경제, 정치, 법률, 문화, 국제사회 등 통합적 관점에서 접근하는 것이 필요하다.

■ 기후 변화의 증거

18세기 후반 산업화 이후 인류는 석탄, 석유, 천연가스 등 화석 연료를 연소함으로써 이산화탄소, 메탄 등을 배출하였고, 그로 인해 온실효과가 증가하여 지구 평균 기온이 단기간에 상승했다. 과학자들이 그린란드와 남극의 빙하코어 3.2km를 조사한 결과에 의하면, 지난 80만 년간 이산화탄소와 메탄이 증가하면 지구 평균 기온이 상승했고, 감소하면 하락했다. 즉, 대기 중 온실가스와 지구 평균 기온은 밀접하게 연관된 것으로 나타났다(매슬린, 2023: 23-24).

하와이의 마우나로아 관측소는 1958년부터 최초로 대기 중 이산화탄소의 농도를 측정하기 시작했는데, 이산화탄소의 농도는 산업화 이전에 약 280ppm이었는데 1958년에 316ppm, 2020년에 420ppm으로 증가했다. 2백 년 동안 인간이 산업화를 통해 배출한 탄소 가스가 수천 년 동안 배출된 양보다 많았다(매슬린, 2023: 25-32).

그에 따라 대기 중 온실가스가 증가하면서, 1880년대 이후 2020년까지 지구 평균 기온은 1.44℃, 바다 기온은 0.89℃ 상승했다. 이로 인해 최근 150년 동안에 지구 표면의 98%가 지구 온난화를 겪었다. 바다 온도가 상승하면서 1900년에서 2020년 사이에 해수면은 24cm 이상 상승했다. 그로 인해 그린란드에서는 매년 2,300억 톤의 얼음이, 남극에서는 매년 1,500억 톤의 얼음이 사라지는 것으로 추정된다.

지구 온난화와 해수면 상승으로 인해 전 세계 곳곳에서 폭염, 폭우/폭설, 폭풍, 홍수, 가뭄, 산불 등 기상 이변이 급증하고 있다. 지난 10년 동안 북미, 중국, 인도, 중동, 서유럽에서는 기록적인 폭염이나 홍수가 발생했다. 또한 최근 10년 동안 허리케인은 49%, 사이클론은 18% 증가하고 강해졌다. 2015~2020년 사이에 발생한 기상 이변 113건 중 기후 변화로 인해 발생 빈도나 강도가 증가한 것이 70% 정도였고, 반대로 25%는 발생 빈도가 감소했다(매슬린, 2023: 59-76).

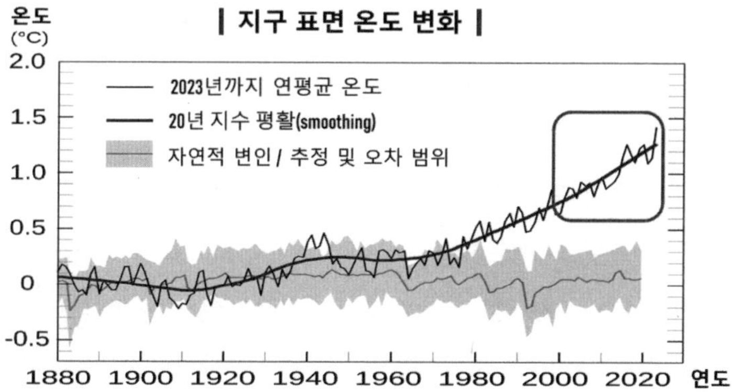

자료: NASA, https://climate.nasa.gov/vital-signs/global-temperature/)

기후 변화로 인한 경제적 피해와 생태계 파괴 등이 심각하다. 2020년 7월 중국에서 발생한 홍수는 이재민 4천만 명과 14조 원의 피해를 입혔다. 2020년 1월 아프리카 동부에는 1㎢당 8천만 마리의 메뚜기떼가 습격하여 농작물에 92조 원의 피해를 입혔다. 호주에서는 2019년 9월부터 2020년 2월까지 산불이 지속되면서 숲 18만 6,000km²가 소실되었고, 야생동물 5억 마리가 불에 타 죽었으며, 재산 피해액은 690억 달러(약 96조 원)에 달했다. 2025년 1월 발생한 캘리포니아 남부 산불은 약 2,500억 달러(약 363조)의 재산 피해를 입힌 것으로 추정된다. 또한 사막화가 확대되면서 중국은 매년 3,500㎢ 토지가 사막화되고, 몽골은 1990년대 전체 면적의 40%를 차지하던 사막이 현재 78%까지 확대되었다. 그 밖에 중동, 중앙아시아, 아프리카, 남아시아 지역에서 사막화가 급속하게 진행되고 있다.

이러한 지구 온난화와 기후 변화에 전 세계가 공동으로 대응하기 위하여 1988년 '기후 변화에 관한 정부간 협의체'(IPCC)가 설립되었다. IPCC는 기후 변화의 과학적 · 환경적 · 사회 경제적 영향과 그 대응 전략을 국가 간 협력을 통해 모색하는 것을 목표로 한다.

IPCC 보고서에 따르면, 탄소 배출의 주원인은 화석 연료 사용이고, 이산화탄소 배출의 85% 이상은 화석 에너지의 생산과 사용, 산업 공정, 운송 등에서 발생한다. 국가별로 보면 북미, 중국과 인도 등 아시아 국가, 유럽이 전 세계 이산화탄소의 90%를 배출한다. 두 번째 원인은 토지 용도의 변경이다. 도시화와 산업화된 농업으로 인해 밀림이 벌목되면서 이산화탄소의 저장 능력이 급감하였다. 오늘날 토지 용도의 변경으로 인한 이산화탄소 배출의 90% 이상은 동남아시아, 남미, 아프리카에서 발생하고 있다(매슬린, 2023: 28-30).

■ 글로벌 위험: 기후 변화와 기후 위기

지구 온난화로 인한 기후 변화와 기후 위기가 심각해지면서 1992년 5월 브라질 리우데자네이루에서 유엔환경개발회의(UNCED)가 열린다. 이 회의에서 '유엔기후변화협약'(United Nations Framework Convention on Climate Change)을 채택하였다. 이 협약은 이산화탄소 배출의 증가를 기후 변화의 문제로 인식하고, 화석 연료를 지구 온난화의 주원인으로 확인했다. 그에 따라 각 국가는 2000년까지 온실가스 배출을 이전 수준으로 돌리고, 탄소 배출을 낮추기 위한 대책 등을 정기적으로 보고하기로 정했다. 그러나 이 협약은 법적 구속력은 없었다.

그래서 1997년 12월 일본 교토에서 개최된 지구 온난화 방지 교토 회의(COP3) 제3차 당사국 총회가 개최되었다. 이 총회에서 유엔기후변화협약을 수정한 '교토 의정서'(Kyoto Protocol)가 채택되었다. 이 의정서는 온실효과를 일으키는 6가지 온실가스 배출의 감소 목표를 지정하였다. 교토 의정서 제3조는 2008년부터 2012년까지 선진국 전체의 온실가스 배출량을 1990년 수준보다 적어도 5.2% 이하로 감축할 것을 목표로 정했다. 각 국가는 온실가스의 배출을 감축하고, 배출량을 줄이지 않는 국가에 대해서 비관세 장벽을 적용한다. 매년 유엔은 기후 변화 회의를 개최하여 교토 의정서의 이행 여부를 논의하고 있다.

다른 한편 세계경제포럼(WEF)은 2023년 1월 '글로벌 위험 보고서 2023'에서 전 세계의 정부, 기업, 학계, 국제기구, 시민사회 소속 전문가 1,200여 명을 대상으로 조사한 '글로벌 위험 인식 조사' 결과를 제시했다. 응답자들은 향후 10년 동안 전 지구적으로 심각한 영향을 미칠 가능성이 높은 위험 요인 10개 중 1~4위를 기후 변화 관련 내용으로 꼽았다.

| 글로벌 위험 상위 10개(Global Risks Top 10) |

순위	향후 2년간	향후 10년간
1	생계비 위기	기후 변화의 완화 실패
2	자연재해 및 극단적 기상현상	기후 변화의 적응 실패
3	지정학적 갈등	자연재해 및 극단적 기상현상
4	기후 변화의 완화 실패	생물 다양성 손실 및 생태계 파괴
5	사회 결속력 약화 및 양극화	대규모 비자발적 이주
6	대규모 환경 피해	자원 위기
7	기후 변화의 적응 실패	사회 결속력 약화 및 양극화
8	사이버 범죄 및 불안	사이버 범죄 및 불안
9	자원 위기	지정학적 갈등
10	대규모 비자발적 이주	대규모 환경 피해

자료: 세계경제포럼, 글로벌 위험 보고서 2023.

■ 기후 변화의 부정론자

기후 변화의 증거들이 많고 실제로 세계 곳곳에서 기상 이변이 발생하고 있지만, 일부 과학자와 기업 집단은 기후 변화를 부정하고 있다. 이들은 기후 변화에 대응하기 위한 법률이나 정책이 추진되는 것을 원하지 않기 때문에, 기후 변화에 대한 증거에 대해 의문을 제기하고 과학적으로 불확실하다면서 논쟁거리로 끌고 가고자 한다. 이들은 언론이나 소셜 미디어를 통해 기후 변화 관련 증거들이 조작되었다는 가짜 뉴스를 퍼트림으로써 기후 변화의 연구 결과와 증거들을 불확실하고 논란의 여지가 있는 쟁점으로 몰아가고 있다(매슬린, 2023: 50-53).

다른 한편 이들은 정부와 의회에 로비 활동을 통해 기후 변화 정책을 지연하거나 차단하고자 시도한다. 실제로 2019년에 대형 석유회사 중 5곳이 로비 자금으로 2억 달러 이상을 사용했다.

■ 기후 변화의 대응

기후 변화를 부정하는 집단도 있지만, 이미 1988년에 '기후 변화에 관한 정부 간 협의체'(IPCC)가 설립되어 지구 온난화와 기후 변화에 전 세계가 공동으로 대응하고 있다. 글로벌 환경단체들이 기후 변화에 대응하기 위한 환경운동을 펼치고 있다.

또한 2018년 스웨덴의 16세 소녀 그레타 툰베리는 매주 금요일 의회 앞에서 '기후를 위한 학교 파업' 푯말을 들고 기후 변화에 대한 정부의 대응을 촉구하였다. 이 운동은 소셜 미디어를 통해 급속히 전파되었고, 전 세계에서 많은 학생들이 '미래를 위한 금요일' 시위를 하면서 기후 변화에 대응을 요구하였다. 2019년까지 150개 국가에서 400만 명의 학생이 참여하여 4,500회 이상의 시위를 했다.

우리나라에서도 청소년들이 '청소년 기후행동' 단체를 만들어 기후 변화에 대응을 촉구하는 환경운동을 펼치고 있다. 정부가 저탄소 녹색성장 기본법에 따라 국가 온실가스 총배출량 감축의 목표 기준을 2020년에서 2030년으로 미루었고, 2030년의 국가 온실가스 총배출량을 2017년 총배출량의 1000분의 244만큼 감축하는 것으로 낮추어 규정하였다. 이런 법률과 정책은 기후 위기에 대응하기 위한 온실가스 감축 목표를 설정함에 있어서 국민의 생명권과 환경권 등을 침해한다며 2020년 3월 이 단체 소속 회원들이 헌법소원심판을 청구하였다.

이에 헌법재판소는 2024년 8월 "기후위기 대응을 위한 탄소중립·녹색성장 기본법 제8조 제1항은 헌법에 합치되지 아니한다."고 결정하였다. 정부가 2031년 이후 온실가스 감축량을 전혀 설정하지 않은 것은 국민의 기본권인 환경권을 충분히 보호하지 못해 헌법에 어긋난다는 취지이다(헌법재판소, 2024. 8. 29. 선고. 2020헌마389등).

■ 기후 위기 대응을 위한 법률과 제도

우리나라는 2021년 9월 심각한 기후 위기에 대응하기 위하여 「기후 위기 대응을 위한 탄소중립·녹색성장기본법」을 제정하였다. 이 법은 경제적·환경적·사회적 불평등을 해소하며 경제 발전과 환경의 조화로운 발전을 도모함으로써, 현재 세대와 미래 세대의 삶의 질을 높이고 생태계와 기후 체계를 보호하고 국제 사회의 지속 가능 발전에 이바지하는 것을 목적으로 한다.

이 법에서 정한 온실가스 감축 및 기후 위기 대책과 관련된 주요 내용은 다음과 같다.

「기후 위기 대응을 위한 탄소중립·녹색성장 기본법」

제7조(국가 비전 및 국가 전략) ① 정부는 2050년까지 탄소중립을 목표

로 하여 탄소중립 사회로 이행하고 환경과 경제의 조화로운 발전을 도모하는 것을 국가 비전으로 한다.

② 정부는 제1항에 따른 국가 비전을 달성하기 위하여 다음 각호의 사항을 포함하는 국가 탄소중립 녹색성장 전략을 수립하여야 한다.

제10조(국가 탄소중립 녹색성장 기본계획의 수립 · 시행) ① 정부는 제3조의 기본 원칙에 따라 국가 비전 및 중장기 감축 목표 등의 달성을 위하여 20년을 계획기간으로 하는 국가 탄소중립 녹색성장 기본계획을 5년마다 수립 · 시행하여야 한다.

제24조(온실가스 감축인지 예산제도) 국가와 지방자치단체는 관계 법률에서 정하는 바에 따라 예산과 기금이 기후변화에 미치는 영향을 분석하고 이를 국가와 지방자치단체의 재정 운용에 반영하는 온실가스 감축인지 예산제도를 실시하여야 한다.

제25조(온실가스 배출권거래제) ① 정부는 국가 비전 및 중장기 감축 목표등을 효율적으로 달성하기 위하여 온실가스 배출허용총량을 설정하고 시장기능을 활용하여 온실가스 배출권을 거래하는 제도(이하 "배출권 거래제"라 한다)를 운영한다.

제38조(국가 기후위기 적응대책의 수립 · 시행) ① 정부는 국가의 기후위기 적응에 관한 대책을 5년마다 수립 · 시행하여야 한다.

제69조(기후대응기금의 설치) ① 정부는 기후위기에 효과적으로 대응하고 탄소중립 사회로의 이행과 녹색성장을 촉진하는 데 필요한 재원을 확보하기 위하여 기후대응기금을 설치한다.

제75조(국제협력의 증진) ① 정부는 외국 정부 및 국제기구 등과 기후위기 대응에 관한 정보교환, 기술협력 및 표준화, 공동조사 · 연구 등의 활동에 참여하는 등 국제협력을 강화하기 위한 각종 시책을 마련하여야 한다.

② 정부는 개발도상국이 기후 위기 대응을 촉진할 수 있도록 재정 지원을 하는 등 국제사회의 일원으로서의 책무를 성실히 이행할 수 있도록 노력하여야 한다.

제76조(국제규범 대응) ① 정부는 외국 정부 또는 국제기구에서 제정하거나 도입하려는 기후위기 대응과 관련된 제도 · 정책에 관한 동향과 정보를 수집 · 조사 · 분석하여 관련 제도 · 정책을 합리적으로 정비하고 지원체제를 구축하는 등 적절한 대책을 마련하여야 한다.

> ② 정부는 제1항의 동향 · 정보 및 대책에 관한 사항을 기업 · 국민들에게 충분히 제공함으로써 국내 기업과 국민들이 기후 위기 대응 역량을 높일 수 있도록 하여야 한다.

▪ 기후 정의 실현

기후 변화와 기후 위기로 인한 피해와 불평등을 공정하게 해결하기 위해 '기후 정의'(climate justice)가 요구되고 있다. 기후 위기는 국가 내에서 저소득층, 저지대 거주자, 농업 종사자에게 더 큰 피해를 입히고, 약자와 취약 계층의 불평등을 더 심화시키고 있다.

또한 산업화 이후 현재까지 유럽과 미국에서 온실가스를 가장 많이 배출했다. 그런데 온실가스를 적게 배출하는 저개발국이나 개발도상국이 기후 변화의 피해에 더 취약하고, 그 국가들의 저소득층과 저지대 거주자 등은 심각한 생존의 위협을 받고 있다. 실제로 2023년 영국 가디언이 전세계 탄소 불평등 관련 자료를 분석 보도한 것에 의하면, 세계 39개국에서 상위 10% 부유층이 하위 50% 계층의 합계보다 더 많이 탄소를 배출했다. 미국과 중국이 경우, 상위 10%의 탄소 배출량이 하위 70%의 합계보다 높았다. 상위 10%의 1인당 탄소 배출량은 미국이 연간 약 56.5톤의 1위였고, 한국이 40톤으로 2위를 차지했다. 그다음 캐나다, 러시아, 일본이 30톤 이상으로 나타났다.

탄소 배출량의 급증 요인은 자동차 사용이었고, 상위 10%의 자동차 탄소 배출량은 하위 10%보다 20~40배 더 높았다. 다른 요인는 상품에 포함된 탄소 배출량인데, 상위 10%가 하위 10%보다 20~50배 더 높았다. 우리나라는 상위 10%의 상품 구매에 따른 1인당 탄소 배출량은 당 연간 약 13.7톤으로 세계 1위를 차지했고, 하위 10%의 1인당 배출량인 약 0.6톤으로 낮게 나타났다(오마이뉴스, 2023.11.21).

환경부의 '국가 온실가스 통계'에 의하면, 우리나라의 온실가스 배출량은 2018년 784백만 톤, 2022년 724백만 톤이었다. 기후변화행동연구소가 추산한 자료에 따르면, 우리나라가 온실가스 감축 노력을 하지 않고 현재 상태를 유지할 경우, 2030년에는 1인당 이산화탄소 배출량이 한국(9.17t) 미국(8.59t), 캐나다(8.12t), 중국(7.21t), 일본(5.88t), 이탈리아(4.45t), 독일(4.43t) 순으로 우리나라가 1인당 온실가스 배출량 세계 1위가 될 것이라고 경고했다.

이러한 문제를 온실가스의 배출량에 비례하여 기후 변화에 책임이 있는 선진국이 개발도상국이나 저개발국가의 피해와 불평등을 해결하는 것을 지원하는 것이 기후 정의 측면에서 요구된다.

기후 정의의 관점에서 접근하면, 한 국가 내의 기후 위기뿐만 아니라 국가 간 또는 지구 전체의 기후 위기에 전 세계 국가들이 함께 협력하여 대응하는 것이 요구된다. 또한 온실가스 배출량에 따라 기후 변화의 대처 비용을 비례적으로 부담하는 것이 필요하다. 나아가 저개발국이나 개발도상국은 경제성장이 둔화되더라도, 온실가스 배출량을 줄여야 하는지, 저개발국가의 저소득층, 저지대 거주자 등 기후 약자들의 피해를 누가 어떻게 회복하고 지원할 것인지 등의 문제를 해결할 필요가 있다.

2. 기후 변화 관련 글 읽고 분석하기

▣ 마크 매슬린, 「기후변화」(2021)

이 책은 기후학의 전문가인 영국의 마크 매슬린이 집필하였고, 2024 세종도서에 선정되었다. 매슬린은 기후 변화의 원인으로서 온실가스와 지구 온난화로 인한 기후 변화가 가져온 기상 이변 현상들을 많은 증거와 통계자료에 의거해 설명하고, 기후 모델을 통해 미래 기후를 예측하였다. 또한 기후 변화의 원인이 되는 화석 연료 에너지를 대체 에너지, 신재생 에너지, 청정 에너지로 전환할 것을 제안하였다. 그리고 전 지구적 차원에서 기후 변화에 대응하기 위해 국가 간 협력을 강조하고, 또한 탄소 배출 저감을 위해 각 정부와 기업은 여러 가지 정책과 제도를 시행하고, 시민사회의 환경운동과 개인의 행동 변화도 필요하다고 제안했다.

❑ 마크 매슬린의 기후변화 관련 글을 읽고 논증의 구조를 비판적으로 분석해 보자.

기후 변화와 미래 바꾸기

과학자들은 기후 변화를 증명하는 많은 증거에도 불구하고, 그것을 부정하는 소수의 유력한 인사들 때문에 골머리를 앓고 있다. 과학자들은 더 많은 증거를 수집하며 대응해왔다. … 하지만 사회과학자들은 기후 변화를 인정하는 것은 과학과는 전혀 무관하고 순전히 정치와 관련되어 있음을 발견했다. 기후 변화를 인정하는 것은 많은 주류 경제학자와 정치인이 취하는 영미권의 신자유주의 관점과 충돌하기 때문이다. 기후 변화는 시장의 근본적인 실패를 보여주고, 산업과 기업 규제를 위한 정부의 집단적 행동을 요구한다. …

신자유주의는 자유로운 시장, 최소한의 정부 개입, 강력한 사유 재산권, 낮은 세금, 개인주의 같은 신념으로 요약된다. 낙수 효과는 지난 40

년간 신자유주의의 핵심 역할을 했지만, 그것이 실제로 일어났다는 증거는 없다. 세계 인구의 절반은 하루에 5달러 50센트도 안 되는 돈으로 살아간다. 옥스팸의 추산에 따르면, 전 세계에서 가장 부유한 26명이 현재 소유한 부(富)는 가장 가난한 38억 명이 소유한 부와 비슷하다. …

2020년 코로나19의 세계적 확산도 신자유주의에 대한 사람들의 견해를 바꾸어 놓았다. 사람들은 정부, 산업계, 시민사회 간에 더 나은 관계가 가능하다는 것을 목격했다. 국가나 소수집단의 경제적 이익보다 시민의 건강과 웰빙이 우선시되는 세계가 가능하다는 것이다. 기후 변화, 생물 다양성 훼손, 팬데믹의 재확산 같은 장기적 위협 요소를 고려할 때, 코로나19의 교훈은 자유시장이 결코 우리를 보호하지 못한다는 것이었다. 기후 변화와 더불어 21세기의 다른 도전들을 해결하기 위해 필요한 것은 전문가의 조언을 수렴하고, 사회와 지역공동체의 가치를 믿으며, 기업의 지지와 역동성이 뒷받침되는 정부의 개입이다. …

세계의 탄소 배출 저감을 위한 해결책이 소개되었지만, 2050년까지 탄소 순배출 제로를 달성하려면 모든 방법을 동원해야 한다. 애빗 보믹(A. Bhowmik)과 동료들의 연구 결과에 의하면, 개인적 단계부터 세계적 단계까지 기후 변화의 해결책을 제시하고 있다. 개인과 가정 단계의 행동은 전체 1조 500억 탄소톤 중에서 14%를 제거할 수 있지만, 마을과 지역사회 단계의 행동은 31%를, 도시와 국가 단계의 행동은 33%를 제거할 수 있다. 이처럼 기후변화의 해결책은 지역사회에서 국가 차원으로 확장될 때 가장 효과적이다. 이 모든 것은 윈윈 해결책이어야 하고 순이익을 합치면 46조 달러를 절감할 수 있다. …

효율적인 탄소 배출 저감을 위해서는 정부, 기업, 시민사회의 협력이 요구되며, 개인의 행동 변화를 통한 지원도 뒷받침되어야 한다. 정부는 법률이나 정책 개발을 통해 더 지속 가능하고 탄소 중립적인 사회를 만들기 위해 인센티브, 보조금, 세금, 규제 조치를 이용할 수 있다. 정부는 화석 연료에서 신재생 에너지로의 전환을 촉진하고, 탄소 중립적인 건물을 짓도록 하고, 대규모 산림 녹화와 재야생화를 장려하고, 저탄소 농업을 홍보하고, 빈곤층을 지원하여 기후 변화로 인한 피해에 대한 복원력을 기를 수 있다. …

많은 기업이 2050년까지 탄소 순배출 제로라는 목표를 채택하여 기후 변화의 대응에 동참하고 있다. 기업은 채취하고 생산 후 폐기하는 고전적 모델에서 벗어나서 순환경제 모델을 채택해야 한다. 순환경제는 원재료의 양을 최소화하고 재사용과 재활용을 통해 제품과 재료의 수명 주기 도안의 가치를 극대화하는 방식이다. 이런 순환경제의 적용은 유럽에서 최대 1조 8천억 유로의 가치를 창출할 수 있다. 기업들은 처음부터 뛰어난 내구성, 재활용 가능성을 갖춘 제품을 생산해야 한다. …

개인의 행동도 정부와 기업에게 시민이 기후 변화에 대응을 지지한다는 강한 메시지를 보내기 때문에 중요하다. 기후 변화에 대응을 위한 학교 파업 시위, 멸종 반란 시위 등은 전 세계 사람들을 하나로 연결하였고, 이들은 정부와 기업이 지구를 지키기 위한 행동에 나서도록 촉구했다. 특히 부유한 사람이나 영향력 있는 사람이 행동 변화에 나서면, 탄소 배출 저감에 큰 영향을 미칠 수 있을 것이다. 이미 1,400개 이상의 지방정부와 35개 이상의 국가가 기후 위기에 처해 있다고 선언했다. …

국제기구도 기후 변화 대응에 중요한 역할을 한다. 세계은행과 국제통화기금은 지속 가능 발전의 목표를 의사결정의 핵심으로 하는 지속가능한 경제개발, 탄소 순배출 제로 목표의 진원, 빈곤 완화 등에 초점을 맞추도록 할 수 있다. 세계무역기구는 세계지속가능성기구(WSO)로 전환하고 화석연료 수출 의존국의 경제 구조를 조정하는 것을 지원하는 데 초점을 맞추어야 한다.

또한 유엔의 환경청을 세계환경기구(WEO)로 승격하여 예산을 증대하고 지속 가능 발전, 생물다양성 협약, 기후 변화 협약 등을 총괄하여 여러 국가들이 상호 협력하고 윈윈 해결책을 찾도록 도와야 할 것이다. …

기후 변화가 이번 세기에 더 가속화될 것이다. 기후 변화의 추정 자료에 의하면, 지구의 평균 기온은 21세기 말에 2.1~5.5°C까지 오르고, 해수면은 2100년에 50~130cm 정도 상승하고, 날씨와 기상 이변이 증가할 것으로 예상된다. 우리는 기후 변화의 대응에 필요한 기술, 자원, 자금도 있다. 부족한 것은 더 살기 좋고 안전한 세상을 만들기 위해 긍정적인 해결책을 도입하려는 정치적 의지와 정책이다.

출처: 마크 매슬린/신봉아 옮김(2023). 「기후변화」. 교유서가. '9. 우리의 미래 바꾸기' 244-255쪽에서 발췌.

1. 매슬린의 글에 활용된 논증의 구조를 분석하시오.

주장	
근거/이유	
결론	

2. 매슬린의 논증의 문제점을 비판적으로 평가하시오.

논증의 형식	논증의 형식 또는 구조에 적합하게 구성했는가?
근거의 타당성	근거는 참 또는 진실인가? 근거가 주장을 뒷받침하는 데 타당한가?
결론의 적합성	근거와 자료에 일치되도록 결론이 도출되었는가? 결론이 참신하고 실현 가능한가?

❑ 기후 변화 부정론자의 주장과 반론을 읽고 논증의 구조를 비판적으로 분석해 보자.

기후 변화 부정론자의 주장과 반론

기후 변화의 증거를 요약하는 좋은 방법 중 하나는 기후 변화를 부정하는 사람들이 주장하는 말을 검토해 보는 것이다.

첫째, 빙하코어 자료를 보면 대기 중 이산화탄소는 지구 기온에 반응하므로, 부정론자는 대기 중 이산화탄소는 지구 기온 변화를 유발할 수 없다고 주장한다. 그러나 그린란드와 남극의 빙하코어를 통해 북반구와 남반구가 각각 다른 시기에 다른 속도로 따뜻해졌다는 것을 알 수 있다. 양극성 기후 시소라는 현상 때문에, 북반구가 차가워질 때 열은 바닷물을 통해 남쪽으로 이동하여 남반구의 기온을 올린다.

따라서 개별 빙하코어 온도와 재구성된 대기 중 이산화탄소 수치를 비교했을 때, 그 관련성이 역전되는 것처럼 보이는 순간이 발생한다. 하지만 제러미 샤쿤(J. Shakun) 교수와 동료들이 지구 기온과 이산화탄소의 관계를 연구한 자료에 의하면, 대기 중 이산화탄소 농도에 따라 지구 기온이 변화했고, 이것은 마지막 빙하기 이후 이산화탄소가 지구 온난화에 기여했다는 사실을 뒷받침한다. …

둘째, 부정론자는 이산화탄소가 지구 대시의 작은 일부일 뿐이고 그것이 거대한 온실효과를 일으킬 수 없다라고 주장한다. 그러나 과학자들은 반복적 실험과 대기 측정을 통해 이산화탄소의 온실효과를 수 차례 증명하였다. 이산화탄소는 대기의 0.04%를 차지하지만 강력한 온실가스이다. 반면에 질소는 대기의 78%를 차지하지만 반응성이 매우 낮다. …

셋째, 부정론자는 모든 자료는 지구 온난화 현상이 나타나도록 보정되거나 조작되었다고 주장했다. 하지만 지난 150년간 기후 자료에는 보정이 필요하다. 2012년 뮬러와 연구팀은 지구 온도 기록을 발표했는데, 지구 온도는 250년 동안 1.5°C 상승했다. 이는 다른 추정치보다 높은 값인데, 연구팀이 모든 기후 기록을 보정하지 않았기 때문이다. 과학은 점진적으로 발전하며 과학적 자료에 대한 이해와 통찰은 점차 깊어진다. …

넷째, 부정론자는 최근 지구 기온의 변화는 태양의 변화로 인한 것이라고 주장했다. 부정론자들은 태양 흑점이나 폭발 등이 지구 기온과 기후변화에 커다란 영향을 미친다고 믿는다. 11년 태양 주기 동안에 태양에너지 방출은 약 0.1% 변하고, 그것은 성층권의 오존 농도, 기온, 바람에 영향을 미칠 수 있다는 증거가 있다.

하지만 이것은 지표면 온도 변화에 미미한 영향을 미칠 뿐이다. 태양복사조도는 1880년부터 서서히 증가하여 1955년경에 정점을 찍고 이후 감소하는 추세이다. 반면에 태양에너지의 방출은 감소했지만, 지난 150년 동안 지구 평균 기온은 급격히 상승했고 기후는 급격히 변화했다. 지구 평균 기온은 1.1°C, 해수면은 24cm 상승했고, 기후 패턴의 변화와 기상이변, 빙하의 해빙 가속화 등이 기후 변화가 나타났다. …

2021년 기후 변화에 관한 정부간 협의체(IPCC) 보고서는 기후 변화의 증거가 명백하고, 지구 온난화의 원인이 인간의 온실가스 배출이라고 제시했다. 이것을 뒷받침하는 증거는 다음과 같다.

(1) 대기 중 온실가스의 증가가 확인되었고 추가적인 탄소는 대부분 화석 연료의 연소로 인해 발생했다. (2) 실험실 측정과 대기 측정을 통해 온실가스가 열을 흡수한다는 사실이 밝혀졌다. (3) 지난 세기 동안 지구 평균 기온과 해수면의 급격한 변화가 관찰되었다. (4) 빙상, 해빙, 대륙 빙하의 후퇴, 기상이변을 비롯하여 빙하권, 해양, 육지, 대기에서 급격한 변화가 발생했는데, 기후 변화의 여파가 이 현상들의 직접적인 원인일 수 있다. (5) 태양 흑점과 폭발 같은 자연현상은 지난 백년 간의 온난화 추세를 설명할 수 없다. (6) 우리는 온실가스가 과거의 장기적인 기후 변화와 지구 기후 조절에 중요한 역할을 한다는 사실을 더 깊이 이해하게 되었다.

출처: 마크 매슬린/신봉아 옮김(2023). 「기후변화」. 교유서가. '3. 기후변화의 증거' 76-82쪽에서 발췌.

1. 기후 변화 부정론 및 반박 글에 활용된 논증의 구조를 분석하시오.

주장	
근거/이유	
결론	

2. 기후 변화 부정론자의 반박 논증의 문제점을 비판적으로 평가하시오.

논증의 형식	논증의 형식 또는 구조에 적합하게 구성했는가?
근거의 타당성	근거는 참 또는 진실인가? 근거가 주장을 뒷받침하는 데 타당한가?
결론의 적합성	근거와 자료에 일치되도록 결론이 도출되었는가? 결론이 참신하고 실현 가능한가?

3. 기후변화 관련 논술하기

■ '기후 변화' 주제와 관련하여 글의 개요를 작성하고, 논리적으로 글쓰는 연습을 해보자.

▸ 글의 개요 작성하기

주장	
근거/이유	
자료수집	
결론	
제목	

▸ 글의 개요에 의거해 관련 자료를 찾아 글을 써 보자.

CHAPTER 14

지구 생태계와 지속 가능 발전

1. 지속 가능 발전에 대한 이해

■ 지속 가능 발전의 의미

1987년 유엔 환경개발위원회는 브룬틀란 보고서(Brundtland Report)를 발표했다. 이 보고서에 따르면, 지속 가능 발전(sustainable development)은 미래 세대의 필요를 충족시킬 수 있는 능력을 손상시키지 않으면서 현재 세대의 필요를 충족시키는 것을 목표로 하는 성장과 개발에 대한 접근 방식이다. 지속 가능 발전은 환경과 사회의 필요를 균형있게 조절하는 것을 목표로 한다.

지속 가능 발전과 지속 가능성은 서로 겹치는 부분이 있지만, 유네스코는 두 개념을 구별했다. 지속 가능성(sustainability)은 보다 장기적으로 지속 가능한 세계를 목표로 하는데, 지속 가능 발전은 그런 목표를 달성하기 위한 여러 가지 프로세스와 경로를 가리킨다.

또한 1992년 6월 개최된 지구정상회의(리우 회의)에서는 아젠다 21이 채택되었는데, 여기에 지속 가능 발전의 원칙과 발전에 대한 권리가 제시되었다. '아젠다 21'은 환경 보전을 위한 21세기 행동 지침으로 인간은 자연과 조화를 이루면서 건전하고 생산적인 삶을 살 권리가 있다는 원칙을 제시했다. 그리고 발전에 대한 권리는 현세대와 미래 세대 모두의 발전 및 환경과 관련된 필요를 공평하게 충족할 수 있는 방식으로 실현되어야 하고, 지속 가능 발전에 도달하기 위해서 환경 보호를 발전 과정에 필수 불가결한 일부로 삼아야 한다고 명시하였다. 나아가 생활수준의 격차를 줄이고 세계 대다수 사람들의 필요에 잘 부응하기 위해서 모든 국가는 지속 가능 발전의 불가결한 조건으로 빈곤 퇴치를 위해 협력해야 한다고 명시했다. 그에 따라 선진국들은 국내총생산의 0.7%를 개발도상국에 지원하겠다고 약속했다(쇼보, 2014: 10-11).

■ 지속 가능 발전의 역사

▸ **푸넥스 심포지엄**(Founex Symposium): 1971년 스위스 니옹의 작은 도시 푸넥스에서 과학자와 경제학자들이 환경과 경제발전에 관한 심포지엄을 개최했다. 여기에서 학자들은 재화의 생산과 자연에 대한 존중이 양립할 수 있다고 보고, 경제개발을 위해 자연을 파괴하는 것을 경고하면서 사회 발전의 필요성을 주장한다. 그러면서 자연환경을 보호하면서 경제개발을 추진하는 '생태개발'(eco-development)이란 개념을 처음 제시했다(쇼보, 2014: 14).

▸ **유엔 인간 환경 회의**(United Nations Conference on the Human Environment): 1972년 6월 스웨덴 스톡홀름에서 유엔 인간 환경 회의가 개최되었다. 참석자들은 미래에 대한 불안감을 드러냈고, 산업화가 생태계 파괴의 주원인이라는 사실이 드러나기 시작했다. 이 회의의 선언문은 주로 자연환경의 보호에 초점을 맞추었고, 환경과 발전을 서로 연결하여 '제로 성장'(zero growth),

'생태 개발'이란 개념을 사용하였다.

▸ **브룬틀란 보고서**(Brundtland Report): 유엔 사무총장의 요청에 따라 1987년 12월 브룬틀란 위원회가 2년 반 동안 국제적인 자료를 분석하여 '우리의 공동 미래'(Our Common Future) 보고서를 편찬하면서 '지속 가능 발전' 개념을 처음으로 공식 정의했다.

이 보고서는 지속 가능 발전의 개념을 정의하고 유엔 인간환경 회의에서 다룬 환경 문제를 독립된 정치적 의제로서 부각시켰다. 또한 보고서는 환경 및 개발 핵심 쟁점을 파악하여 현실적 실천 방안을 수립하고, 국제적 협력체제를 제안하며, 개인, 시민단체, 기업, 정부 차원에서 실천 방안을 모색하고자 했다.

▸ **지구 정상 회의**(Earth Summit) 또는 리우 회의(Rio Summit): 1992년 6월 브라질 리우데자네이루에서 185개국 대표단과 114개국 정상이 참석하여 지구 환경 보전 문제를 논의했다. 이 회의에서 환경과 개발에 관한 리우 선언, 아젠다 21, 기후변화협약, 생물학적 다양성 보전 조약, 삼림 보전의 원칙이 채택되었다.

▸ **교토 의정서**(Kyoto Protocol): 1997년 12월 일본 교토에서 개최된 지구 온난화 방지 교토 회의(COP3) 제3차 당사국 총회에 교토 의정서를 채택했고, 2005년 2월 발효되었다. 이 의정서는 기후변화협약의 수정안이고, 의정서는 온실효과를 일으키는 6가지 온실가스 배출의 감소 목표를 지정하였다. 교토 의정서 제3조는 2008년부터 2012년까지 선진국 전체의 온실가스 배출량을 1990년 수준보다 적어도 5.2% 이하로 감축할 것을 목표로 정했다. 각 국가는 온실가스의 배출을 감축하고, 배출량을 줄이지 않는 국가에 대해서 비관세 장벽을 적용한다.

▸ **파리 협정**(Paris Agreement): 2015년 12월 유엔 기후변화 회의는 파리 협정을 채택했고, 2016년 11월 효력이 발효되었다. 이 협정은 지구 평균온도 상승 폭을 산업화 이전 대비 2℃ 이하로 유지하고, 온도 상승폭을 1.5℃ 이하로 제한하기 위해 세계 각 국가가 노력하기로 약속했다. 각국은 온실가스 감축 목표를 스스로 정해 실천하고 국제사회는 그 이행 정도를 검증한다.

그러나 2017년 6월 미국 트럼프 정부는 파리 협정에서 탈퇴를 선언했고, 2021년 1월 바이든 정부가 재가입했다. 한국은 연간 온실가스 배출량이 세계 7위로 많은데, 문재인 정부는 2030년까지 24.4%의 온실가스 감축을 목표로 정했고, 2050년까지 탄소중립을 달성하겠다고 선언했다.

자료: 195개국, 파리기후협정 채택(2015.12.12.)

■ 지속 가능 발전 목표(SDGs)

리우 지구정상회의(1992)에서 시작된 리우 프로세스는 지속 가능 발전 개념을 국제적 의제에 올려놓았다. 지속 가능 발전은 지속 가능 발전 목표의 기본 개념이다. 지속 가능 발전 목표(SDGs)는 2015년 유엔 총회에서 채택되었고 2030년까지 달성하는 것을 목표로 했다.

지속 가능 발전 목표는 1. 빈곤 퇴치, 2. 기아 종식, 3. 건강과 웰빙, 4. 양질의 교육, 5. 성평등, 6. 물과 위생, 7. 깨끗한 에너지, 8. 양질의 일자리와 경제성장, 9. 산업, 혁신과 사회기반시설, 10. 불평등 감소, 11. 지속가능한 도시와 공동체, 12. 책임있는 소비와 생산, 13. 기후 변화 대응, 14. 수중 생물, 15. 육지 생물, 16. 평화, 정의와 강한 제도, 17. 목표 달성 위한 파트너십이다. 이 17개 목표는 169개 하위 목표로 구성된다.

그러나 아시아, 아프리카, 남아메리카 등의 개발도상국과 저개발국에서는 목표 달성에서 커다란 좌절과 혼란을 겪었다. 또한 2017년 미국의 트럼프 정부는 파리 협정에서 탈퇴했으며 선진국들이 지속 가능 발전을 위한 국제적인 연대 책무를 충실히 이행하지 않고 있다. 그래서 일부 학자들은 2015년 이후 현재까지 지속 가능 발전 목표가 별로 진전되지 않았다고 지적하면서, 각 과제가 서로 충돌하기 때문에 그런 발전을 계속 추진하는 것은 불가능하다고 주장했다.

| UN, Sustainable Development Goals, 2015 |

■ 지속 가능 발전 교육(ESD)

2018년 유네스코는 지속 가능 발전을 위한 교육(Education for Sustainable Development)을 제시했다. ESD는 인류를 위해 보다 지속 가능하고 정의로운 사회를 실현하기 위해 지식, 기술, 가치 및 태도의 변화를 장려하는 교육 실천이다(UNESCO, 2018: 7). ESD는 지속 가능 발전의 경제적, 사회적, 환경적 차원에 대한 균형잡히고 통합된 접근 방식을 사용하여 현재 세대와 미래 세대가 함께 그들의 요구를 충족할 수 있도록 지원하는 것을 목표로 한다.

2. 지속 가능 발전 관련 글 읽고 분석하기

▣ 유엔, 「지속 가능 발전 목표 보고서 2024」(2024.6.28.)

이 보고서는 2024년도 지속 가능 발전 목표(SDGs)의 분야별 달성률을 분석하고 대응 방안을 제시한 것이다. 보고서에 따르면, 유아 사망률, HIV 감염 감소, 물 · 위생 · 에너지 · 모바일 접근성은 개선되고 있다. 하지만 전체적으로 SDGs의 17%만이 제대로 진행되었으며, 거의 절반이 미미한 진전을 보였고, 3분의 1 이상은 정체되거나 후퇴했다. 특히 코로나-19의 영향, 분쟁의 증가, 지정학적 긴장, 기후 혼란 증가는 SDGs의 진전에 큰 타격을 입혔다.

이런 어려움을 극복하고 SDGs를 달성하기 위해서 이 보고서는 세 가지 해법을 제시했다. 첫째, 전쟁이나 갈등을 대화와 외교를 통해 해결하고 평화를 유지하려는 국제 사회의 노력이 요구된다. 둘째, 개발도상국에 대한 재정 지원을 늘리고, 불공정한 국제 금융 구조를 개혁하고 지속 가능 발전에 더 많은 투자를 촉진하도록 국제적인 연대가 필요하다. 셋째, 식량, 에너지, 디지털 연결성 등에서 전환을 추진하고 SDGs 전반에 걸쳐 진전을 이루기 위해서 막대한 투자와 효과적인 파트너십이 필요하다. 결론적으로 이 보고서는 2030년까지 SDGs 달성 약속을 지키기 위해 국제 협력의 강화를 강조했고, 2025년 개발 자금 조달 회의와 세계 사회 정상회담에서 새로운 돌파구를 마련할 것으로 기대했다.

❑ 유엔의 지속가능발전 목표 보고서를 읽고 논증의 구조를 비판적으로 분석해 보자.

지속 가능 발전 목표 보고서 2024

2023년 9월 각 국가의 정상들은 지속 가능한 개발 목표(SDGs)의 진행 상황을 검토하고 가속화가 필요한 분야를 논의하기 위해 뉴욕에서 정상회담을 열었다. 그들은 SDGs에 대한 공약을 재확인하고, 2030년까지 목표를 완전히 달성하기 위한 시급하고 변혁적인 노력이 필요하다는 데 동의했다. 총회에서 채택한 정치적 선언에서 회원국은 “SDGs 달성이 위기에 처해 있다”는 것을 인정하고 “2030 의제를 이행하고 2030년까지 지속 가능한 개발 목표를 달성하기 위해 모든 노력을 다할 것”이라고 결의했다.

거의 1년이 지난 지금도 심화되고 상호 연결된 과제가 계속되어, 2030년 마감일까지 SDGs를 실현하는 것이 위태로워지고 있다. 「지속 가능 개발 목표 보고서 2024」는 공약을 재확인했음에도 불구하고 여러 측면에서 진행이 중단되거나 역전되었음을 보여준다. 갈등, 기후 충격, 경제적 혼란이 더해진 코로나-19의 지속적인 영향은 기존의 불평등을 심화시켰다. 2019년에 비해 2022년에는 2,300만 명이 극심한 빈곤에 빠졌고 1억 명 이상이 굶주림에 시달렸다. 일부 건강 목표는 개선되었지만, 전반적인 세계 건강의 진전은 2015년 이후 놀라울 정도로 둔화되었다. 코로나-19 팬데믹은 기대 수명에 대한 10년간의 진전을 무너뜨렸다. 지속 가능 개발의 기반이 되는 교육은 많은 국가에서 학생들의 수학과 문해력이 저하되어 미래의 번영을 결정할 핵심 역량이 위태로워짐에 따라 여전히 심각한 위협을 받고 있다.

전 세계에서 전쟁으로 인해 수백만 명의 생명이 위협받으며, 역대 최대 규모의 난민(3,740만 명)과 강제 이주자(약 1억 2,000만 명)가 발생하고 있다. 무장 분쟁으로 인한 민간인 사상자는 2022년에서 2023년 사이에 72% 증가했는데, 이는 2015년 지속 가능 개발을 위한 ‘2030 의제’가 채택된 이후 가장 높은 급증이다. 2023년에 분쟁으로 사망한 민간인 10명 중 4명은 여성이었고 10명 중 3명은 어린이였다.

여러 환경 위기의 누적된 영향은 지구 생태계의 토대를 위협하고 있다. 2023년 세계는 기록상 가장 무더운 한 해를 경험했다. 처음으로 지구 평균 기온이 파리 협약의 하한선인 1.5°C에 가까워졌다. 2022년에 전 세계 온실가스 배출량과 대기 중 이산화탄소 농도는 새로운 기록을 세웠으며 2023년에도 둔화될 조짐이 보이지 않는다.

개발도상국과 저개발국은 엄청난 개발 과제에 직면해 있다. 세계에서 가장 취약한 국가의 절반에서 1인당 국내총생산(GDP) 성장률은 이번 세기 처음으로 선진국보다 낮았다. 이러한 궤적은 국가 간 소득 평등을 향한 장기적 추세를 역전시킬 위험이 있다. 게다가 10년간 빠르게 부채가 누적된 후에도 저소득 및 중소득 국가의 외채는 전례 없이 높은 수준을 유지하고 있다. 개발도상국의 SDGs 투자 격차는 현재 연간 4조 달러에 이른다. 이러한 문제는 개발도상국이 세계 경제의 의사결정에서 제대로 대표되지 못하고, 투표율이 많은 국제 금융 기관의 회원 자격에 크게 못 미치기 때문에 더욱 심화된다.

인류는 집단적 사고를 적용하고 함께 일하면 겉보기에 난제처럼 보이는 문제에 대해 해결책을 만들어낼 수 있다는 것을 거듭해서 증명해 왔다. 이 보고서는 몇 가지 고무적인 진전을 강조한다. 생명을 구하는 치료에 대한 접근성이 높아져서, 지난 30년 동안 2,080만 건의 에이즈 관련 사망이 예방되었다. 대부분의 지역에서 소녀들은 평등을 달성했고 심지어 모든 수준에서 학교를 마치는 데 있어 소년들보다 앞섰다. 세계 인구의 3분의 2인 54억 명이 이제 인터넷에 접속할 수 있고, 인공지능(AI)과 같은 기술 혁신으로 인해 일자리와 고용 기회가 근본적으로 변화하고 있다.

세계는 이제 지속 가능 개발을 위협하는 여러 위기에 정면으로 맞서야 하며, 그런 높은 위험이 요구하는 결단력, 독창성, 자원을 결집해야 한다. 지속 가능 개발 목표를 다시 제자리에 놓기 위해 지구 공동체의 가장 중요한 우선 순위 중 하나는 모든 이해관계자를 결합하여 상상할 수 없는 고통과 불행을 세계적으로 일으키는 갈등을 종식시키는 것이다. 지속 가능 개발은 평화가 없다면 불가능하다. 또한 부유한 경제권은 저개발 국가에 더 많은 자금을 지원하며, 개발도상국은 세계 경제 거버넌스와 국제 금융 시스템에서 보다 공정한 역할을 해야 한다.

모든 국가에서 공정한 기후 전환을 추구하기 위해 힘을 합치는 것은 기후 변화, 대기 오염, 생물 다양성 손실이라는 삼중의 지구적 위기를 해결하고 경제를 보다 지속 가능한 성장으로 재조정하는 데 중요하다. 모든 연령대의 모든 사람의 존엄성을 달성하려면 성평등에 대한 새로운 공약과 건강, 교육, 사회 보장에 대한 투자를 크게 늘려야 한다.

말할 시간은 지났다. SDGs 정상회의의 정치적 선언은 행동으로 전환되어야 한다. 2030년까지 모든 사람을 위한 더 나은, 더 지속 가능하고 더 포괄적인 세상을 만드는 것은 여전히 가능하다. 하지만 시간이 얼마 남지 않았다. 지금 당장 대담하게 행동해야 한다.

출처: 유엔(United Nations). 「지속 가능 발전 목표 보고서 2024」(The Sustainable Development Goals Report 2024). 2024.6.28. '도입' 내용을 번역함.

1. 유엔 보고서에 활용된 논증의 구조를 분석하시오.

주장	
근거/이유	
결론	

2. 유엔 보고서 논증의 문제점을 비판적으로 평가하시오.

논증의 형식	논증의 형식 또는 구조에 적합하게 구성했는가?
근거의 타당성	근거는 참 또는 진실인가? 근거가 주장을 뒷받침하는 데 타당한가?
결론의 적합성	근거와 자료에 일치되도록 결론이 도출되었는가? 결론이 참신하고 실현 가능한가?

▣ 엘리스 존스 외, 「더 나은 세상을 위한 꼼꼼한 안내서」(2007)

엘리스 존스(Ellis Jones), 브렛 존슨(Brett Johnson), 로스 핸플러(Ross Haenfler)는 1부에서 더 나은 세상을 가로막는 열 가지 생각들—세상은 원래 그래, 그건 내 책임이 아니야, 혼자 변화를 만들 수 없어, 난 시간과 힘이 없어, 난 활동가가 아니야 등—을 분석하고, 더 나은 세상을 만들기 위한 7가지 토대를 '공정한 경제'(빈곤의 종식, 공정 무역, 윤리적 경제)', '포괄적 평화'(국제 협력, 비폭력 문화), '생태적 지속 가능성'(청정 에너지, 지속 가능한 자원 사용, 지구적 협력), '고도의 민주주의'(정직한 정치, 독립적 언론, 시민 참여), '사회 정의'(모두의 평등한 권리, 보편적 의료와 교육), 소박한 삶(의식 개선, 소박한 소비문화), 지지역사회 재생(돌봄, 지역 성장, 지역기관의 재생)으로 제시했다.

특히, 생태적 지속 가능성에서는 지구가 심각한 자원의 과소비, 환경오염, 지구 온난화에 직면에 있음을 지적하고, 그런 문제를 해결하기 위해 화석연료를 청정 에너지로 전환하는 것, 녹색 세금, 생산자 책임 재활용 등을 통해 지속 가능한 자원의 사용을 증대하는 것, 지속 가능성을 위해 전 지구적인 협력을 목표로 제시했다.

2부에서는 돈, 쇼핑, 음식, 개인, 친구와 가족, 공동체, 영성과 종교, 집, 직업, 미디어, 정치, 교통수단, 여행, 시민단체에서 세상을 바꾸고 더 나은 세상을 만들기 위해 할 수 있는 실용적이고 효과적인 행동과 참여 방법을 자세히 소개하였다.

❑ 엘리스 존스 등의 지속 가능성 관련 글을 읽고 논증의 구조를 비판적으로 분석해 보자.

생태적 지속 가능성

역사적으로 유례없는 자원 과소비는 지구의 구석까지 영향을 미쳐서 특정 종을 멸종시키고 모든 생물이 의존하는 생물 다양성에 큰 위협을 주고 있다. 2000년 세계자원연구소(WRI)의 보고서에 의하면, 천연자원에 대한 수요 증가는 생태계의 상당 부분을 급속히 감소시키고 있다. 또한 살아있는 지구 지표(LPI)에 따르면, 1970~2000년 육지와 해양의 개체 수는 30% 감소하였고, 담수의 개체 수는 50%나 감소했다. …

우리는 전 세계 고대 숲의 80% 정도를 베어내거나 파괴했다. 종이와 목재 수요에 지역의 땔감 수요가 더해져 개발도상국은 10년에 6%씩 숲을 잃고 있다. 숲은 지구상 생물 종의 50%를 함유하고 있는데, 특히 열대 숲은 생물 다양성이 가장 높다. 우리는 자연적 수준의 약 천배 가까운 비율로 생물을 멸종시켜서 '멸종 재앙'을 일으키고 있다. …

이처럼 지속 불가능한 자원의 사용은 삶의 방식을 위협한다. 전 지구적으로 75%의 해양 어업자가 지속 가능한 최대량 이상을 포획했기 때문에, 어류가 줄어들고 있다. 미국, 중국, 인도를 포함한 많은 나라들이 곡물 수확용 관개용수로 대수층의 물을 과도하게 퍼 올리고 있어서 가까운 시일 안에 지하수가 고갈되어 식량 생산 감소로 이어질 것이다. 천연자원은 대부분 선진국에서 소비된다. 특히 미국인은 독일인의 2배, 중국인의 9배, 인도인의 15배, 방글라데시인의 54배의 에너지를 사용하고 있다. …

불행히도 대기 오염으로 인해, 매년 7만 명 정도의 미국인이 죽어가며 세계적으로는 매년 300만 명이 사망하는 것으로 집계된다. 대기 상태는 중국과 인도처럼 급속히 산업화된 국가들에서 특히 위험하다. 대기 상태가 가장 나쁜 15개 도시 중 베이징, 자카르타, 뉴델리, 상하이, 캘커타 등 12곳이 아시아에 위치한다. 대기 오염을 유발하는 주요 요인은 에너지원(석유, 석탄) 생산, 공업화 과정, 대중교통의 매연 등이다. 또한 세계수자원위원회(WCW)에 의하면, 세계 주요 강들의 절반 이상이 심각하게 고갈되고 오염되어 주변 생태계의 질 저하와 중독을 유발하고 강에 의존해 살아가는 사람들의 건강과 생계를 위협하고 있다. …

기후 변화에 관한 정부간 협의체(IPCC)에 의하면, 이번 세기에 지구 평균온도는 1.4~5.8°C 오를 것으로 추정된다. 지구 온난화는 농작물의 수확, 주거지 보존, 해안 지역 거주민의 안전 등에 커다란 영향을 미친다. 석탄, 석유 같은 화석 연료에서 배출되는 온실가스는 지구 온난화에 상당한 영향을 끼쳤다. 가장 큰 주범은 미국인데, 미국은 영국, 독일, 일본 등에 비해 이산화탄소를 1인당 2배 이상 배출해 왔다. …

생태계의 지속 가능성을 위하여 우리가 이룰 수 있는 중요한 변화는 화석연료를 태양, 바람, 수소 같은 천연자원으로 전환하는 일이다. 우리는 이런 재생 가능한 에너지원을 환경적으로 안전하고 효율적으로 사용할 기술을 갖고 있다. 1997년 160여 국가가 일본 교토에서 체결한 교토의정서에 따라 재생 가능한 에너지원이 세계적으로 증가했다. 미국의 36개 주 146개 도시 시장들은 교토 의정서에 담긴 미국의 온실가스 감축 목표량을 실행하기로 약속했다. 재생 가능한 에너지는 이상주의적 공상이 아니다. 풍력 에너지의 지구적 생산량은 1995~2004년에 9배 증가했으며, 연간 30%씩 증가하고 있다. 지붕에서 전기를 생산하는 태양 전지의 지구적 판매량을 2004년에 57% 증가했다. …

우리가 환경과 균형을 맞추며 살아가려면, 자연의 순환 고리를 배워 자원을 현명하게 사용해야 한다. 공해를 제거하기 위해 독일, 영국, 스페인, 스웨덴 등이 도입한 '녹색 세금'은 에너지 사용에 세금을 부과하여 에너지 의 효율성이 높은 풍력과 태양광 발전에 투자된다. 또한 세계의 많은 활동가, 소비자, 정부는 산업계에 에너지 효율 기준을 높이도록 압박하고 있다. 그리고 유럽연합의 많은 나라들은 '생산자책임재활용(EPR) 제도를 도입해 제조사가 자사의 생산품이 환경에 미치는 영향에 책임을 지도록 요구하고 있다. 자동차 제조사는 생산에 사용한 재료의 85%를 재사용 또는 재활용해야 한다. …

이처럼 환경적으로 책임지는 방식으로 제품을 생산하고 사용하며 다시 새 제품으로 재생산하는 경제를 만드는 것은 기업, 정부, 시민 모두 동참해야 하는 도전이다. 정부는 세금 우대 정책을 통해 벌목과 정유 같은 환경 파괴적 산업을 지원하는 일을 멈추어야 한다. 농약과 화학비료에 기반한 농업체제를 지속 가능한 유기농업으로 전환하면, 토양을 보전하고 사람들의 건강을 지킬 수 있다. 나무를 심고 지속 가능한 수

산 양식을 활용하면, 더 오래된 숲을 자르거나 어류를 남획하지 않아도 된다. …

기후 변화, 자원 고갈, 생태계 붕괴 같은 도전에 효율적으로 대응하기 위해서 세계 각 국가들은 협력해야 한다. 1990년 몬트리올 의정서가 염화불화탄소 등의 생산을 단계적으로 중지함으로써, 오존층의 구멍이 커지는 속도가 줄어들었고, 2050년에는 메워질 것으로 예측된다.

우리는 대중적 행동이 흐름을 뒤바꾸고 미래의 희망을 줄 수 있음을 기억해야 한다. 더 강력한 환경적 규제를 요구하는 대중의 압력은 환경오염을 줄이는 기술적 진보를 가져왔다. 이런 압력으로 지난 30년간 선진국 대기는 나아졌다. 새로운 '생태적 사회'를 위한 토대는 전기 자동차, 풍력 터빈, 재활용센터, 태양전지판으로 덮인 지붕을 통해 만들어지고 있다.

출처: 엘리스 존스, 브렛 존슨, 로스 핸플러/장상미 옮김(2012). 「더 나은 세상을 위한 꼼꼼한 안내서」. 동녘. '1부 2. 더 나은 세상을 위한 일곱 가지 토대'의 '세 번째 토대: 생태적 지속가능성' 65-74쪽에서 발췌.

1. 엘리스 존스 등의 글에 활용된 논증의 구조를 분석하시오.

주장	
근거/이유	
결론	

2. 엘리스 존스 등의 논증의 문제점을 비판적으로 평가하시오.

논증의 형식	논증의 형식 또는 구조에 적합하게 구성했는가?
근거의 타당성	근거는 참 또는 진실인가? 근거가 주장을 뒷받침하는 데 타당한가?
결론의 적합성	근거와 자료에 일치되도록 결론이 도출되었는가? 결론이 참신하고 실현 가능한가?

3. 지속 가능 발전 관련 논술하기

■ '지속 가능 발전(지속 가능성)' 주제와 관련하여 글의 개요를 작성하고, 논리적으로 글쓰는 연습을 해보자.

▸ 글의 개요 작성하기

주장	
근거/이유	
자료수집	
결론	
제목	

▸ 글의 개요에 의거해 관련 자료를 찾아 글을 써 보자.

■■■ 참고문헌 ■■■

[도서와 논문]

게오르그 짐멜|김덕영 옮김(2014). 돈이란 무엇인가. 도서출판 길.

교육과학기술부(2010). 초등학교 도덕 4-1. 지학사. 2010. 3. 1.

김경희(2020). 틀 밖에서 놀게 하라. 쌤앤파커스.

김동춘(2022). 시험 능력주의. 창비.

김미애(2023). 문제중심학습을 활용한 인문 고전 수업이 비판적 사고 성향에 미치는 효과. 「교육학논총」. 44.

리처드 니스벳|최인철 역(2021). 생각의 지도. 김영사.

마이클 샌델|함규진 옮김(2020). 공정하다는 착각. 와이즈베리.

마이클 샌델|이경식 옮김(2023). 당신이 모르는 민주주의. 와이즈베리.

마이클 샌델|김명철 옮김(2021). 정의란 무엇인가. 와이즈베리.

로이크 쇼보|윤인숙 옮김(2014). 지속 가능한 발전. 현실문화

루소|김영욱 옮김(2018). 사회계약론. 후마니타스.

마크 매슬린|신봉아 옮김(2023). 기후변화. 교유서가.

몽테스키외|이재형 옮김(2017). 법의 정신. 문예출판사.

미셸린 이샤이|조효제 옮김(2005), 세계 인권 사상사. 길.

미하엘 엔데|한미희 번역(2024). 모모. 비룡소.

박상준(2006). 비판적 사고와 문답식 수업. 한국학술정보.

박상준(2020). 역사와 함께 읽는 민주주의 (2020 세종도서). 한울.

박상준(2022). 메타버스 수업, 미래교육의 방향을 찾다. 교육과학사.

박상준(2023). 사회과교육의 이해 (제4판). 교육과학사.

박상준(2024). '학생인권 보장에 관한 법률안'의 비판적 분석-'학교 구성원의 권리 보장에 관한 법률'을 대안으로-. 「법과인권교육연구」. 17(3).

박은진, 김희정(2011). 비판적 사고. 아카넷.

버트런드 러셀|이순희 옮김(2005). 행복의 정복. 사회평론.

서울대학교 행복연구센터(2015). 행복 교과서. 주니어김영사.

슬라보예 지젝 외|유영훈 번역(2012). 점령하라-세계를 뒤흔드는 용기의 외침. 알에이치코리아.

시위자|임명주 번역(2012). 점령하라. 북돋움.

아리스토텔레스|천병희 옮김(2010). 정치학. 숲.

아리스토텔레스|박문제 옮김(2022). 니코마코스 윤리학. 현대지성.
안혜성, 박매란(2019). 대학교 영어 작문 수업에서 비판적 영어 글쓰기를 통한 비판적 사고력 신장 효과 분석. 「영어교과교육」. 18(1).
양치구(2017). 역사교육에서 비판적 사고력 증진을 위한 논증적 글쓰기 전략의 개발과 적용. 경북대학교 대학원 박사논문.
양해림(2021). 인권과 사회(개정증보판). 충남대학교출판문화원.
엘리즈 존스, 브렛 존스, 로스 핸플러|장상미 옮김(2012). 더 나은 세상을 위한 꼼꼼한 안내서. 동녘.
유민상, 이민상, 유성렬, 이수정(2023). 2023 아동·청소년 권리에 관한 국제협약 이행 연구-한국 아동·청소년 인권 실태: 총괄보고서. 한국청소년정책연구원.
이경화 · 양혜진(2015). 창의적 사고기법 활용 프로젝트 수업이 유아의 창의성 향상에 미치는 효과. 「창의력교육연구」. 15(2).
이미숙, 김수진, 한혜란, 권용경(2019). 마인드맵 활용 수업의 효과: 창의적 사고, 기억력, 학업 효능감에 대한 질적분석을 중심으로. 「영재와 영재교육」. 18(3).
이사야 벌린|박동천 옮김(2006). 이사야 벌린의 자유론. 아카넷.
이지문(2015). 추첨 민주주의 강의. 삶창.
제프리 잉햄|홍기빈 옮김(2011). 돈의 본성. 삼천리.
조한별(2016). 세인트존스의 고전 100권 공부법. 바다출판사.
존 롤즈|황경식 옮김(2003). 정의론. 이학사.
조지프 스티글리츠|이순희 옮김(2020). 불평등의 대가. 열린책들.
케이트 소퍼|안종희 옮김(2021). 성장 이후의 삶. 한문화.
투키디데스|박광순 번역(2011). 펠로폰네소스 전쟁사(상). 범우.
필립 페팃|곽준혁 옮김(2012). 신공화주의: 비지배 자유와 공화주의 정부. 나남.
하워드 프리드먼|연아람 역(2021). 생명 가격표-각자 다른 생명의 값과 불공정성에 대하여. 민음사.

Asmundson, I. and Oner, C.(2012). What Is Money?. *Finance & Development Magazine. 49*(3).
The American Philosophical Association(1990). “Critical Thinking: A

Statement of Expert Consensus for Purposes of Educational Assessment and Instruction". *The Delphi Report*. ERIC Doc. No. 315-423.

Baer, J.(1996). the effects of task-specific divergent thinking training. *Journal of Creative Behavior*. vol.30.

Beyer, B. K.(1985). "Critical Thinking: What is it?". in *Social Education. 49*(4).

Beyer, B. K.(1988). *Developing a Thinking Skills Program*. Boston: Allyn & Bacon.

Donnelly, J.(2003). *Universal Human Rights in Theory & Practice*. (2nd ed.). Ithaca: Cornell University Press.

Dworkin, R.(2000). *Sovereign Virtue: The Theory and Practiceo of Equality*. Cambridge: Harvard U.P.

EIU. Democracy Index 2010-2023.

Ennis, R. H.(1962). "A Concept of Critical Thinking". *Harvard Educational Review. 32*(1).

Ennis, R. H.(1987). "A Taxonomy of Critical Thinking Dispositions and Abilities". J .B. Baron & R. J. Sternberg. eds. *Teaching Thinking Skills: Theory and Practice*. N.Y.: W. H. Freeman.

Kida, T.(2007). *Don't believe everything you think* / 박윤정 역(2007). 생각의 오류. 열음사.

Leeds, D.(2003). *The 7 powers of questions* / 노혜숙 역(2003). 질문의 7가지 힘. 더난 출판사.

Lipman, M.(2003). *Thinking in Education*. 2th ed. / 박진환 · 김혜숙 역(2005). 고차적 사고력. 인간사랑.

McPeck, J. E.(1981). *Critical Thinking and Education*. N.Y.:St. Martin's Press. / 박영환 · 김공하 역(2003). 비판적 사고와 교육. 배영사.

Meng Sun, Minhong Wang, Rupert Wegerif(2020). Effects of divergent Menschenrechtthinking training on students' scientific creativity: The impact of individual creative potential and domain knowledge. *Thinking Skills and Creativity*. vol.37.

NEA(2010). Preparing 21st Century Students for a Global Society-An

Educator's Guide to the "Four Cs". National Education Association.
Nickel, J. W.(2007). *Making Sense of Human Rights*. (2nd ed.). Oxford: Blackwell.
Nozick, R.(1974). *Anarchy, State and Utopia*. N.Y.:Basic Books.
Oppezzo, M. & Schwartz, D. L.(2014). Give Your Ideas Some Legs: The Positive Effect of Walking on Creative Thinking. *Journal of Experimental Psychology. 40*(4).
P21(2019). Framework for 21st Century Learning Definitions.
Paul, R. W.(1987). "Dialogical Thinking: Critical Thought essential to the Acquisition of Rational Knowledge and Practice". J. B. Baron & R. J. Sternberg. eds. *Teaching Thinking Skills: Theory and Practice*. N.Y.: W. H. Freeman.
Plucker, J., Beghetto, R. A., Dow, G. T.(2004). Why isn't creativity more important to educational Psychologists? Potential, pitfalls, and future directions in creativity research. *Educational Psychologist. 39*(2).
SDSN(2024). World Happiness Report 2024.
Siegel, H.(1988). *Educating reason: Rationality. Critical Thinking and Education*. N.Y.: Routledge.
Skinner, Q(2002). A Third Concept of Liberty. *Proceedings of the British Academy*. 117.
Sternberg, R. J., Kaufman, J. C., Pretz, J. E.(2002). *The Creativity conundrum*. N.Y.: Psychology Press.
Sternberg, R. J., Grigorenko, E. L., Singer, J. L.(2004). *Creativity: From Potential to Realization*. American Psychological Association. / 임웅 역(2009). 창의성-그 잠재력의 실현을 위하여. 학지사.
United Nations(UN). *The Sustainable Development Goals Report 2024*. 2024.6.28. https://unstats.un.org/sdgs/report/2024
UNESCO(2018). *Issues and trends in education for sustainable development-Education on the move*. Paris: UNESCO Digital Library.
WEF(2024). Global Gender Gap 2024-INSIGHT REPORT. 2024.6.
Will Kymlicka / 장동진 외 번역(2018). 현대 정치철학의 이해(개정판). 동명사.
Woolever, R. M & Scott K. P.(1988). *Active Learning in Social Studies Promoting Cognitive and Social Growth*. Glenview. Ill.: Scott. Foresman and Co.
World Economic Forum. The Global Risks Report 2023(18th Edition). Jan. 2023.
Yong Liu & Attila Pásztor(2022). Effects of problem-based learning instructional intervention on critical thinking in higher education: A meta-analysis. *Thinking Skills and Creativity*. vol.45.
Xiaojing Weng, Thomas K.F. Chiu, Cheung Chun Tsang(2022). Promoting student creativity and entrepreneurship through real-world problem-based maker education. *Thinking Skills and Creativity*. vol.45.
Zahir Vally, et al.,(2019). Examining the effects of creativity training on creative production, creative self-efficacy, and neuro-executive functioning. *Thinking Skills and Creativity*. vol.31.

[인터넷 자료]
과학기술정보통신부. 2023.9.25. 보도자료. "대한민국이 새로운 디지털 규범 질서를 전 세계에 제시합니다!"
https://eiec.kdi.re.kr/policy/materialView.do?num=243174
국민일보, 2011.3.24. "선생님~ 아리랑이 세계 1등 맞아요?"
https://www.kmib.co.kr/article/view.asp?arcid=0004781199
국민일보, 2011.6.8. "아리랑 한글 유언비어 교과서 내용 전면 수정"
https://www.kmib.co.kr/article/view.asp?arcid=0005039600
뉴시스, 2024.7.8. "서이초 사건 후 교권 보호 5법 교사 84% 변화 없거나 되레 더 나빠져"
https://www.newsis.com/view/NISX20240708_0002802097
뉴시스, 2024.8.6. "못생길수록 수명 짧아"…고교 졸업사진 65년 추적했더니". https://www.newsis.com/view/NISX20240805_0002838577
동아일보, 2006.7.31.〔동아광장/이영훈〕"우리도 건국절을 만들자"
https://www.donga.com/news/article/all/20060731/8335196/1
머니투데이, 2024.3.24. 세계행복순위 1위 핀란드...다섯계단 오른 한국 순위는? https://news.mt.co.kr/mtview.php?no=2024032015223861881&type=1
미국 독립선언문(1776)
http://www.ushistory.org/declaration/index.htm
오마이뉴스, 2023.11.21. "전 세계 37개국 중 부유한 상위 10%의 개인 탄소 배출량, 한국 2위" https://www.ohmynews.com/NWS_Web/View/at_pg.aspx?CNTN_CD=A0002979369
위키트리, 2024.12.3."대통령으로서 피를 토하는 심정으로...윤 대통령 비상계엄 선포 전문" https//www.wikitree.co.kr/articles/1006115
조선일보, 2022.6.1. "하루 2~3잔 커피, 심장병 위험 낮춘다는데…설탕 넣어 마시면?" https://www.chosun.com/culture-life/health/2022/06/01/4ET6A7BYPVDDJAWTY7JURLIJN4/
중앙 SUNDAY, 2023.3.18. [리더스 프리즘] "학폭 해법, 정답은 인성교육"
https://www.joongang.co.kr/article/25148089
한겨레, 2023.4.10. "한국 소득 불평등, OECD 2번째로 빠르다"
https://www.hani.co.kr/arti/economy/heri_review/1087168.html
KBS 뉴스, 2019.6.21. "스마트폰 많이 쓰면 머리에 뿔 난다?"
https://news.kbs.co.kr/news/pc/view/view.do?ncd=4226761
YTN, 2011.1.15. "스미소니언에 울려 퍼진 아리랑".
https://www.ytn.co.kr/_ln/0104_201101151534499808
Freedom House. Freedom in the World 2013-2023 Raw Data.
https://freedomhouse.org/report/freedom-world
IMF. GDP per capita, current prices (2024).
https://www.imf.org/external/datamapper/NGDPDPC@WEO/OEMDC/ADVEC/WEOWORLD/LUX/CHE
NASA. Global Temperature. LATEST ANNUAL AVERAGE ANOMALY: 2024. 1.28.°C
https://climate.nasa.gov/vital-signs/global-temperature/
World Justice Project. The 2024 WJP Rule of Law Index.
https://worldjusticeproject.org/rule-of-law-index/

지은이 소개

박 상 준

서울대학교 대학원에서 사회 철학 및 시민교육을 전공했으며, 배재고등학교 교사를 거쳐 2004년부터 전주교육대학교 사회교육과에서 가르쳤으며, 현재 한국교원대학교 일반사회교육과에서 사회과교육, 통합사회교육, 사회와 논술 등을 가르치고 있다.

교육부의 민주시민교육 자문위원, '2022 개정 사회과 교육과정' 시안 개발 연구원, 교육과정 심의회(사회) 심의위원으로, 그리고 전라북도교육청의 인성교육 진흥위원회 위원장, 인정도서(사회문제 탐구) 심의회 위원장 등으로 활동했다.

• 주요 저서

「중학교 사회 1, 2」(비상교육) (2009~현재)
「거꾸로 교실을 넘어 거꾸로 학습으로」 (2016)
「역사와 함께 읽는 민주주의」 (2020 세종도서)
「코로나 이후 미래교육」(2판) (2021)
「메타버스 수업, 미래교육의 방향을 찾다」 (2022)
「사회과교육의 이해」(4판) (2023)
「사회과 교재연구 및 교수법」(4판) (2023)
「통합사회교육의 이해」 (2024)

• 주요 논문

'학생인권 보장에 관한 법률안의 비판적 분석' (2024)
'교권 보호 조례의 내용 분석 및 개선 방향' (2024)
'인권의식의 연구 동향과 과제' (2021)
'학생 주도성에 기초한 교육의 혁신 방안' (2020)
'선거권 연령 조정 및 선거교육의 개선 방안' (2020)
'주제 중심 융합교육과정의 구성 방안' (2017)
'다문화 시민성의 육성을 위한 다문화교육의 방안' (2012)

AI 시대 논술의 방법과 연습

2025년 2월 28일 1판 1쇄 인쇄
2025년 3월 7일 1판 1쇄 발행

저 자 : 박 상 준
발행인 : 한 정 주
발행처 : 교육과학사

경기도 파주시 광인사길 71
전화 (031)955-6956~8 / 팩스 (031)955-6037
Home-page : www.kyoyookbook.co.kr
E-mail : kyoyookbook@daum.net
등록 : 1970년 5월 18일 제2-73호

정가 19,000원
ISBN 978-89-254-2017-2